Niki Lauda
Alles unter einer Kappe

Für Laurenz, Elias, Paul und das Baby

Heike Kossdorff
Thomas Mudri
Daniel Winkler

Niki Lauda
Alles unter einer Kappe

Redaktion: Stefan Müller

:STYRIA

Inhalt

Prolog · *Ein Blick unter die Kappe*   7

1 Andreas Nikolaus – Der Mensch Niki Lauda   13

Die Laudas – ein Imperium aus Wiener Blut   14
„Irgendwie fühlte ich mich nicht ganz inkludiert"   19
„Bitte pass auf meine Niere auf!"   24
„Dass ich kein Heiliger war, weiß eh jeder"   30
„Seit ich zwölf bin, kann ich mit ihm über Sex reden"   43
„Das ist doch kompletter Schwachsinn!"   53
„Stimmt, aber es hilft keinem, wenn es in der Zeitung steht"   74

2 Ansichten und Einsichten – Laudas Wegbegleiter im Interview   81

„Wenn es um dein Leben geht, helfe ich dir natürlich"
Laudas Bruder Florian   82
„Niki ist diszipliniert und zielstrebig"
Gerhard Berger   94
„Der Niki hat eine ganz klare Vorstellung von dem, was er machen will." · *Franz Klammer*   99
„Niki hat die Geborgenheit gesucht und sie jetzt neuerlich bei Birgit gefunden" · *Heinz Kinigadner*   103
„Menschlich ist er in den letzten Jahren wirklich herzlicher geworden · *Hubert Neuper*   112
„Gut für Niki, dass es auf RTL Werbepausen gibt"
Tanja Bauer   116

3 NIKI und LAUDA – Der Pilot und Flugunternehmer 123

„Wenn ich dran schuld bin, hör ich sofort auf!" 124
„Service is our Success" – zwischen Brillanz und Bilanz 134
„Ich versuche nur, die negativen Erfahrungen
der Vergangenheit mitzunehmen" 149

4 Niki Nationale – Der Rennfahrer 155

Der Jaguar 156
Den Berg hinauf oder Fahrt in die Hölle 163
Im Kreis der Formel 1 173
Ferrari 181
1. August 1976 und der Mut zur Angst 191
Nie mehr im Kreis 209
„The full motivation is the Wednesday!" 221

Epilog 248

Anhang 249
Die Rennen von Niki Lauda 249
Quellenverzeichnis 262
Bildnachweis 263

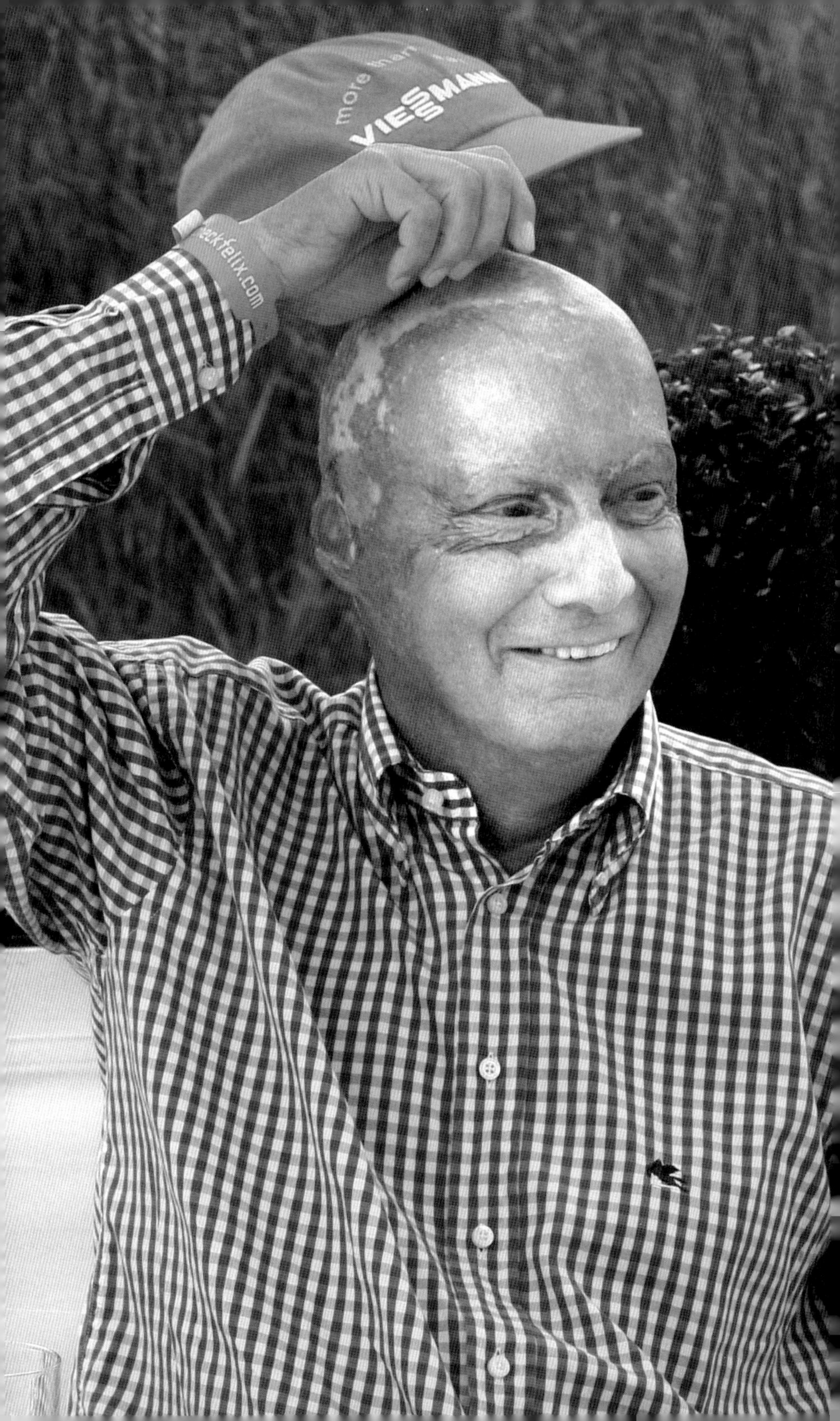
more than

Prolog
Ein Blick unter die Kappe

Niki Lauda ist ein Gefühlsmensch. Das zu lesen, mag viele überraschen. Lauda, ein Gefühlsmensch? Er selbst beantwortet die Frage über die Jahre hinweg mehrmals sinngemäß mit: „Ja, aber ..." In der von Peter Lanz verfassten Biografie aus dem Jahr 1983 sagt Lauda: „Ich bin sehr sensibel. Und vielleicht zu offen. Zumindest für meine Begriffe. Es gibt Situationen, da tun mir Leute weh. Und das schadet mir. Deshalb baue ich eine Mauer um mich herum auf." In einem gemeinsamen Fernsehinterview mit seinem jüngeren Sohn Mathias in der ARD-Sendung *Beckmann* im Jahr 2007 antwortet er auf die Frage „Warum sind Sie mit den Emotionen so übers Kreuz?" mit den Worten: „Eigenschutz, das ist ganz einfach."

Nürburgring, 1. August 1976. Es ist die schmerzvolle Geburtsstunde der roten Kappe. Sie dient seit Laudas Feuerunfall seinem ganz persönlichen Schutz. Nicht gegen Wind und Wetter, vielmehr gegen den medialen Sturm und die gierigen Blicke der Öffentlichkeit. „Niki Lauda kommt durch, aber wie lebt ein Mann ohne Gesicht?", verunstaltete ihn die *Bild*-Zeitung nach dem Unglück verbal. Lauda will diese geschmacklose „Zombie"-Inszenierung einiger Freaks unter den sogenannten Journalisten erst gar nicht bedienen. Also schlüpft der zu diesem Zeitpunkt regierende Weltmeister zum Schutz unter den Werbeträger seines Kopfsponsors. Damals hieß dieser „Römerquelle". Die Kappe schützt ihn vor den bohrenden, respektlosen Blicken seiner Umgebung. „Jedes Mal, wenn ich dann mit der Kappe gekommen bin, haben die Leut' immer nur auf mein Ohr geschaut. Nie in die Augen. Das war eine Situation, die mich permanent verletzt hat. Und das auf einer ganz persönlichen Ebene. Damit musste ich irgendwie fertig werden. Deswegen die Kappe, da fühl' ich mich wohler", sagt Lauda. So wohl, dass er mittlerweile im Gespräch ab und an das „Ich" durch das „rote Kappl" ersetzt. Gleichsam sich selbst mit der lieb gewonnenen Kopfbedeckung identifizierend.

Kopfsponsor Römerquelle konnte sich bald nach dem Unfall beim Grand Prix von Deutschland nicht mehr mit seinem Werbeträger identifizieren. Trotz Laudas gelungenem Blitz-Comeback (Platz 4 in Monza) nach 42 Tagen und nur zwei versäumten Formel-1-Rennen sorgten sich dort schlaue Werbestrategen um das Sinne belebende Mineralwasser-Image auf dem Kopf eines Versehrten. Die Kappe blieb, Parmalat, ein italienischer Lebensmittelkonzern, der die Konkurrenz abhängte, weil er den Tetrapack statt der Glasflasche für die Milch entdeckte, kam oben drauf. Lauda und das rote Parmalat-Kappl (nur kurze Zeit trug er auch eine blaue Variante) verschmolzen zu einer unverwechselbaren Einheit. Auch der Ex-Rennfahrer und Neo-Flugunternehmer blieb bei seinem roten Markenzeichen, stattete sogar sein Personal damit aus. Sogar ein unmoralisches Angebot eines österreichischen Bierbrau-Konzerns von fünf Millionen Schilling wurde wegen der entsetzten Proteste seiner Mitarbeiter, als Lauda mit einem grünen Gösser-Kapperl im Flughafen-Büro auftauchte, abgewehrt. „So viel Respekt vor Symbolen und der Meinung meiner Mitarbeiter habe ich dann schon, dass ich mich belehren lasse. Also habe ich mit Mühe den Gösser-Vertrag storniert, der schönen Kohle kurz und heftig nachgeweint und artig wieder die rote Kappe aufgesetzt. Dabei wird es wohl auch bleiben, denke ich", sagt Lauda in seiner Autobiografie *Das dritte Leben* aus dem Jahre 1996.

1991, bei den Trauerfeierlichkeiten in Bangkok nach dem Absturz einer Lauda-Boeing, bei der 223 Menschen ihr Leben lassen, nimmt der damals 42-Jährige in der Öffentlichkeit die rote Kappe ab. Der Vertrag mit Parmalat hielt 25 Jahre lang, bis er im Jahr 2002 überraschend endete. Schon ein Jahr später ging das Unternehmen von Calisto Tanzi in einem lauten Knall (8 Milliarden Euro minus!) unter. Auf die frei gewordene Werbefläche kamen Viessmann, ein nordhessisches Heiztechnikunternehmen (Fünfjahresvertrag), und zuletzt Oerlikon, ein Schweizer Technologiekonzern, an dem Laudas Freund und Anlageberater Ronny Pecik über eine Firmengruppe die Mehrheitsanteile hält.

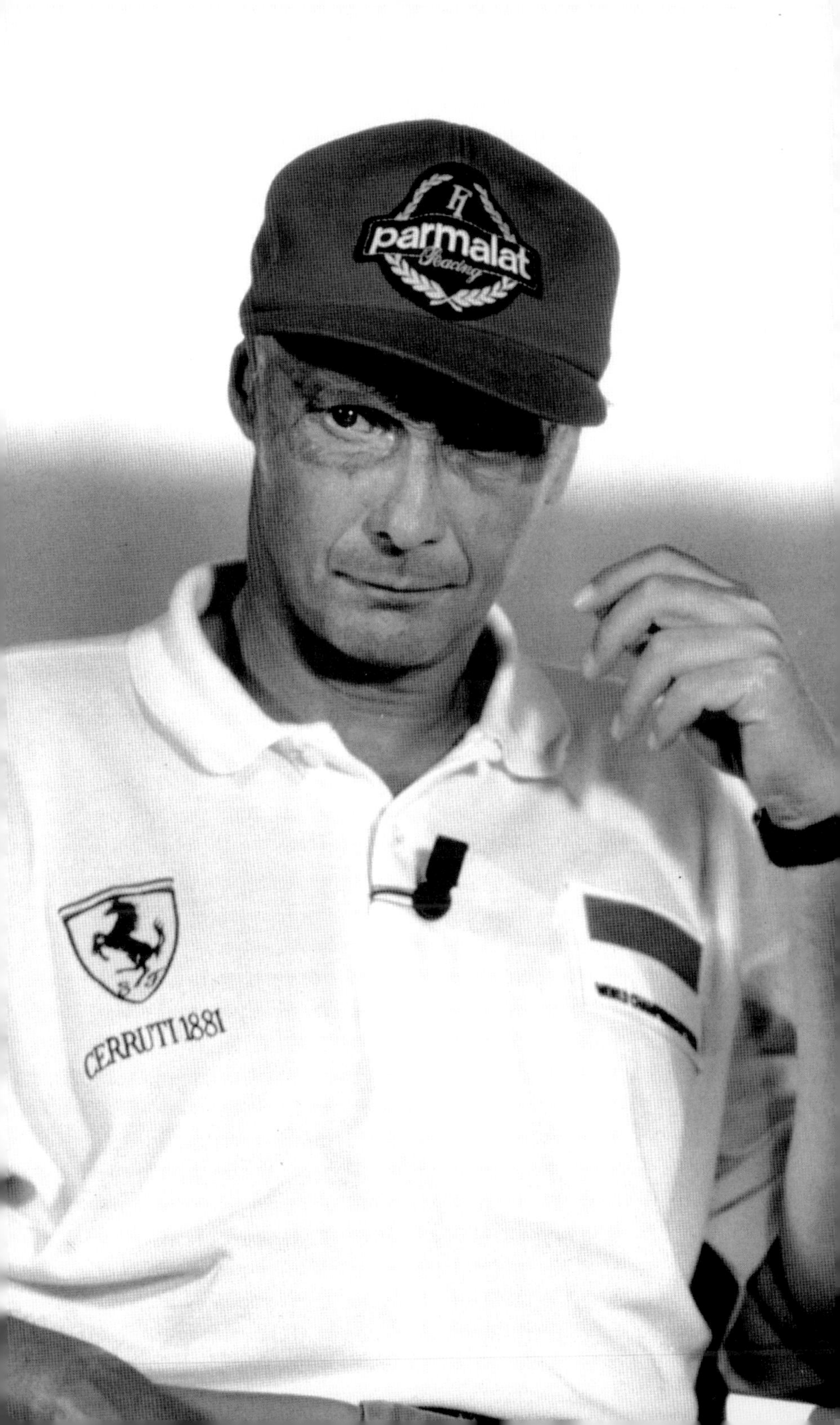
parmalat
Racing
CERRUTI 1881

Sentimentalität gibt es beim Kopfsponsor schon lange nicht mehr. Lauda im Interview mit dem Schweizer Wirtschaftsmagazin *Bilanz* über den Wert seiner roten Kappe: „Das ist übrigens eine einfache Rechnung, diese Verträge sind ja nicht so, dass man sich etwas wünschen könnte, sondern da wird die Gegenleistung in Form von Werbepräsenz im Fernsehen ausgerechnet. Und das wird beinhart umgerechnet, da kann man wenig verhandeln."

Der Mann unter diesem markanten Werbeträger feierte am 22. Februar 2009 seinen 60. Geburtstag. *Niki Lauda – Alles unter einer Kappe* ist also durchaus auch Rückschau, Bilanz und Bestandsaufnahme samt Ausblick in die Zukunft. Vor allem aber zeigt diese Biografie einen Niki Lauda abseits der sich durch die Medien unaufhörlich reproduzierenden Helden-Saga des Unzerstörbaren. Der unauslöschlich Gebrandmarkte als ewiger Sieger, der erfolgreiche, smarte Geschäftsmann, der zwei Fluglinien gründete, der stets so jugendlich-goscherte wie knallhart-kluge Analytiker, der zu jedem Thema sagt, was Sache ist? Viel zu glatt, das Autoren-Trio – allesamt aus Laudas Töchter- und Söhne-Generation – war überzeugt, da steckt doch mehr dahinter.

Tatsächlich stießen wir im Zuge unserer Recherchen auch auf einen „anderen" Lauda. Interviews mit Verwandten, Zeitgenossen, Sportlerkollegen, das Zusammentragen unzähliger Zeitdokumente und die genaue Durchsicht der vielfältigen Lauda-Literatur in Form von Zeitungsinterviews, Artikeln, Agenturmeldungen, Büchern und wissenschaftlichen Arbeiten ergaben ein mehrdimensionales, im Wortsinn „begreifbares" Porträt. Bildlich gesprochen, erlaubt sich diese Biografie mit allem Respekt einen Blick unter die berühmteste rote Kappe der Welt. Das geistige Auge soll dabei aber nicht nur auf das Offensichtliche fallen. Die Sache geht viel tiefer.

Wir erleben Lauda gleichsam in einem ständig hin und her wogenden Sowohl-als-auch. Er ist sowohl der hoch dekorierte Rennfahrer mit drei Weltmeistertiteln und 25 Grand-Prix-Siegen als auch der erfolglose Formel-1-Teamchef, der bei Jaguar nach 15 Monaten rausgeworfen wird. Er ist sowohl das medizinische Wunder, das nur 42 Tage nach dem Unfall am Nürburgring als Phönix aus dem Feuer in Monza auf

Platz vier fährt, als auch der Nierenpatient, der seit zwölf Jahren auf die Organe seines Bruders Florian und seiner zweiten Frau Birgit angewiesen ist. Er ist sowohl der bissige Airliner, der trotz hartnäckig-bürokratischen Widerstands im Alleingang ein Luftfahrtunternehmen aus dem Boden stampft, als auch der Unternehmer, der mit der Lauda Air beinahe in den Konkurs schlittert. Und dann ist da noch der private Lauda. Auch hier scheint das Sowohl-als-auch-Prinzip zu funktionieren. Er ist sowohl der Society-Liebling und Mann einer um 30 Jahre jüngeren Ehefrau als auch der zurückgezogene Einzelgänger und Vater dreier Kinder.

Die vorliegende Biografie entwirft ein Lauda-Porträt fernab von bloßer Lobhudelei und banaler Sporthelden-Saga. Sie will das komplexe und deshalb auch angreifbare Bild des Menschen Andreas Nikolaus Lauda vor uns entstehen lassen. Des Mannes unter der Kappe, des Weltmeisters, Helden, Sparmeisters, Medienprofis und Machtmenschen. Aber auch das Bild eines Mannes mit Familiensinn, großzügig, höflich, ehrlich. „Alles unter einer Kappe" begibt sich auf die Spurensuche nach dem Ursprung dieser Vielfalt.

Das Ritterstands-Wappen für Ernst Ritter von Lauda. Niki Laudas Urgroßvater Ernst wurde 1916 von Kaiser Franz Joseph in den Adelsstand erhoben. Österr. Staatsarchiv.

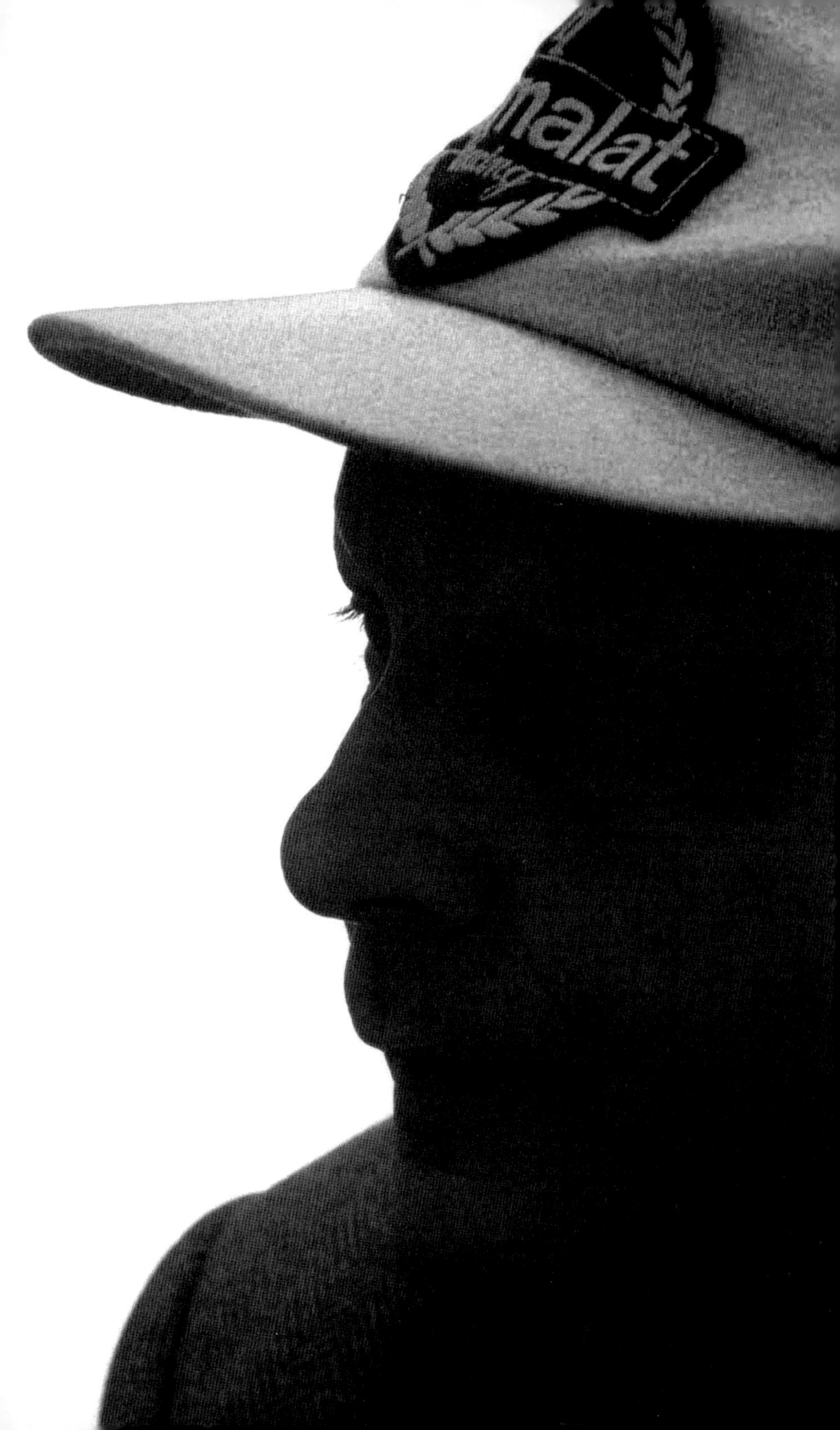
malat

1

Andreas Nikolaus
Der Mensch
Niki Lauda

Die Laudas –
Ein Imperium aus
Wiener Blut

„Ein Lauda hat auf den Wirtschaftsseiten der Zeitung zu stehen, nicht im Sportteil." – Dieser Satz ist nicht nur einer der am häufigsten zitierten aus Laudas Rennfahrerkarriere, sondern stammt auch von einem der ihn prägenden Menschen in seinem Leben: seinem Großvater Hans Lauda.

Dr. Hans Lauda, promovierter Jurist, war zu seinen Lebzeiten das, was man unter einem echten Clan-Oberhaupt versteht. Er stand der Lauda-Dynastie, einer enorm einflussreichen und wohlhabenden Wiener Familie, vor. Sein Vater Ernst Lauda, Nikis Urgroßvater, war Ingenieur gewesen und für seine Dienste als k. u. k. Sektionschef im Ministerium für öffentliche Arbeiten von Kaiser Franz Joseph mit Entschließung vom 28. Mai 1916 in den Ritterstand erhoben worden. Von da an durfte er sich Ernst Ritter von Lauda nennen. Der um vier Jahre ältere Bruder von Hans – nach dem Vater ebenfalls Ernst genannt – galt als einer der wichtigsten österreichischen Mediziner. Er war ab 1946 Vorstand der I. Medizinischen Universitätsklinik in Wien und veröffentlichte mit dem dreibändigen *Lehrbuch der inneren Medizin* (1949–1951) eines der großen medizinischen Standardwerke, das jahrzehntelang in der Ausbildung seine Gültigkeit behalten sollte.

„Die Laudas sind wer in Österreich", kann Niki Lauda deshalb auch zu Recht über seine Familie sagen. „Zentralfigur war mein Großvater, genannt der ‚alte Lauda'", beschreibt Niki Lauda die Schlüsselrolle von Hans Lauda. Und dieser „alte Lauda", geboren 1896, hatte nicht nur eine familiäre Vormachtstellung, sondern auch eine wirtschaftliche.

Im Ersten Weltkrieg diente er als Kriegsfreiwilliger beim k. u. k. Reitenden Artillerieregiment Nr. 3, wo er sich laut Urteil seines Vorgesetzten „unter den schwierigsten Verhältnissen als Aufklärer hervorragend bewährte". Auch sonst fand man nur die besten Worte für den jungen Soldaten: „Ernsthafter Charakter mit vielversprechenden Anlagen. Heiter, gutmütig, besonders kameradschaftlich. – Besitzt besondere Eignung für den Offiziersberuf. – Vereint im Gefechte vorbildliche Tapferkeit und Ruhe mit zweckdienlicher Initiative."

Nach Kriegsende und frisch absolviertem Studium an der Universität Wien trat Hans Lauda als „kommerzieller Sekretär" in die Veitscher Magnesitwerke AG ein und brachte es dort bis zum Generaldirektor (1937). Ein Jahr später, nach dem „Anschluss" Österreichs an Nazideutschland, wurde er seines Postens enthoben, nach dem Ende des Zweiten Weltkrieges jedoch sofort wieder eingesetzt. Hans Lauda setzte seine berufliche Karriere fort und baute seine Machtstellung in der österreichischen Wirtschaft weiter erfolgreich aus. So residierte er im Aufsichtsrat zahlreicher Unternehmen, wie etwa der Steirischen Magnesit-Industrie AG, der STUAG Straßen- und Tiefbau Unternehmung AG, der Creditanstalt Bankverein, der Bank für Handel und Industrie und der Ersten Österreichischen Sparkasse.

Der Wirtschaftskapitän, der sich sehr um den Wiederaufbau der österreichischen Wirtschaft nach 1945 verdient machte, war Mitbegründer der Vereinigung österreichischer Industrieller und bis 1960 deren erster Präsident. Aber auch abseits der Wirtschaft war der Tycoon erfolgreich – und war in der Zeit von 1956 bis 1974 auch Präsident des Österreichischen Roten Kreuzes.

Machtmensch mit viel Besitz

Den beruflichen Erfolg präsentierte er auch nach außen. Niki Lauda: „Mir gefiel das Sichtbare an ihm, die grandiose Stadtwohnung mit livriertem Diener, das riesige Bauerngut in Niederösterreich, der phantastische Besitz in St. Moritz." Später sollte Niki diese Zurschaustellung des Reichtums negativ aufstoßen. In einem *Newsweek*-Interview schimpfte der damals zweifache Weltmeister über seinen bereits toten Großvater sogar als *pompous bastard*.

Der zweite Enkel Florian Lauda beschreibt den Opa als Machtmenschen, der distanziert war und seine Zuneigung nicht gut zeigen konnte. „Ich denke schon, dass er sich gefreut hat, wenn man zu Besuch

gekommen ist, aber herzlich war er nicht", erinnert er sich. Das zeigte sich auch an Geburtstagen. Florian Lauda: „Er hat durch seine Sekretärin gewusst, wann wir Geburtstag hatten, dann gab es immer ein kleines Kuvert, da waren ein paar hundert Schilling drinnen. Dazu seine Unterschrift drauf und das war es – das wurde immer so erledigt."
Im Allgemeinen ging Hans Lauda mit seinem Vermögen nicht freizügig um. So versprach er seinem Enkel Niki, einem sehr schlechten Schüler, ein kleines Auto, wenn er endlich seine Englischprüfung in der Maturaschule bestehen würde. „Aber als ich in seiner Zwanzig-Zimmer-Wohnung am Schubertring vorsprach und ihn daran erinnerte, hat er mich einen Frechling geschimpft", beschreibt Niki Lauda die Enttäuschung. „Mein Vater hat damals gesagt, ich solle mich nicht kränken, ihm hätte er immer ein Pferd versprochen, das er auch nie gekriegt habe."
So wenig zuverlässig sich Hans Lauda bei familieninternen Versprechen zeigte, so sehr konnte er stur Dinge verfolgen, die ihm selbst am Herzen gelegen sind. Ein eindrucksvolles Beispiel dafür ist sein Einsatz, der Statue Kaiser Franz Josephs, die von den Nationalsozialisten demontiert worden war, wieder einen gewichtigen Platz zu verschaffen. Dank seiner Bemühungen wurde das Denkmal des Kaisers, der seinen Vater geadelt hatte, 1957 im Wiener Burggarten aufgestellt.

Alter Lauda gegen jungen Lauda

Weniger rigoros stand er jedoch für seine Überzeugungen ein und so bescherte der „alte Lauda" dem „jungen Lauda" eine weitere Enttäuschung im menschlichen Bereich. Als der Großvater, der stets auf die Sozialisten schimpfte, von eben jenen „Roten" einen Orden verliehen bekam und diesen auch noch stolz entgegennahm, reagierte der damals 12-jährige Niki Lauda mit einem Brief an das Familienoberhaupt und tat seine Enttäuschung kund. Die Entgegnung folgte in entsprechendem Rahmen – bei einem großen Fest inmitten vieler geladener Gäste. Lauda: „Als Anklage gegen meine Eltern las er den ganzen Brief vor, als müsse er Wort für Wort das Ausmaß dieser Impertinenz belegen." Das ohnehin fragile Opa-Enkel-Verhältnis war dadurch weiter belastet worden.

Mit seinem Großvater Hans Lauda, einem Wirtschaftskapitän und begeisterten Reiter, hatte Niki Lauda einige Konflikte auszutragen.

„Sobald ich ein bisserl selbstständig wurde, hab ich mich fürchterlich gerächt", erzählt Niki Lauda. „Ich blieb jeweils am Weihnachtstag jenem Lunch fern, zu dem die ganze Familie im feudalsten Hotel Wiens, dem Imperial, anzutreten hatte. Härter konnte sich ein Jung-Lauda einem Alt-Lauda gegenüber nicht gebärden."
Zum endgültigen Bruch kam es 1971. Niki Lauda, ganz am Beginn seiner Rennfahrerkarriere, ergatterte seinen ersten Werbevertrag mit der Ersten Österreichischen Sparkasse. Bis der Großvater, ein ausgesprochener Gegner dieser Laufbahn, bei der Ersten intervenierte, „um den Buben zur Vernunft zu bringen", und der Vertrag platzte. (Einen Kredit über 2,5 Millionen Schilling, um sich beim Formel-1-Rennstall March einzukaufen, bekam Lauda darauf von der Raiffeisen.) Danach gab es nie wieder Kontakt zwischen dem „alten" und dem „jungen" Lauda. Hans Lauda starb im Jänner 1974. Nur drei Monate später, am 28. April 1974, errang Niki Lauda seinen ersten Grand-Prix-Sieg beim Großen Preis von Spanien.

Laudas mit Benzin im Blut

Dennoch, die Motorsport-Gene lagen den Laudas im Blut. Selbst Großvater Hans, der die Motorsportambitionen seines Enkels so vehement bekämpft hatte, interessierte sich sogar ganz offen für Autorennen. Florian Lauda berichtet: „Er hat sich für die Formel 1 interessiert, er fuhr sogar zu den Großen Preisen am Nürburgring und auch einmal nach Monte Carlo. Dort kannte er als Präsidentin des Österreichischen Roten Kreuzes ja auch Fürstin Gracia Patricia, die Präsident des Roten Kreuzes in Monaco war." Außerdem erzählt Florian Lauda über einen Herzenswunsch seines Großvaters: „Als man ihn bei einem Firmen-Jubiläum fragte, welches Geschenk er den gerne hätte, ließ er leise anklingen, dass er sich als großer Autofan am liebsten einen Ferrari wünsche. Da war er schon alt, 60 oder so – das würde ihn interessieren, hat er gesagt. Daraus geworden sind dann zwölf Apostel, die sehr schön geschnitzt waren und im Wohnzimmer gehangen sind."

Der erste Motorsport-Lauda: Onkel Heinz Lauda.

Zum Motorsport gebracht wurde Niki Lauda aber von einem anderen Familienmitglied, nämlich seinem Onkel Heinz. Der Bruder von Niki Laudas Vater war neben seinem Beruf als Generaldirektor der Veitscher Magnesitwerke AG erfolgreicher Amateur-Rennfahrer. Onkel Heinz war somit der erste Motorsport-Lauda. Mag. Max Lauda, der Sohn des mittlerweile 83-jährigen Dr. Heinz Lauda, sagt: „Der junge Niki, mein Cousin, durfte auf den alten Flugplätzen von Kottingbrunn und Aspern die Motoren von meinem Vater ohne Wissen seiner Eltern einfahren. Ich glaube, so wurde Niki mit dem Motorsportvirus und möglicherweise auch mit dem Flugzeugvirus infiziert." Auch Niki Laudas Cousins Max und Thomas konnten sich dem Rennfieber nicht entziehen. Max Lauda fuhr in der Kart-Elite und Thomas sogar in niedrigen Formel-Klassen.

„Irgendwie fühlte ich mich nicht ganz inkludiert"

1949 spürte man in Österreich immer noch die Folgen des Krieges. Immer noch wurden vor allem Kinder dank ausländischer Hilfsaktionen ernährt, täglich gab es bis zu 20 Meldungen über den Fund von Bomben, Granaten und Minen in Wien und sehnsüchtig erwartete man die Heimkehrertransporte aus der Sowjetunion des Genossen Stalin. Gleichzeitig wurde über den Staatsvertrag verhandelt, bei den Nationalratswahlen wurde die ÖVP mit Bundeskanzler Figl stimmenstärkste Partei, während bei den Gemeindewahlen in Wien die SPÖ siegte und Theodor Körner als Bürgermeister wieder gewählt wurde. Und es wurde eifrig gebaut und restauriert. Die Ringstraße erstrahlte wieder im alten Glanz und das Rathaus bekam ein neues Dach.

In diesem Wien des Nachkriegs wurde am 22. Februar Niki Lauda als Andreas Nikolaus Lauda geboren. Allerdings in höchst privilegierter Position. Verkörperten die Laudas doch in Wien gefestigtes Großbürgertum. Mit Villa und Park in Pötzleinsdorf und Besitzungen in Niederösterreich, der Vater Papierfabrikant, der Großvater im Vorstand und im Aufsichtsrat einer ganzen Reihe von Banken und Industrieunternehmen – der kleine Lauda wurde als Repräsentant einer Dynastie geboren. Und so erzogen, dass er auf dem Tanzparkett ebenso zu Hause sein sollte wie auf dem Rücken eines Pferdes.

Kindermädchen und Oma als Bezugspersonen

Seine Eltern Ernst-Peter und Elisabeth hatten sich am Arbeitsplatz des Vaters in der Neusiedler Papierfabrik kennen gelernt. Generaldirektor nach dem Ersten Weltkrieg war in diesem traditionsreichen, 1793 gegründeten Unternehmen Dr. Emil von Linhart, Vater dreier Töchter. Die mittlere, Elisabeth, heiratete den damaligen Prokuristen Ernst-Peter Lauda – der später selbst zum Generaldirektor aufstieg. Die Karriere

führte den Vater oft von zu Hause weg. Finanziell fehlte es der Familie an nichts, sehr wohl aber an Zuneigung und Wärme. „Ich wurde immer von Kindermädchen erzogen", erinnert sich Lauda. „Ich kann mich an ihre Art Uniform erinnern, sie hatte so eine Kappe auf dem Kopf. Sie war existent, aber sie hat mir die Eltern nicht ersetzen können." Sein Bruder Florian kann sich besonders an ein Kindermädchen erinnern – die Lotte. Zu ihr hatten die beiden Lauda-Söhne eine enge Bindung. Als sie eines Tages ihre Arbeit beendete, sagte man Niki und Florian nichts davon. „Man hat wohl geglaubt, dass das besser so sei", erzählt Florian Lauda. „Aber wir waren sehr traurig, dass wir nicht die Chance hatten uns zu verabschieden."
Emotionale Anlaufstelle war vor allem Großmutter Emmi, die im Haus wohnte. „Sie war sehr herzlich, hat sich um uns gekümmert und bei Problemen geholfen", erinnert sich Florian Lauda liebevoll. Noch dazu hatte die geschiedene Frau des gestrengen Großvaters Hans Lauda auch den ersten Fernseher in die Familie gebracht. Lauda: „Das war sehr aufregend. Da ist man immer nach dem Essen hinaufgegangen zu ihr um fernzusehen und sich irgendwelche Süßigkeiten oder Obst zu besorgen, was sie immer reichlich hatte." Großmutter Emmi war es übrigens auch, die als erstes Familienmitglied von Niki Laudas Entschluss erfuhr, die Rennfahrerkarriere aufzugeben. Seine Frau Marlene teilte es seiner liebsten Bezugsperson sofort am Telefon mit.

Distanz zu den Eltern

Zu seinen Eltern hingegen hatte Niki Lauda ein schwieriges Verhältnis. Noch zu ihren Lebzeiten beschrieb es Niki Lauda so: „Meine Eltern leben in einer ganz anderen Welt. Ich vertrete die Ideen und Anschauungen meiner Eltern nicht. Ich hatte nie ein besonders herzliches Verhältnis zu meinen Eltern."
Gefragt, den Charakter seines Vaters zu beschreiben, antwortete Lauda in einem frühen Interview: „Intelligent. Weich. Kein Vorbild." Sein Bruder Florian hingegen beurteilt gerade diese Weichheit positiv: „Ich fand diese schwache Seite eigentlich seine sympathische. Dass er eben nicht so hart war." Wie etwa der Großvater väterlicherseits.

Von seinem früheren Mitarbeiter Ing. Rudolf Beyrer wird vor allem die Menschlichkeit von Laudas Vater hervorgehoben: „Er war ein sehr sozial eingestellter Generaldirektor, wie auch schon sein Schwiegervater, was sich in den Werken gezeigt hat. Bei etwa 2200 Mitarbeitern gab es ein eigenes Spital und Kindergärten."
Seine Mutter Elisabeth beschrieb Niki Lauda noch weniger herzlich: „Ich bin

Niki Lauda mit Bruder Florian und seinen Eltern.

nicht mit sehr viel Wärme aufgewachsen. Meine Mutter war beinhart. Diese kühle Frau hat in Wirklichkeit mein Wesen geprägt." Auch hier blickt Bruder Florian durchaus liebevoller auf die Eltern-Kind-Beziehung zurück: „Ich fand unsere Kindheit eigentlich recht gelungen. Und es gab durchaus familiäre Fixpunkte, an denen die ganze Familie beisammen war, wie etwa die Mahlzeiten."
Beigebracht wurde den Söhnen auf jeden Fall, was man in diesen Kreisen so können musste – ohne Rücksicht auf persönliche Vorlieben oder Abneigungen. Etwa das Reiten. „Es war logisch und völlig unausweichlich, dass ich reiten lernen musste, obwohl mich alles daran angewidert hat. Jedes Mal, wenn ich in die Reitschule kam, widerte mich schon der Geruch an. Und sobald dann das Pferd rausgeführt wurde und ich das Trapp-Trapp hörte, wurde mir schlecht. Ich spürte einen richtigen Druck in der Hose und schoss rauf in den ersten Stock, zum Klo. Kein Mensch in meiner Familie hätte die Flexibilität gehabt, mir als Zehnjährigem das Reiten zu ersparen und es vielleicht später zu probieren", so Lauda.
Dennoch kann er seiner standesgemäßen Erziehung etwas Gutes abgewinnen. „Immerhin ist mir auch viel Sicherheit mitgegeben worden. Ich habe gelernt, mich überall auf der Welt zu bewegen und selbst-

verständlich meine Manieren einzusetzen. Ich habe den Vorteil, mich unter allen Umständen sicher zu fühlen, was das Auftreten und den Umgang mit Menschen betrifft." So ist etwa die Szene, in der Niki Lauda beim Rennen in Monaco der Fürstin Gracia Patricia die Hand küsst, legendär. Später sagte er: „Ich versteh nicht, weshalb alle Leute so viel Aufhebens deshalb machten. Ich hab halt schon als Kind gelernt, galant zu Damen zu sein."
Galant – ja, selbstbewusst dagegen war der junge Niki gar nicht. Wegen seiner vorstehenden Zähne wurde er „Hase" oder „Eichhörnchen" genannt. Und er musste beim geringsten Windhauch mit Hut und Mantel zur Schule gehen. „Mein Bruder war immer genau gleich angezogen, wir kamen daher wie zwei kleine Deppen. Ich sehe eine Situation noch haargenau vor mir. Ich war ungefähr zehn oder zwölf und musste zum Zahnarzt wegen der Regulierung. Ich stand mit meiner Mutter an der Ecke beim Forum-Kino und wartete auf die Straßenbahn. Wenn ich mich jetzt bemühe, mir vorzustellen, wie ich damals an der Ecke stand, im Mantel, mit Schal und Steirerhut: Ich glaube, ich war ein ziemliches Seicherl", erzählt Lauda. Und sein Bruder Florian meint: „Niki war verschreckt." Heute erinnert sich der dreifache Weltmeister an „ungeheuer viele Komplexe". „Ich war immer brav, ich hatte nie einen Lausbubenstreich gemacht. Bloß meine schlechten Leistungen in der Schule passten nicht in das Bild des Musterknaben."
Tatsächlich war Niki Laudas Schul-Laufbahn keine rühmliche. Lauda: „Die Laudas waren grundsätzlich Wirtschaftskapitäne, jedenfalls was Besonderes. Irgendwie fühlte ich mich nicht ganz inkludiert, da ich schon in der dritten Klasse des Gymnasiums sitzenblieb, und in der fünften noch einmal. Schule interessierte mich einfach nicht, und wie sich in meinem späteren Leben rausstellte, finde ich mich nur bei Dingen zurecht, die mich auch interessieren. Mein Vater steckte mich in die Maturaschule, die damals noch den Ruf hatte, auch die hoffnungslosesten Söhnchen durchzubringen. Da hatte ich natürlich die totale Freiheit und habe noch weniger getan, bin zu keiner einzigen Prüfung angetreten und hab nur Blödsinn gemacht." Doch seine Eltern bestanden auf einem Schulabschluss – also der Matura. „Dabei ging es einzig und alleine um die sturen Ambitionen meiner Eltern. Ihnen

konnte geholfen werden", so Lauda. Und so fälschte er sein Zeugnis. Noch dazu so laienhaft, dass er es ihnen nur aus der Entfernung zeigen konnte. „Ich hab kurz die rechtlichen Folgen überlegt, bin aber zu dem Schluss gekommen, dass eine Fälschung für den Hausgebrauch keine große Sache sei. Der Erfolg war durchschlagend. Alle waren völlig happy. Wie ein Lauffeuer ging's durch die erweiterte Familie, der Niki hat maturiert, ein einziger Jubelruf, und ich konnte mich endlich den gescheiteren Dingen des Lebens zuwenden."

Auszug und Aussöhnung

Zum neuen Leben gehörte auch ein Bruch mit der Familie, die Lauda mit 18 Jahren verlässt. „Im Grunde bin ich abgehauen. Mein Vater war ein normal denkender Mensch, und als solcher konnte er den Rennsport nicht akzeptieren. Damit war für mich klar, dass ich wegmuss von den Lauda-Familienbanden, die für mich damals unerträglich waren, weil sich halt alles nur um Industrie und alte Werte drehte. Ich brauchte den eigenen Weg, daher die klare Trennung, der Wechsel nach Salzburg."
Erst der schwere Unfall 1976 brachte den verlorenen Sohn und seine Eltern wieder zusammen. Zwei Jahre später, 1978, starb sein Vater, der schwer zuckerkrank war. Lauda: „Ich sah ihn zwar davor nur selten, aber dann war es immer okay." Seine Frau überlebte ihn um achtzehn Jahre. Lauda über seine Mutter: „Auch sie sah ich nicht sehr oft, aber es bestand immer eine Bindung und Zuneigung, vielleicht gab es auch eine verdeckte Sehnsucht nach der quasi verlorenen Familie. Ergreifend waren ihre letzten Tage. Sie hatte Krebs, wollte Therapie nur bis zu einem gewissen Grad, und dann nicht mehr. Bruder Florian und ich wechselten uns die letzte Woche an ihrem Bett ab, ließen sie nicht mehr allein. Es waren wichtige Tage für mich und für diesen letzten Rest von Familie. Ich glaube, nach allem verstand unsere Mutter, dass sie Söhne hatte, die sie liebten."

„Bitte pass auf meine Niere auf!"

Das Image des schier unverwüstlichen Helden, der sogar lebend aus seinem brennenden Rennwagen geborgen werden konnte, bekam leichte Risse, als im April 1997 via Aussendung des Wiener Allgemeinen Krankenhauses bekannt wurde, dass der ehemalige Formel-1-Star sich einer Nierentransplantation unterzogen hatte. Der Computer, der erfolgsverwöhnte Roboter, zu dem die Medien den dreifachen Formel-1-Weltmeister gemacht hatten, war also schließlich auch bloß ein Mensch mit Schwachstellen.

Der Eingriff, bei dem Niki Lauda eine Niere seines Bruders Florian transplantiert worden war, war nötig geworden, da er seit längerem an schleichenden Entzündungen seiner beiden Nieren litt. Bei einem solchen Krankheitsbild entstehen immer wieder kleine Narben auf den Organen, wodurch ihre Funktionstüchtigkeit schrittweise verloren geht. Im Endeffekt führt dieser Krankheitsverlauf dazu, dass irgendwann einmal eine Dialyse (Blutwäsche) nötig wird. Wie die behandelnden Mediziner versicherten, sei „eine solche Erkrankung nichts Außergewöhnliches, in den meisten Fällen, in denen Transplantationen nötig seien, lägen solche Probleme vor". Das Gerücht, dass ein Zusammenhang mit Laudas verheerendem Feuerunfall am 1. August 1976 auf dem Nürburgring bestehe, dementierten die Ärzte.

Bruder Florian als Spender

Auch wenn die Nieren-Transplantation im Nachhinein als erfolgreicher Triumph ihren Einzug in die Medien hielt, war der Weg bis dorthin ein durchaus steiniger. Denn erst musste Florian Lauda zu seiner Spende bewogen werden. Gar nicht so einfach, wenn man – wie Niki Lauda selbst zugibt – nicht gerade den engsten Kontakt zu seinem Bruder pflegt. „Wir haben so gut wie gar keinen Draht zueinander, weil wir so unterschiedlich sind. Ich habe mit 18 Jahren mein Elternhaus verlassen, mein Bruder blieb. Eine klare Trennung, ich begann mein Rennfahrerleben. 25 Jahre lang haben wir uns in Wiener Restaurants oder Diskotheken einmal im Monat zufällig getroffen: ‚Servus! Wie geht's? Gut, danke!' Aus. Mehr Zusammenhang war nicht", erinnert sich Lauda 2001, vier Jahre nach dem medizinischen Eingriff, in einem Artikel in der *Zeit*. „Dann diese Situation. Bei mir wurde eine Nierentransplantation nötig. Die Ärzte meinten, es wäre gut, wenn der Spender aus der Familie käme. Also habe ich meinen Bruder angerufen, der schon deshalb ziemlich erstaunt war. Wir trafen uns beim Sacher im Kaffeehaus, und mit meiner geraden Art, Leute wegen eines Problems anzusprechen, kamen wir schnell zum Thema. Ich fand das normal. Er sah das anders: Kommt da der Bruder einfach daher und sagt: Gib mir deine Niere. Seine erste Reaktion war: Nur wenn du stirbst!"

Sein Bruder Florian stellt die Sache anders dar: „Er hat mich angerufen und gesagt, dass er mich ins Do & Co zum Essen einladen will. Und das war mir schon verdächtig ... Er hat dann zu mir gesagt, dass es schlecht ausschaut. Und wenn es zu was kommt, ob ich ihm helfen würde. Da habe ich kurz überlegt und gesagt, ‚Du, wenn es um dein Leben geht, helfe ich dir natürlich. Schau aber erst einmal, ob es irgendwie anders in den Griff zu kriegen ist'."

Einige Monate später meldet sich Niki Lauda wieder. „Er sollte sich mit meiner Bitte logisch auseinandersetzen. Zum Beispiel durch ein Gespräch mit den Ärzten. Er sollte sie fragen: Was sind die Fakten? Wer sich bei den Chirurgen Informationen holt, so funktioniert zumindest mein System, wer ihre Erklärungen auch versteht, der kriegt auch ein Problem wie das der Angst in den Griff." Ein Gefühl, das Lauda selber in diesem Fall völlig fremd war: „Nach meinem Unfall und anderen Eskapaden (wie ein Traktorunfall vier Monate vor der Nürburgring-Katastrophe, Anm.), bei denen ich fast ums Leben kam, ist so eine Operation verhältnismäßig leicht. Mich fasziniert mehr das Technische, wie man es überhaupt machen kann, eine Niere vorne einzubauen, obwohl sie hinten sitzen müsste."

Florian Lauda willigte schließlich in eine Transplantation ein. „Als sich abgezeichnet hat, dass er wirklich eine Niere braucht, bin ich halt relativ selbstverständlich eingerückt und habe die Untersuchungen gemacht."

Zum Eingriff am 24. April 1997 fuhren die beiden Brüder gemeinsam (Niki Lauda spottet gerne, dass er seinen Bruder „sicherheitshalber zu Hause abgeholt habe"), im Spital lagen sie Zimmer an Zimmer. Florian Lauda: „Am Tag der Operation hat man mich natürlich zuerst hineingeschoben, an ihm vorbei. Und dann haben wir noch irgendwelche Witze gemacht."

Spender sind begehrt, aber rar

Dass Niki Lauda zum Lachen war, ist verständlich. Denn ohne Spenderniere hätte sein weiteres Leben bedeutet, von der Dialyse, also einer künstlichen Blutwäsche, abhängig zu sein. Die Aufgabe der Nieren im Körper ist es, das Blut von Abfallstoffen zu reinigen, sonst würde sich der Körper schleichend selbst vergiften. Deshalb sind Menschen, deren Nieren versagt haben, auf Dialyse angewiesen. Und das bis zu dreimal in der Woche für mehrere Stunden. Eine Nierentransplantation ist die bessere Lösung. Aber die begehrten Organe sind knapp.

826 Menschen haben beispielsweise im Jahr 2005 in Österreich auf eine Spenderniere gewartet. Im Schnitt, so die Statistik, dauert das Warten auf eine Niere 14,9 Monate. Die Ergebnisse sind jedoch umso besser, je schneller die Transplantation durchgeführt werden kann. Und Organe eines lebenden Spenders sind jenen von Toten vorzuziehen, erklärt der Innsbrucker Transplantationspionier Univ.-Prof. Dr. Raimund Margreiter in der *Medical Tribune* 2008. Der Eingriff findet gut vorbereitet und nicht unter Notfallbedingungen statt, die Organ-Qualität könne optimal abgestimmt werden. Außerdem verlaufen Transplantationen unter Verwendung von Lebendspender-Organen langfristig um bis zu 20 Prozent besser als bei Verwendung von Organen von Hirntoten.

Leider finden sich in Österreich nur wenig Lebendspender, obwohl das Risiko sehr gering ist. Prof. Margreiter: „Der Verlust einer Niere ist für den Spender ohne nachteilige Folgen zu verkraften, und nach der Entfernung eines Leberlappens regeneriert sich ein Gutteil des entnommenen Lebergewebes." „Eine funktionierende Niere genügt völlig", betonte auch der AKH-Sprecher nach Laudas erster Transplantation. „Das Organ wird sich etwas vergrößern, weil es mehr ‚Arbeit' leistet. Und auch Florian Lauda meint heute, zwölf Jahre nach seiner Spende: „Beeinträchtigt bin ich eigentlich nicht."

Freundin Birgit als Lebensretterin

Acht Jahre lang konnte Niki Lauda mit der Niere seines Bruders erstklassig und uneingeschränkt leben. Dann meldeten die Ärzte, dass die Lebensdauer des Organs abnahm. „Es war absehbar, dass diese Niere nicht bis an mein Lebensende arbeiten wird. Bei Spendernieren gibt es nun einmal dieses Zeitfenster", erinnert sich Lauda. „Ich wusste, dass es nur zwei Möglichkeiten für mich gibt: Entweder ich warte auf die Niere eines Toten und werde zum Dialysepatienten – schließlich warten Tausende Menschen auf so eine Niere. Oder ich finde wieder einen Spender."

Sein Sohn Lukas wollte gerne einspringen, aber die Tests hatten ergeben, dass seine Werte, obwohl blutsverwandt, nicht passten. Lauda: „Somit kam auch mein jüngerer Sohn Mathias nicht mehr in Frage."
Als Laudas damalige Freundin Birgit Wetzinger von dem Ergebnis hörte, wollte sie sofort den Test machen. Nikis Reaktion beschreibt er selbst bei Reinhold Beckmann in dessen Talk-Sendung: „Ich wollte das nicht. Wir kannten uns erst acht Monate. Aber dann stimmten fünf von sechs Messwerten. Ein Wunder." Die Chancen auf eine so gut passende Niere: eins zu einer Million.

Lauda hatte aber Schuldgefühle gegenüber seiner um 30 Jahre jüngeren Freundin. Was, wenn etwas schiefgeht? „Ich habe mir einmal kurz in die Hose gemacht. Weil die Verantwortung war für mich seinerzeit unerträglich. Deswegen habe ich zuerst gesagt: ‚Kommt nicht in Frage!' Sie hat gesagt, das sei ihr wurscht, sie mache das für mich. Das war eine unglaubliche Leistung von ihr, die ich ihr nie vergessen werde", beschreibt Lauda seine Gefühle in einem TV-Gespräch mit Helmut Zilk.

Dennoch sei es ihm nicht leicht gefallen, dieses Geschenk anzunehmen. „Das war schon vor acht Jahren nicht leicht, als mein Bruder Florian mir eine Niere gespendet hat. Warum, hab ich mir immer wieder gedacht, soll ein anderer was von sich hergeben, nur weil ich ein Problem hab?", beschreibt er seine Zweifel in einem *Kronen-Zeitungs*-Interview. Die Antwort auf die Frage hat er aber für sich gefunden: „Weil da eine Beziehung ist, weil mich dieser Mensch mag." Ausschlaggebend war letztlich die Stimme seiner Ex-Frau Marlene, die Lauda um ihren Rat gebeten hatte. „Sie hat etwas sehr, sehr Schönes gesagt: ‚Der Eiffelturm gehört sofort weg und die Birgit dort hingestellt!' Da wusste ich, dass es richtig ist, wenn ich Birgits Niere annehme." Diese selbst zögerte nicht, ihrem Lebenspartner eines ihrer Organe zu spenden. „Ich habe mich ausführlich über die möglichen Auswirkungen einer Nierentransplantation vergewissert. Als sich herausstellte, dass ich für eine Spenderniere in Frage kam, war mir klar, dass ich Niki eine Niere schenke", erzählt Birgit Lauda, damals noch Wetzinger.

Die Operation wurde dann am 24. Juni 2005 wieder im Wiener AKH durchgeführt. Das chirurgische Team leitete Univ.-Prof. Dr. Ferdinand Mühlbacher. „Die Operation verlief sowohl bei der Spenderin als auch beim Empfänger komplikationslos", resümierte er wenige Tage nach dem Eingriff.

Heute sagt Birgit oft zu Niki: „Trink mal ein Glas Wein. Meine Niere braucht das." Dann lachen die beiden.

Gleicher Lebensstil, aber mit vier Nieren

Wirklich verändert hat Lauda seine erste Transplantation nicht. „Als er dann die Niere hatte, hat er so weitergelebt wie vorher", erzählt Florian Lauda. „Er hat seine Sachen gemacht. Ich habe ihm immer gesagt, bitte pass auf meine Niere auf, warum trittst du nicht ein bisschen leiser, warum tust du dir das an. Aber er kann nicht stillsitzen. Wenn er irgendwo ist, und es gibt nichts zu tun, setzt er sich in den Flieger und fliegt irgendwohin und macht wieder Geschäfte." Auch das Verhältnis zu seinem Bruder habe sich trotz Organspende nicht wesentlich

Niki Lauda mit seiner zweiten Ehefrau Birgit Wetzinger, die ihm im Juni 2005 eine Niere spendete.

verändert. Das bestätigt auch Niki Lauda: „Es ist wohl etwas anders geworden, aber deshalb telefonieren wir trotzdem nicht häufiger. Das will er nicht. Und ich auch nicht."

Zu Birgit hat sich die Bindung intensiviert. „Das ist ein Gefühl, das wahrscheinlich nur ganz wenige Menschen im Lauf ihres Lebens kennen lernen. Auf diese Art verbunden zu sein mit einer Frau. Es ist eine unglaubliche Sache zu wissen, dass Birgit zu jenen Frauen zählt, die nicht weglaufen, wenn es brennt. Sondern sich für dich ins Feuer hauen", so Lauda zur *Krone*.

Das ist nun knapp vier Jahre her und zurzeit lebt Lauda mit vier Nieren im Körper. Denn auch Nieren, die nicht funktionieren, bleiben bei der Transplantation im Körper und schrumpfen. „Beim nächsten Mal müssen wir aber eine entnehmen", so sein behandelnder Arzt Ferdinand Mühlbacher.

„Dass ich
kein Heiliger war,
weiß eh jeder"

Dass Niki Lauda den Schritt zum Traualtar (oder besser gesagt zum Standesamt) noch einmal wagen würde, hätte niemand vermutet. Und doch heiratete er am 25. August 2008 im Standesamt Martinstraße in Wien-Währing seine Freundin Birgit Wetzinger, 29, mit der er seit knapp vier Jahren zusammen war. „Still und heimlich", wie Lauda Wochen später bestätigte. „Die Hochzeit war bewusst unter Ausschluss der Öffentlichkeit!" Nur die Trauzeugen Haig Asembauer (ein befreundeter Flugunternehmer) und Dagmar Krebs (Wetzingers Freundin) waren anwesend. „Es gibt eine Trennwand, die mich und die Menschen in meiner Nähe schützt. Ich brauche ein Gebiet, das nur mir gehört. Bei meinen tiefsten Gefühlen hört sich bei mir der Spaß auf", erklärte Lauda der *Kronen Zeitung* gegenüber. Deshalb wussten nur seine Söhne Lukas und Mathias sowie seine Ex-Frau Marlene von dem bevorstehenden Ereignis. „Das Ganze hat vier Minuten gedauert", kommentierte Lauda später gegenüber *Österreich* gewohnt trocken: „Fertig und aus!"
17 Jahre lang, seit der Scheidung von seiner ersten Frau Marlene, verweigerte der Unternehmer das Jawort und betonte stets in Interviews: „Ich will nicht mehr heiraten!"
Warum also Birgit? „Weil ich sie einfach liebe und das festschreiben wollte. Sie ist die Richtige für mein restliches Leben." Und: „Meine Beziehung zu Birgit ist ein Idealzustand, den ich jetzt in die Tat umgesetzt habe – wie es jeder anständige Mann tun sollte." Sein Resümee: „Ich kann jetzt nur sagen: Heiraten ist zu empfehlen. Auch wenn ich überzeugt bin, dass ein Trauschein nichts dabei ändern darf, wie man zueinander steht."
Den Heiratsantrag zur Kurz-Zeremonie gab es übrigens in einer

Pizzeria auf Ibiza. Und Flitterwochen erst einmal keine. Dafür flog das frisch getraute Paar aber gleich nach der Trauung für eine Woche auf die Baleareninsel Ibiza. Dort hatte Lauda für sich und Birgit ein neues Traumhaus gekauft. Erst im Dezember holten die beiden die Hochzeitsreise dann richtig nach. Bei einem Romantik-Urlaub auf der Malediven-Insel Rangali. Lauda: „Wir haben am Strand noch einmal auf unsere Hochzeit angestoßen."

Birgit – die Frau für den Rest seines Lebens

Kennen gelernt hatte Niki seine zweite Ehefrau am Arbeitsplatz – ein Klassiker. Sie arbeitete als Stewardess in seiner Fluglinie. War jung, hübsch und immer fröhlich. Er war ihr Chef: „Irgendwann sind wir uns nähergekommen", erzählt Lauda. Heute fliegt Birgit Lauda nicht mehr. Sondern leitet das gesamte Catering der Fluglinie. Protektion unterstellt ihr dabei niemand. Sie gilt als harte Arbeiterin und „genießt beruflich keinerlei Vorteile aus ihrer Beziehung", meint Isabella Großschopf, Leiterin des Society-Ressorts bei *NEWS* und seit vielen Jahren Lauda-Kennerin. „Birgit ist komplett anders als die Tussis, die Lauda sonst immer umgeben haben", umschreibt sie pointiert Birgits Vorzüge. „Sie ist lebensnah, fröhlich, positiv und steht mit beidem Beinen fest im Leben." Geld ist ihr nicht wichtig. „Sie könnte sicher mit seinen Kreditkarten zu Gucci shoppen gehen, aber sie macht es nicht, im Unterschied zu vielen anderen Frauen, die so eine Situation ausnützen würden", so Großschopf. Bei ihr kann sich Lauda sicher fühlen. Wohl auch ein Grund, dass Birgit die erste Frau ist, die von seiner Ex-Frau Marlene akzeptiert wird.

Seit vier Jahren leben die beiden nun in einer Villa in Wien-Döbling. Gemeinsam mit den beiden Hunden Felix und Chivas. Dennoch – dass sich die Beziehung der beiden so entwickelt, hatten die wenigsten erwartet. Vor allem wegen des gewaltigen Altersunterschiedes von 30 Jahren. Doch das Paar selbst scheint keine Probleme damit zu haben. „Ich glaube, der Grund, warum die Birgit und ich so gut funktionieren, ist, dass wir einander perfekt ergänzen. Ich sage auch immer zu ihr: ‚Schau, lass mich meine Lebenserfahrung in unsere Beziehung einbringen und du bringst deine impulsive, jugendliche Triebfeder ein'", so Lauda gegenüber dem *Seitenblicke-Magazin*.

Was ihn besonders an Birgit fasziniert: „Dass sie super unkompliziert ist. Sie ist zum Beispiel nie schlecht aufgelegt. Natürlich ist sie impulsiv. Ich meine, sie ist im Sternzeichen Skorpion. Aber ich bin ja selbst ein sturer Hund, und damit kann sie super umgehen. Und – ganz wichtig! – sie stellt keine Bedingungen an mich. Sie sagt immer: ‚Du, ich hab alles. Ich bin glücklich. Ich brauch nicht mehr.'"

Die Tatsache, dass ihm Birgit nach nur acht Monaten Beziehung ihre Niere gespendet hat, habe die Beziehung sicher extrem gefestigt. Und wurde von Lauda als „großer Liebesbeweis" gewertet, so Großschopf. Nach der Hochzeit, so hört man, soll nun auch Nachwuchs geplant sein. Lauda in einem Interview mit der Schweizer Wirtschaftszeitung *Bilanz* im Jahr 2007: „Ich würde mir noch Kinder wünschen."

Marlene – seine erste Ehefrau und sein Lebensmensch

Viele Jahre zuvor war Niki Lauda schon einmal vor den Standesbeamten getreten. Und zwar mit Marlene, mit der er von 1976 bis 1991, also fünfzehn Jahre lang, verheiratet war. Mit ihr hat er die zwei Söhne Lukas und Mathias und sie ist auch heute noch – so lange nach der Trennung – einer der wichtigsten Menschen für ihn.

Er lernte sie kennen, als er noch mit seiner Freundin Mariella Reininghaus zusammen war. Nach einem Streit mit dieser ging er allein auf eine Party von Schauspiel-Legende Curd Jürgens, dessen Freundin Marlene damals war. Die Anziehung der beiden aufeinander war stark und schon einen Tag nach dem Fest kam es zu einem Wiedersehen, erinnert sich der Journalist Peter Lanz. „Einen Tag nach der Party in Salzburg brachte Lauda-Freund Lemmy Hofer Marlene Knaus mit ins Fliegerstüberl. Sie wollte sich ‚den Niki Lauda einmal bei Tageslicht anschauen.' Laudas damaliger, schwärmerischer Eindruck von Marlene: „Sie hatte ein wunderbar ebenmäßiges Gesicht. Ihr Haar war wieder zu einem Knoten hochgesteckt, ihre Haut sonnengebräunt. Ihre heisere Stimme, ihre Nähe ... Ich hatte schon sehr viele schöne Frauen ge-

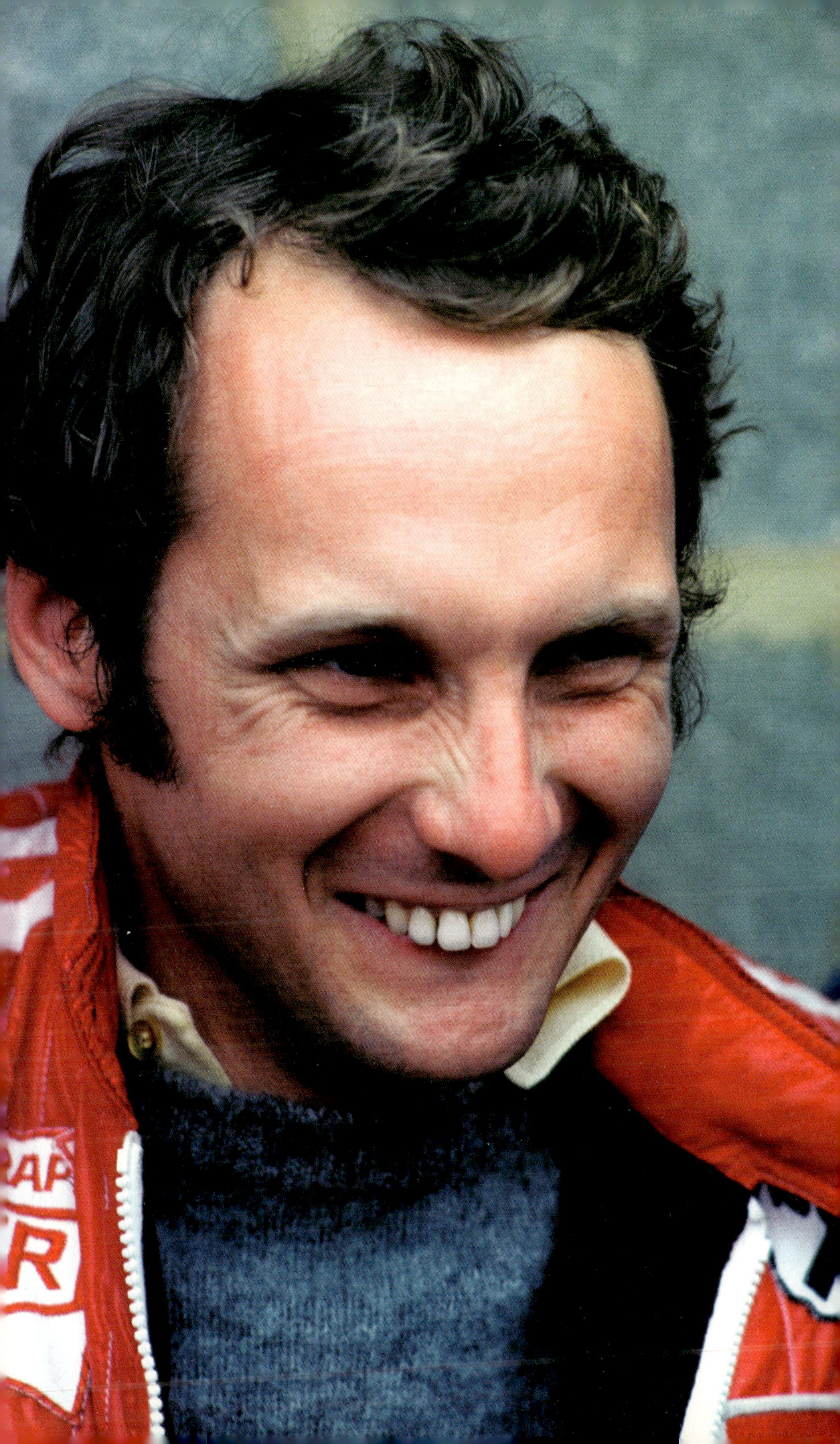

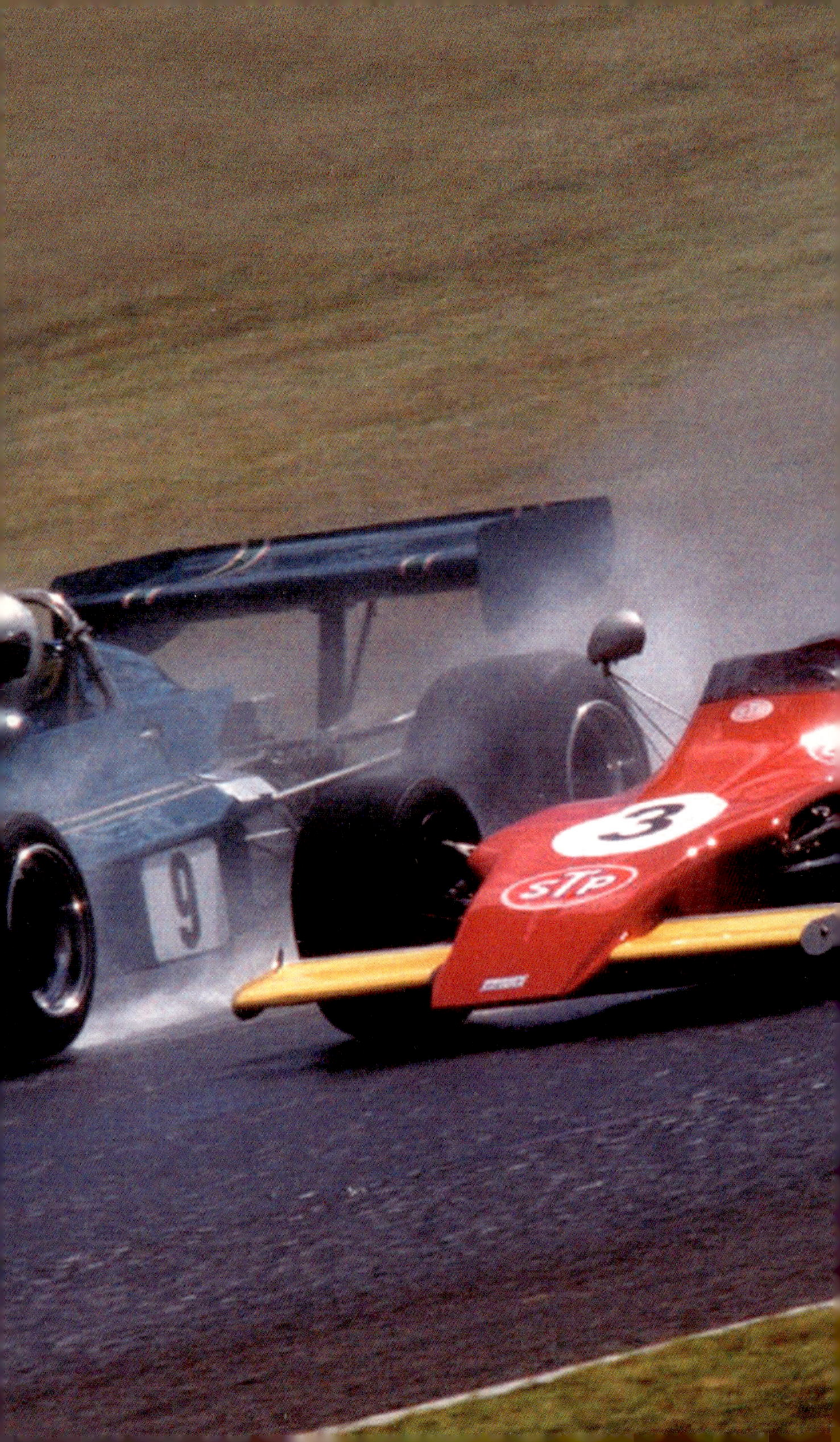
9
3
STP

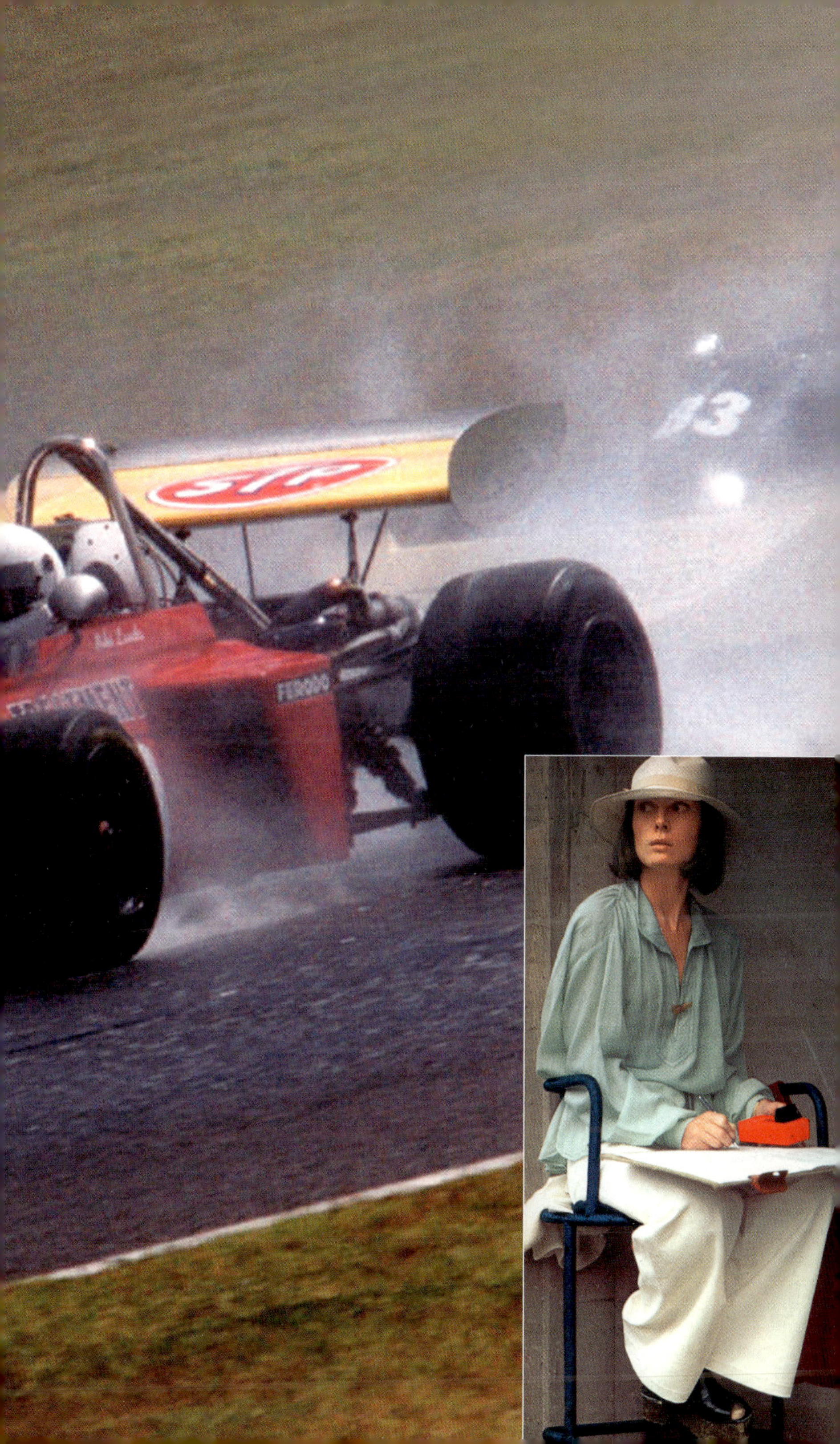
STP
FERODO

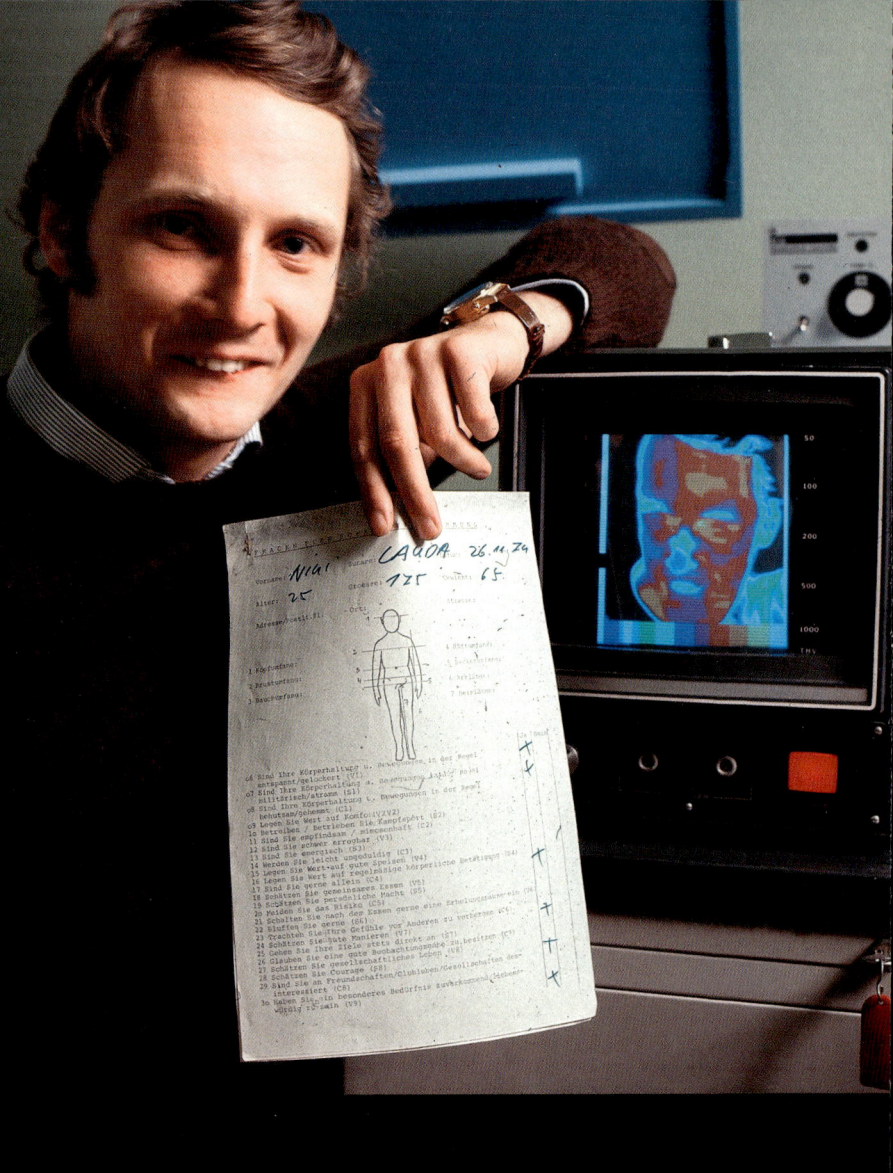

Oben: Der junge Rennfahrer Niki Lauda erfreut sich bester Fitness. Hier mit dem Ergebnis einer somatopsychologischen Untersuchung.

Vorhergehende Doppelseite: In den Anfangs-Jahren seiner Rennfahrer-Karriere war Niki Lauda – hier auf March-Ford in der Saison 1972 – mit Mariella Reininghaus zusammen. Sie begleitete ihn zum Training und zu den Rennen und war eine akkurate Zeit-Stopperin.

sehen. Sie beunruhigten mich nicht. Aber diese Frau war etwas ganz Besonderes."

Nach den Testfahrten in Fiorano zurück in Salzburg suchte Lauda Marlene und erfuhr, dass sie mit Lungenentzündung im Krankenhaus lag. Lauda: „Dass Marlene im Hospital lag, war zwar nicht schön, aber meine große Chance. Curd Jürgens drehte gerade in Wien einen Film, aber ich war da. Und ich saß, sooft es nur ging, am Krankenbett seiner Freundin." Er besuchte Marlene jeden Tag. Und wenn ihn der Arzt nach einer Weile hinausschmiss, stand er unter dem Fenster und redete mit ihr, erzählt Lanz. Sie sagt: „Ich fand das süß. Es ging mir dreckig, aber Niki half mir mit seinen Besuchen."

Für den Weltmeister 1975 war es „plötzlich ein ganz anderes Leben. Marlene war eine ganz neue Erfahrung. Da war plötzlich Lachen, Freude, sie ist ein warmer, herzlicher Typ, locker, eine lustige sympathische Frau."

Die Tatsache, dass Marlene das genaue Gegenteil von ihm selbst war, zog Lauda an. „Ich bin reserviert, konsequent und auf eine große Linie ausgerichtet. Marlene macht das Leben heiter, ihres und meines. Sie ist so locker, wie ich das nie in meiner Familie oder bei Mariella gekannt habe." Im Gegensatz zu Laudas großbürgerlichem Hintergrund stammte Marlene aus der Ehe eines österreichischen Kunstmalers mit einer Spanierin. Das Paar lebte viel auf Wanderschaft und kam auf diese Art zu einer multinationalen Kinderschar. Diese Unbeschwertheit faszinierte den etwas verkrampften Niki, der die sieben Jahre davor mit der sehr disziplinierten Mariella gelebt hatte.

Ohne seiner Noch-immer-Freundin etwas zu sagen, flog Niki mit Marlene immer wieder für ein paar Tage nach Ibiza, wo ihre Mutter lebte. Alle Beteiligten, auch der Pilot, wurden zu strengstem Stillschweigen vergattert.

„Aktion Ibiza läuft mehrmals in diesen Wochen, streng geheime Missionen, dazu braucht es einen verschwiegenen Piloten, Marlene und mich. Ich habe die Öffentlichkeit ausgebremst, kein Journalist weiß Bescheid. Es sind die schönsten Tage meines Lebens", erinnert sich Lauda später.

Der plötzliche Drang zu heiraten

Und die will Lauda festhalten und festigen. Und so bemüht sich der damalige Weltmeister um eine rasche Eheschließung mit Marlene. Obwohl er zuvor stets erklärt hatte, ein Trauschein würde nicht viel verändern. „Ich wollte heiraten, weil ich heiraten wollte", sagte er dem Journalisten Lanz damals. „Das ist ein Gefühl – die gehört zu dir. Das kann man logisch nicht erklären."
Als Trau-Ort wählten sie Wiener Neustadt in Niederösterreich, in der Hoffnung, hier unerkannt heiraten zu können. Laudas Trauzeuge Dr. Karl-Heinz Oertel musste Niki eine Krawatte leihen, weil der Bräutigam gar keine besaß. „Mein Verhältnis zur Marlene ist ganz einfach zu umreißen", charakterisierte Niki Lauda damals sein amtlich besiegeltes Zusammenleben, „ich finde, dass sie die richtige Frau für mich ist. Sie ist lustig, frei und hat genau die richtige Menge Humor und Witz." Die Flitterwochen waren kurz, nach vier Tagen fuhr Niki Lauda wieder zum Training und seine frischgebackene Frau zog nach Salzburg in jenes Haus, das ihre Vorgängerin geplant hatte. „Ich habe das nicht so schrecklich ernst genommen, ich wollte bloß wissen, wie das ist: verheiratet sein, und Marlene war genau der Mensch, der das gut verstehen konnte", so Lauda. Aber drei Monate später passierte der Unfall am Nürburgring und plötzlich war alles ernst.
Dieser Unfall veränderte auch Marlenes unbeschwerte Einstellung zur Formel 1. „Als ich sechs Wochen nach dem Feuerunfall wieder in den Wagen gestiegen war, hatte sie mich nicht dran gehindert, weil sie grundsätzlich jedem Menschen jede Freiheit lässt, aber sie hielt mich für blöd. Sie hielt den ganzen Rennsport für blöd, unsere Rituale, die Hektik, die Herzlosigkeit, und dass man sich zum Krüppel fahren kann. Marlene kriegte nie wieder ein entspanntes Verhältnis zur Rennfahrerei", so Lauda. Was ihn nicht daran hinderte weiterzufahren. „Mein Egoismus war ausgeprägt genug, mich dadurch nicht beirren zu lassen. Ich glaubte daran und tue es heute genauso, dass auch in einer Partnerschaft die freie Entfaltung des Einzelnen außer Diskussion stehen muss. Wenn dafür nicht Platz ist, ist es eben nicht die richtige Partnerschaft."

Und so dürfte es für beide die richtige Partnerwahl gewesen sein. Wenn auch nicht für jeden nachvollziehbar. Und nicht für ewig. Lauda: „So führten wir diese seltsame Art von Ehe weiter, in der wir uns beide wohlfühlten. Eine Beziehung kann nur darauf basieren, wie sich zwei Menschen verstehen, und wir verstanden uns gut. Ich blieb stur auf mein egozentrisches Leben ausgerichtet, Rennsport, Firma, und Marlene akzeptierte das. Normalerweise kannst du nur zwischen Familie und Freiheit wählen, ich konnte mir von beidem aussuchen, so viel ich wollte. Ich konnte meinen Kopf anlehnen, wenn mir danach war, und wenn ich wieder fit war, konnte ich davonrennen und tun, was ich wollte. Dass ich kein Heiliger war, weiß eh jeder. Aber auch da kommt es darauf an, was in letzter Instanz überbleibt."

Sein „Nicht-heilig-Sein" forderte einen ersten Tribut, als Niki Lauda 1981 Vater eines unehelichen Kindes wurde. „Als ich ihr das beichtete, war sie zwar verletzt, entschied aber, dass sich an unserer Familie nichts ändern sollte, wenn ich das wollte. Natürlich wollte ich. Falls wir uns irgendwann scheiden lassen würden, forderte sie: „Ich kriege die Kinder, die Hunde, die Kamera."

Und genau das passierte dann auch – zehn Jahre später. „Genauso wie wir geheiratet haben, ließen wir uns 1991 scheiden. Es hatte keine Bedeutung, und es hat nichts geändert." Nach dem Scheidungsurteil sagte Marlene: „Die Kinder, die Hunde, die Kamera."

Intensives Leben und viele Frauen

Zwischen seinen langjährigen Beziehungen – und manchmal sogar währenddessen – pflegte Lauda das Image des Frauenhelden, das wohl allen Rennfahrern seiner Zeit nachhing. In der ARD-Talk-Sendung von Reinhold Beckmann erinnerte er sich: „Zu meiner Zeit war die Formel 1 noch wesentlich gefährlicher. Fast jedes Jahr ist einer tödlich verunglückt. Ich auch – fast. Das heißt, der Anspruch an uns Männer unter Anführungszeichen war ein ganz anderer als heute. Wir mussten uns damit auseinandersetzen, dass wir vielleicht morgen nicht mehr da sind. Wir lebten schneller. Intensiver. Und wenn dann wer vorbeigekommen ist, habe ich nicht lange herumgezuckt.

Vorausgesetzt, ich war nicht verheiratet und in Ordnung unterwegs."
Man sah Lauda mit vielen schönen Frauen. Etwa dem Model Iris Grass, der „Mutzenbacherin" Christine Schuberth und Rennfahrerin Giovanna Amati. Nach seiner Ehe mit Marlene hatte er längere Zeit eine „lose Beziehung" mit dem Model Judy Soltesz.

Vom Magazin FOCUS zu den vielen Frauen an seiner Seite befragt, meinte er: „Na ja, eine Beziehung mit einer Frau ist nun mal nichts Schlechtes, eher angenehm, sehr gut, sehr wichtig. Ich bin lieber mit jemandem zusammen als allein." Auf die Frage, was ihn denn bei Frauen so attraktiv mache, sagte Lauda: „Das kann ich nicht beurteilen. Ich glaube, meine Stärke ist, dass ich nicht lange herumtue und Frauen keine Show, kein Theater vorspiele. Warum soll ich mich ändern, wenn ich eine Frau kennen lerne? Wenn sie sagen würde, ich soll mein Kappl abnehmen, und dann sitz ich vor ihr ohne Kappl. Nach drei Jahren würde sie sich denken, bitte, was hab ich mir da für einen Hund erzogen: Der sitzt, Platz, Kappe auf, Kappe ab."

Mariella und der Schritt in die Selbstständigkeit

Trotz zahlreicher Affären führte Lauda immer wieder auch sehr lang dauernde Beziehungen. Die erste wichtige war die zu Mariella Reininghaus, einem Sprössling der steirischen Bierbrauerdynastie mit Millionenbesitz. Die beiden hatten sich 1969 beim Schifahren in Gastein kennen gelernt. Später studierte sie Kunstgeschichte in Wien, um näher bei ihm sein zu können. „Mariella war ein sehr hübsches und intelligentes Mädchen, kontrolliert und kühl. Was Logik und Geradlinigkeit betraf, waren wir einander sehr ähnlich. Sie hat einen starken Einfluss auf meine Entwicklung gehabt, und ich habe ihr viel zu verdanken", erinnert sich Lauda an jene Frau, mit der er sieben Jahre zusammen war. Schon bald zogen die beiden gemeinsam von Wien nach Salzburg, in eine kleine Mietwohnung.

„Die Mariella hat stark versucht, den Niki abzukapseln", erzählt sein Bruder Florian von seinem damaligen Eindruck. „Mit ihr ist er nach Salzburg gezogen. Sie wollte ihn ganz für sich und hat ihm eingebläut, er müsse auf eigenen Beinen stehen. Das hat ihn geprägt, das hat er irgendwie intus. Er ist mit 18 mehr oder weniger aus der Familie heraus."

Lauda selbst beschrieb die langjährige Beziehung als Fast-Ehe. „Ich war sieben Jahre mit Mariella beisammen gewesen und eigentlich ziemlich sicher, dass wir irgendwann heiraten würden. Mariella war sehr diszipliniert, ruhig, klug, überlegt, unendlich geduldig. Während Test- oder Trainingsfahrten konnte sie stundenlang auf einem Stapel Reifen sitzen, ohne sich zu rühren und ohne ein Wort zu reden – sie war gut in Yoga. Wenn ich einmal pro Stunde vorbeikam und ihr einen Schmatz gab, war sie voll zufrieden – ihre Selbstkontrolle war manchmal schon richtig unheimlich."

Mariella begleitete Lauda stets zu den Rennen. So traf sie auch auf den Autor Peter Handke, der 1975 im Auftrag des *SPIEGEL* eine Geschichte über Lauda schrieb. Seine Begegnung mit Mariella Reininghaus war dann später eben dort nachzulesen. „Auf die übliche Frage nach ihrer Angst antwortet sie: ‚Ich bestimme, wann ich Angst habe und wann nicht.' Es sei wahr, dass sie sich bemühe, sich nicht zu bewegen. Ihre gewaltsame, fast beängstigende Ruhe habe sie zuerst mit autogenem Training zu erreichen versucht, aber jetzt gehe es auch so, weil sie gelernt habe, sich nicht so wichtig zu nehmen. Geweint habe sie bei Renngelegenheiten noch nie: ‚Nicht weinen: das muss man schon können! Man muss sich beherrschen.'"

Die Beziehung zwischen Lauda und Mariella war eng und als es darum ging, aus der Mietwohnung in ein Haus zu ziehen, überließ Lauda ihr die komplette Planung. „Sie hatte großen Einfluss auf mich und versuchte, noch mehr zu nehmen. Teilweise ließ ich das gern geschehen, etwas, was mein Haus betraf, dessen Baukontrolle sie fast völlig übernahm."

Doch zunehmend hatte Lauda das Gefühl, dass sie sein Rennfahrerleben nicht mehr so akzeptierte. „Als sich abzeichnete, dass ich 1975 wahrscheinlich Weltmeister werden würde, begann sie, mich in Richtung ‚Aufhören' zu programmieren. Weltmeister-Werden, Schluss machen, Familie, braver Beruf, das war ihre große Linie, für die sie sich bei mir stark machte. Ich hatte keine Lust, schon als 26-Jähriger abzutreten, wobei das Alter die wenigste Rolle spielte: Ich fühlte mich einfach nicht danach und hatte einen Horror vor den endlosen Diskussionen, die sich ergeben würden, sollte ich wirklich als Weltmeister feststehen. Wir stritten immer häufiger, und ich ging immer häufiger fremd im Sommer 75 – ich brauchte einfach kräftige Abwechslung als Kontrapunkt", erzählte er in seinem 1977 erschienenen Buch *Protokoll. Meine Jahre mit Ferrari*. Letztendlich fand er die totale Abwechslung in seiner Beziehung zu Marlene Knaus.

Was alle Frauen, mit denen Niki Lauda eine Beziehung hatte, gemein haben, ist, dass sie sich niemals öffentlich zu ihm oder ihrer Geschichte geäußert haben. Und offenbar erinnern sich die meisten gerne an die gemeinsame Zeit. Lauda: „Mir sagen heute noch nach Jahren Ex-Partnerinnen: ‚Mit dir war's toll.' Ich sage Ihnen warum, weil der nächste so ein Trottel ist, der ihr von früh bis spät auf die Nerven geht, weil er ihr sagt, was sie tun und wie sie sein soll."

Vielleicht gehört zu Laudas „Alle-sind-glücklich"-Wahrnehmung zumindest eine kleine Portion Selbsttäuschung. So erzählt etwa Ex-Motocross-Weltmeister Heinz Kinigadner, ein Freund der Familie Lauda: „Vor kurzem hat er einmal stolz erklärt: ‚Burschen, das müsst ihr mir einmal nachmachen: Kinder, Frau, Exfrau, alles harmonisch, jeder ist zufrieden.' Was wahrscheinlich auch nicht ganz so stimmt, aber zumindest denkt er sich das und hat eine Freude damit."

„Seit ich zwölf bin, kann ich mit ihm über Sex reden"

Niki Lauda ist Vater von drei Söhnen: von Lukas, 29, Mathias, 27, und seinem unehelichen Sohn Christoph, ebenfalls 27. Während er nach wie vor nur wenig Kontakt zu Letzterem hat, bezeichnet er heute sein Verhältnis zu seinen beiden Söhnen aus der Ehe mit Marlene als gut und brüderlich. Dass das nicht immer so war, gibt er unumwunden zu. 1979 und 1981, als seine Buben geboren wurden, hätte er sich total auf den Formel-1-Sport konzentriert und wäre viel zu egoistisch gewesen, um seine Vaterrolle auszuüben.

So war Lauda, als er von der Geburt seines älteren Sohnes Lukas erfuhr, gerade auf dem Weg von Las Vegas nach Long Beach. „Vor dem Abflug blätterte ich noch meine Mitteilungen durch, die mir vom Hotel mitgebracht wurden. Ich solle ganz dringend die Frau Maier anrufen, unsere Haushälterin in Salzburg. In der Phone Box am Airport erfuhr ich: ‚An Buam ham S', an Buam ham S'.' Ich war happy, aber die Riesenentfernung machte es zu einem abstrakten Ereignis, zumindest momentan."

Als Mathias zwei Jahre später auf die Welt kam, war Lauda zu Hause in Salzburg. „Ich blieb bei Lukas, während der Entbindung von seinem Bruder, dann fuhr ich ins Krankenhaus. Das empfand ich tief, kein Vergleich zu dem, wie ich Lukas' Geburt erlebt hatte", erinnert sich Lauda. Dennoch seien sie keine „Familie im üblichen Sinn" gewesen – schließlich pendelte Lauda zu der Zeit aus beruflichen Gründen zwischen Wien und Salzburg (er versuchte gerade mit der Lauda Air durchzustarten), aber „die Dinge wurden besser". „Ich war etwas weniger egozentrisch und weniger rücksichtslos als in den Racing-Jahren. Die Familie gehörte in den Bereich dieser pflegeleichten Abwicklung. Nun fing ich an, darüber nachzudenken und guten Willen zu zeigen."

Dennoch erinnert sich Mathias, seinen Vater ziemlich selten gesehen zu haben. „Wir haben immer zusammen mit meiner Mutter in Spanien gelebt. Nur im Sommer auf Ibiza oder zu Weihnachten haben wir uns gesehen oder wir sind übers Wochenende nach Wien gekommen. Wir hatten nicht die typische Vater-Sohn-Beziehung."

Die Erziehung ist Mutter-Sache

In punkto Aufgabenverteilung gab es im Haushalt Lauda klare Strukturen: Niki fuhr Rennen, und Marlene kümmerte sich um die Kinder. „Ich war nie einer, der sich über die Wiege oder übers Kinderwagerl gebeugt hat und ‚Deddel-deddel' gemacht hat. Was müssen sich die Kinder überhaupt von solchen Dodel-Eltern denken? Und Beim Windelwechseln oder Milchflascherlkochen war ich nicht dabei. Ich war ja damals sehr egoistisch."
Und in mancher Beziehung sogar von brutaler Offenheit. Etwa als sein vierjähriger Sohn Lukas ihn einmal fragte, wo die schweren Gesichtsverbrennungen herstammten, setzte er das Kind vor den Fernsehapparat und führte die Videokassette mit dem Unfallfilm vor. „Siehst du", sagte er, „da bin ich drinnen gesessen und da habe ich mich verbrannt." Lukas erschrak furchtbar, erzählt der Journalist Peter Lanz in seinem Buch über Niki Lauda.
Kindermädchen – wie in seiner Kindheit – gab es auf jeden Fall nicht. „Meine Kinder sind ganz normale Menschen. Darauf sind Marlene und ich wirklich stolz", so Lauda. „Das ist vorwiegend der Verdienst ihrer warmherzigen Mutter Marlene. Sie haben ihre Füße am Boden und gehen ihren Weg – mit oder ohne meinen Namen." „Die beiden Buben sind sehr beliebt und toll erzogen worden", erzählt auch Ex-Rennfahrer Gerhard Berger. „Genau die richtige Mischung aus gutem Benehmen und Spitzbuben."
Worauf Niki Lauda wirklich Wert legte bei den sogenannten Erziehungszielen, waren gute Manieren. „So wie ich als Kind gelernt habe, mich überall zu bewegen", betont Lauda im Interview für das Buch *Große Väter*. Deshalb ging er mit seinen Söhnen auch zu einer Art Training ins Traditionscafé Imperial zum Frühstück. Hier lernten sie,

wie die Semmeln nicht bröseln und das Besteck nicht laut klappert. Lauda: „Seither wissen sie, wir dürfen trotzdem essen wie die Schweine, nur wenn es darauf ankommt, dann können wir uns sicher fühlen."
Ansonsten war Laudas Devise in Bezug auf seine Söhne immer folgende: „Kinder sind vom ersten Moment an eigenständige Wesen. Sicher brauchen sie bestimmte Richtlinien, aber nicht zu viele. Kinder sollen sich in Ruhe selbst entwickeln können. Die meisten Eltern tun viel zu viel. Die dirigieren, stylen, programmieren."

Ein später und zurückhaltender Vater

Das Interesse an seinen Kindern entdeckte Lauda spät – erst als man mit ihnen „etwas anfangen" konnte. „Sobald die Buben groß genug waren, lauerte ich darauf, ob irgendeine technisch-sportliche Neigung erkennbar werden würde. Schon als Kleinkinder hatten sie sich verschieden benommen. Der Kleine, also Mathias, war ein draufgängerischer Typ, furchtlos, durch nichts zu beeindrucken. Wenn er im Baum saß und runtersprang, rief er, fang mich, und nahm an, dass es sich schon irgendwie ausgehen würde. Lukas in der gleichen Situation hätte sorgfältig geprüft, ob der Auffangende eh richtig steht und bereit für ihn ist."
Als Lukas dreizehn Jahre alt wurde, kaufte ihm Lauda eine Motocross-Maschine. Nach einer Einführung durch Niki lernte er bei den Bauernbuben in der Umgebung, wie man fährt. Sein kleiner Bruder schwang sich ganz ohne Furcht auf die Maschine. Fahrtechnische Unterstützung gab es von Motocross-Weltmeister Heinz Kinigadner, der mit Lauda auch die Auswahl der Motorräder und der Kleidung besprach. „Da haben wir schon ein wenig drüber geredet. Wenn er es auch nicht immer zeigt, liegen ihm seine beiden Buben doch sehr am Herzen", sagt Kinigadner.
Und das Interesse der Lauda-Söhne für den Motorsport blieb. Heute fährt Mathias für Mercedes in der DTM, Lukas managt ihn. Doch trotz ähnlich gelagerter Neigungen ist Niki Lauda nicht der begeisterte, total unterstützende Vater. In einem Interview mit der Tageszeitung *Österreich* erzählte er: „Wenn er (Mathias) gut war, dann wird er

natürlich gelobt. Wenn er aber einen ‚Sch …' zusammenfährt, dann frage ich ihn, ‚Warum?'! Am Anfang konnte er damit schwer umgehen und hat mir gesagt, dass meine Aussagen zu brutal sind. Mittlerweile hat er eingesehen, dass ich ihm nur Gutes will." Trotzdem meint Mathias, dass es nicht immer einfach sei. „Vor allem jetzt mit dem Sport, wenn man sagt, ‚Mach mir den Gefallen, ruf bitte mal da bei diesem Sponsor an!' oder ‚Kannst du vielleicht da ein bisschen helfen?'. Und er sagt: ‚Nein, ich hab keine Zeit dafür, mach das aus mit deinem Bruder!' Da ist man im ersten Augenblick schon ein bisschen enttäuscht. Aber ich glaub, er meint es nicht schlecht. Er glaubt, wenn er immer auf hart macht, dass wir davon was lernen. Und so gehen wir unseren eigenen Weg, aber ab und zu wäre ein bisschen eine Hilfe schon gut gewesen."

Ein Kumpel und Bruder

Dennoch beschreibt Lauda das aktuelle Verhältnis zu seinen Söhnen als gut: „Wir haben heute ein gutes Verhältnis und sehr viel Verständnis füreinander. Ich bin ihr älterer Bruder, ein Kumpeltyp. Von dieser Ebene aus geht alles leichter." Auch wenn diese Beziehung im herkömmlichen Sinn eher unkonventionell sei. „Wir haben kein klassisches Vater-Sohn-Verhältnis – er als unterjochtes Kind und ich der dominante Vater. Darauf habe ich immer Wert gelegt. Ich bin der Meinung, jeder Junge muss seinen eigenen Weg gehen, egal wo er in die Welt gesetzt wird. Ich freue mich, wenn meine zwei Buben sagen, dass sie ein brüderliches Verhältnis zu mir haben. Es gibt keinen erzwungen Respekt oder Unterwürfigkeit. Es kommt auch vor, dass sie mich kritisieren – das ist auch absolut kein Problem", sagt Lauda.
Und Mathias dazu: „Ich sehe ihn wie einen zweiten großen Bruder oder einen guten Freund. Wir können über alles offen reden. Seit ich zwölf bin, konnte ich mit ihm über Sex reden oder über seine Frauengeschichten. Unsere Beziehung war immer sehr offen, wir sind auch abends miteinander weggegangen und hatten viel Spaß. Respekt war immer da, aber eher wie für einen Bruder."
Und so gibt es auch durchaus unübliche Vater-Sohn-Unterneh-

mungen, wie etwa den gemeinsamen Besuch im Striptease-Lokal. Dem deutschen Magazin FOCUS erzählte Lauda: „Mein älterer Sohn Lukas sagte aus Spaß zu mir, er wolle mal was ‚Dreckiges' erleben. Da bin ich mit ihm in ein Striptease-Lokal in Wien gegangen. Als die erfahren haben, dass der Sohn vom Lauda da ist, kam schon der Tisch weg, und ein Mädchen fing an, vor ihm zu tanzen und sich auszuziehen. Mir war ein bisschen komisch, weil ich mir dachte, der arme Bua, was er alles über sich ergehen lassen muss! Aber er hat das tadellos gemacht. Als das Mädchen splitternackt vor ihm stand, hat er sein Hemd ausgezogen und es ihr umgehängt. Das ist ihr sicher noch nie passiert."

Was Niki Lauda und seiner Ex-Frau Marlene gelungen ist, ist die Tatsache, dass die Familie die Scheidung überdauert hat. „Marlene und ich waren als Eltern immer eine Einheit. Wir sind einer Linie gefolgt, dadurch waren die Kinder nie gezwungen, Partei für einen von uns zu ergreifen. Marlene hat Konflikte stets mit mir ausgetragen, nie über die Kinder. Das rechne ich ihr hoch an", so Lauda heute.

Ein unehelicher Sohn

Dass Lauda einen unehelichen Sohn hat, hat er zwar nie verschwiegen, trotzdem wird die Tatsache nahezu nie erwähnt. Christoph, der genauso alt ist wie Mathias, lebt in Wien.

Vater-Sohn-Beziehung gibt es keine. In einem Gespräch mit Helmut Zilk sagte er einmal: „Zu Christoph habe ich sehr wenig oder gar keinen Kontakt. Er ist bei seiner Mutter aufgewachsen. Zu Weihnachten und solchen wichtigen Anlässen gibt es immer wieder mal Kontakt. Aber er lebt mit seiner Mutter."

Offensichtlich hatte Lauda früh Prioritäten gesetzt. Lauda: „Ich habe nur eine Familie, dabei bleibt es, verheiratet oder geschieden spielt keine Rolle. Ich habe ein schlechtes Gewissen, dass ‚es passierte', und das werde ich auch nicht mehr los. Die Situation stellt sich als unlösbar dar im Sinn eines Ergebnisses, das alle glücklich machen könnte. Ich will mich nicht halbieren, und ich kann keinen Mittelweg erkennen, auf dem ich mich vernünftig bewegen könnte."

Auch wenn Niki Lauda manchmal nicht wie ein sehr herzlicher, mit-

fühlender und unterstützender Vater wirkt, so hat er durchaus seine emotionalen Momente und teilt letztendlich den Wunsch aller Eltern, dass es ihren Kindern gut geht. In einer Art Essay für die deutsche *Zeit* im Jahr 2001 beschreibt er folgenden Wunsch für seine Söhne: „Wie wunderbar es wäre, könnte ich den Schatz meiner Erfahrungen, mein Wissen auf meine Söhne Lukas und Mathias übertragen. Einfach ein Modem nehmen, einen Adapter, schon ginge ein Datenfluss auf die Reise. Die Bedingung wäre allerdings: Mein Wissen müsste sich völlig frei von jeder Emotion überspielen lassen. Und es wäre auch nur als ein Angebot zu verstehen. Macht damit, was ihr wollt! Ich würde mich nicht groß anpreisen, mich nur empfehlen als einen Mann, der innerhalb von 52 Jahren viel erlebt hat, der weiß, wie man in Situationen hineingerät und auch wieder herauskommt: drei Weltmeisterschaften, ein Flugzeugabsturz, auch dieses Barbecue am Nürburgring, immerhin.
Nur einmal angenommen, meine beiden Söhne griffen tatsächlich zu, es wäre mein schönster Tag. Denn ich weiß, sie wären dann unschlagbar, jeder in seinem Leben."

Ein später Vater

Jahre-, ja jahrzehntelang hat sich Lauda nicht vorstellen können, noch einmal in seinem Leben Vater zu werden. Auch als er schon mit seiner jetzigen Frau Birgit zusammen war, erklärte er noch: „Das steht nicht zur Diskussion." Diese Einstellung dürfte sich in der letzten Zeit verändert haben. Das hat auch die Society-Journalistin und Lauda-Intima Isabella Großschopf von *NEWS* beobachtet. „Ihm ist sehr bewusst, dass er kein junger Vater sein wird, aber ich bin sicher, ein besserer als früher. Schließlich führt er jetzt ein komplett anderes Leben als früher und es haben heute auch andere Dinge einen hohen Stellenwert für ihn. Er würde seine erneute Vaterrolle sicher ernst nehmen und sich diesmal auch mit den Kindern beschäftigen."

Interview **Niki und Mathias Lauda bei Reinhold Beckmann:**

Auszüge aus der ARD-Talk-Sendung vom 14. Mai 2007

Reinhold Beckmann: Niki Lauda, dreifacher Formel-1-Weltmeister, Ihr Sohn Matthias ist in der zweiten Saison in der Deutschen Tourenwagenmeisterschaft DTM. Wie schlägt er sich, hat er das Talent des Vaters?
Niki Lauda: Er schlägt sich gut. Es ist ein harter Weg dorthin, und er muss lernen, noch viel lernen, aber er ist am richtigen Weg. Er muss sich dort aber voll durchsetzen, in kurzer Zeit, weil die Uhr tickt überall im Motorsport. Wenn er jetzt in der DTM relativ schnell top wird, dann könnte er sich die weiteren Schritte überlegen.

RB: Mischt sich der Vater oft ein? Manchmal zu viel?
Mathias Lauda: Am Anfang meiner Karriere überhaupt nicht. Das hat mich ein bissl – nicht gestört – aber es war halt nicht einfach. Denn der Anfang ist natürlich das Allerschwierigste. Und wenn du da einen Vater hast, der dir hilft, der dir Tipps gibt und vor allem finanziell unterstützt, geht es am Anfang natürlich leichter.

RB: Mathias fährt und sein Bruder Lukas managt ihn ...
NL: Das halte ich für eine sehr glückliche Konstellation.

RB: Also eine Geschwistergeschichte?
NL: Früher haben die beiden nichts miteinander geredet, da haben sie nur gestritten. Und plötzlich kommen die beiden gemeinsam und der Lukas sagt, ich übernehme die Verantwortung für den Mathias, da war ich glücklich. Und damit habe ich es auch gelassen.
RB: Niki, die beiden haben Sie böse reingelegt, denn Sie wussten gar nicht, dass sie sich im Rennsport probieren ...
NL: Richtig. Irgendwann haben sie sich von mir ein Auto ausgeborgt, um nach Brünn zu fahren. Und meine Idee war nur die,

dass ihre Gründe sexueller Art sind. Da habe ich mir gedacht, sie sollen ruhig fahren und ihre Freude haben. Herausgestellt hat sich das Gegenteil. Sie sind dort Rennen gefahren, haben mir das auch später gestanden. Und dann haben sie mir noch einen Vorwurf gemacht. Sie haben gesagt, wann immer ich mit ihnen im Restaurant sitze und rede, habe ich nicht einmal von der Zeitung aufgeblickt, die ich unhöflicherweise beim Abendessen gelesen habe. Und da ich nicht einmal aufgeschaut habe und nur gesagt habe: „No way, dass ihr da Rennen fahrt!", waren die beiden so erbost – dass sie es dann einfach so gemacht haben. Ich habe mich auch gegen meine Eltern durchsetzen müssen, ich habe das Gleiche machen müssen.

RB: Wie ist Niki Lauda als Vater?
ML: Schwierig zu sagen. Vater? Er war nie wirklich so ein Vater, ein typischer Vater halt. Wir haben ihn früher schon eigentlich ziemlich selten gesehen. Wir haben immer zusammen mit meiner Mutter in Spanien gelebt. Nur im Sommer auf Ibiza oder zu Weihnachten haben wir uns gesehen oder wir sind übers Wochenende nach Wien gekommen. Wir hatten nicht die typische Vater-Sohn-Beziehung.

RB: Was ist Niki für dich dann?
ML: Ich sehe ihn wie einen zweiten großen Bruder oder einen guten Freund. Wir können über alles offen reden. Seit ich 12 bin, konnte ich mit ihm über Sex reden, oder über seine Frauengeschichten. Unsere Beziehung war immer sehr offen, wir sind auch abends miteinander weggegangen und hatten viel Spaß. Respekt war immer da, aber eher wie für einen Bruder.

RB: Herr Lauda, warum hatten Sie kein Interesse an Ihren Kindern, bis diese etwa 13 Jahre alt waren?
NL: Also, das war relativ einfach. Erstens hat die Marlene gesagt, seit dem Unfall, ich komm nie mehr mit, ich will damit nichts zu tun haben. Damit war mir ganz klar, dass ich meinen Weg sowieso ganz allein gehen musste. Der Egoismus, Rennen zu fahren und

damit dieses hohe Risiko einzugehen, war damals für mich bestimmend. Das heißt, jeder Einfluss jetzt von Familie und Kindern, was heute absolut normal und richtig ist, hätte mich gestört.
Jeder Einfluss von irgendwelchen kleinen Kindern und dem Papi-Auf-Wiedersehen-Winken hätte mich wahrscheinlich damals von meiner Linie abgebracht, diesen brutalen Sport perfekt umzusetzen. Und damit war ich beim Aufwachsen der Buben egozentrisch mit meinem Sport beschäftigt. Ich war natürlich dort, aber ich war kein Vater, der in den Kinderwagen hinein „Dideldideldi" gemacht hat, was ich sowieso nicht versteh, weil die armen Kinder schrecken sich ja, wenn einer das macht.
Es war schon ein Familienleben, aber für mich war es durch Testfahrten und Rennfahren ein ständiges Kommen und Gehen. Aber als die Buben größer geworden sind, begann die normale Kommunikation. Sie haben verstanden, was ich tu, ich habe gesehen, dass sie jetzt mitdenken können. Und dann sind wir irgendwie zusammengewachsen.

RB: Hast du den Egoismus deines Vaters zwischenzeitlich verflucht?
ML: Ab und zu schon. Wenn ich ehrlich bin, ja. Es ist nicht immer einfach. Vor allem jetzt mit dem Sport, wenn man sagt, „Mach mir den Gefallen, ruf bitte mal da bei diesem Sponsor an" oder „Kannst du vielleicht da ein bisschen helfen?". Und er sagt: „Nein, ich hab keine Zeit dafür, mach das aus mit deinem Bruder!" Da ist man im ersten Augenblick schon ein bisschen enttäuscht. Aber ich glaub, er meint es nicht schlecht. Er glaubt, wenn er immer auf hart macht, dass wir davon was lernen. Und so gehen wir unseren eigenen Weg, aber ab und zu wäre ein bisschen eine Hilfe schon gut gewesen.

RB: Habt ihr ihm je Paroli geboten und ist es schwer gegen ihn zu argumentieren?
ML: Ja, wir bieten ihm Paroli. Doch gegen ihn zu argumentieren, ist irrsinnig schwierig. Weil er ist sehr selbstbewusst und kann sehr gut mit einem reden. Und er kann sehr leicht die Sachen verdrehen.

Er sagt etwa „Der Tisch hier ist weiß," „Nein, der ist braun!", sag ich und nach einer Stunde ist er auch für mich weiß. Das ist nicht einfach für mich, aber man muss eben dagegen ankämpfen und darf nie aufgeben.

RB: Die Theorie lautet, Niki Lauda ist ein großer Schauspieler. Er lässt immer den super coolen knallharten Typen raushängen und den Technokraten dazu und bloß keine Emotionen zulassen, bloß sich nicht weich zu zeigen. Was ist er am Ende, ist er tatsächlich so ein cooler harter Hund?
ML: Nein, würde ich nicht sagen. Wenn man ihn gut kennt, dann ist er eigentlich schon weich. Aber er zeigt das sehr selten.

RB: Harter Hund, weicher Kern. Mathias, wann ist zu Hause einmal der andere Niki Lauda zu sehen?
ML: Schwer zu sagen. Wir haben viel Spaß, wir können über alle Sachen lachen. Wir verarschen uns immer gegenseitig, wenn der andere einmal einen Fehler macht. Wenn ich mal Probleme habe mit einer Freundin oder einer Frau, dann kann ich mit ihm offen drüber reden. Er kann sehr gut zuhören, er hat viel Erfahrung und ich kann sehr viel von ihm lernen.

RB: Und auf der anderen Seite, wenn es dir schlecht geht?
ML: Kann ich ihn immer anrufen und ich kann mit ihm darüber reden. Er ist für alles offen. Er kennt sich im Sport irrsinnig gut aus, wenn ich Probleme habe. Jetzt nicht beim Fahren selber, da kann man ja nicht helfen. Da habe ich mein eigenes Team, meine Teamkollegen, meine Ingenieure, von denen kann ich etwas lernen, da kann er mir nicht viel beibringen. Aber wie ich mich fühle, bei solchen Sachen, kann ich schon viel von ihm lernen.

© NDR 2007

„Das ist doch kompletter Schwachsinn!"

Als Kind hatte Niki Lauda einen besonderen Spitznamen für seinen jüngeren Bruder Florian. „Bruder lustig" nannte er den um eineinhalb Jahre jüngeren Geschichtenerzähler. „Ich war immer der Lustige. Wir haben in einem Zimmer geschlafen. Und wenn er nicht einschlafen konnte, habe ich ihm Geschichten erzählt", erinnert sich Florian Lauda. Heute ist sein berühmter Bruder einer der am meisten gefragten öffentlichen Geschichtenerzähler. Während der Formel-1-Saison arbeitet der dreifache Weltmeister als Experte und Co-Kommentator für den deutschen Privatsender RTL. Jedes zweite Wochenende spitzt ein motorsportbegeistertes deutsches Millionen-Publikum die Ohren, wenn der Österreicher Lauda gewohnt salopp – eine Hand in seine Jeans vergraben – in schnörkellosem Wienerisch sagt, was Hamilton, Massa und Kollegen wieder für einen „Topfen" – zu deutsch „Quark" – zusammengefahren sind. Manchmal lüpft der strenge Analytiker aber auch voll Bewunderung seine rote Kappe vor den Leistungen seiner Erben. Der Unterhaltungswert ist hoch, seit über einem Jahrzehnt bestätigen die Einschaltquoten, dass Lauda einer der wenigen österreichischen Show-Moderatoren ist, die auch im deutschen Fernsehen das Publikum begeistern.
Doch Lauda tritt nicht nur als Motorsportexperte in der Öffentlichkeit auf. Es gibt fast kein Thema, zu dem er nicht um einen Kommentar gebeten wird. Und kaum ein Thema, zu dem er nicht allzu bereit eine Wortspende abliefert. Lauda über Tempo 100 auf der Autobahn, Lauda über den Treibhauseffekt, Lauda über Autofahren mit Licht am Tag, Lauda über den Wunderpiloten vom Hudson River – die Zeitungen und Zeitschriften sind voll von seinen Statements. In schöner Regelmäßigkeit taucht der Mann mit der roten Kappe auch im Fernsehen auf: In den Hauptabendnachrichten des öffentlich-rechtlichen Senders ORF analysiert er den Verkauf der österreichischen Fluglinie AUA, auf einem

Privat-Sender erklärt er beim traditionellen Heringschmaus im Do &
Co, dass daheim nur der Hund fasten müsse, und in den Sportkurznachrichten kommentiert er den Rückzug von Honda aus der Formel 1.

Niki **Lauda** ...

... **zur Notlandung des US-Airways-Piloten Chesley Sullenberger im New Yorker Hudson River:**

„Das war ein Pilot, der eine perfekte Leistung vollbracht hat, eine Landung, die vorher noch nie jemandem gelungen ist. Der Pilot hat es geschafft, einen Airbus A 320 so sanft aufzusetzen, dass der Flieger nicht im Geringsten beschädigt wurde. Denn nur weil der Rumpf nicht beschädigt wurde, konnte die Maschine schwimmen und deswegen überlebten auch alle 155 Passagiere. Pilot Sullenberger hat innerhalb von wenigen Sekunden perfekt entschieden, dass der Hudson River die einzige Rettung ist. Solche Landungen lernt man nicht im Simulator. Das kann man nicht üben. Man lernt nur theoretisch, dass man so sanft wie möglich aufsetzen muss, gegen die Wellen beziehungsweise gegen den Strom landen muss. Ansonsten bleibt es dem Piloten überlassen, wie er das Flugzeug runterbringt. Aber wie gesagt, das hat vor ihm noch keiner geschafft. Der hat etwas zustande gebracht, das wahrlich einzigartig ist.

... **zu Jörg Haiders Unfalltod:**

„Ich war sicher nie ein Wähler von Jörg Haider, und ich habe seine politischen Ideen nie befürwortet, aber er war einer der charismatischsten Politiker, die es gegeben hat. Für mich ist das Tragische an seinem Tod: Wenn er wirklich so war, wie es jetzt berichtet wird, dann wäre er vermeidbar gewesen. Ich wäre ja damals am Nürburgring selbst ums Haar ums Leben gekommen und habe mir geschworen: Ich werde sicher nie durch Leichtsinn Fehler machen. Wenn sich ein Mensch in ein Auto oder wie in meinem Fall in ein Flugzeug setzt, dann übernimmt er Verantwortung für sein Leben. Das ist auch etwas, das man den jungen Menschen sagen muss."

... zu Autofahren mit Licht am Tag:

Licht am Tag war richtig für die Würscht. An die Kosten für das Umrüsten der Fahrzeuge will ich gar nicht denken. Die größte Schnapsidee, die einer Regierung überhaupt eingefallen ist. Das war doch seit der Einführung schon totaler Schwachsinn. Weil es überhaupt kein Argument mehr dafür gegeben hat. Das hat vielleicht woanders Sinn, bei mehr tief stehender Sonne, Dämmerung, sonst nachts. Aber für österreichische Breitengrade ist das falsch. Vom Mehrverbrauch an Energie ganz zu schweigen. Vor allem hat es ja überhaupt nicht mehr Sicherheit gebracht, null! Es ist doch logisch, dass ich mit Licht fahren muss, wenn die Sicht schlechter wird. Das haben wir immer gemacht.

... über den AUA-Verkauf an die Lufthansa:

Ich versteh überhaupt nicht, warum irgendwer vor einer Lufthansa-Beteiligung an der AUA zittert. Diese Beteiligung ist das Beste, was der AUA passieren kann. Die AUA lebt heute nur noch von ihren Transferflügen von Wien zu anderen Airlines, vorwiegend zur Lufthansa. 70 Prozent aller AUA-Flüge sind Transferflüge, nur mehr 30 Prozent der Flüge sind End to End reine AUA-Flüge. Von 10 Millionen Passagieren im Jahr fliegt die AUA also nur mehr 3 Millionen End to End. Wenn die Lufthansa die AUA kauft, wird sie vielleicht vier oder fünf kleine Regionalflieger einstellen – aber sie wird alle anderen AUA-Flüge ausbauen. Das heißt: Die Lufthansa wird ihre eigenen Flüge nach Wien reduzieren und die AUA ausbauen, weil sie ja dann an der AUA Geld verdient, sie wirtschaftet dann ja in die eigene Tasche. Es ist die einzige Chance, weil du einen Flughafen-Standort nur in der Synergie mit Großen sichern kannst. Die AUA ist mittlerweile in einer Situation, wo sie alleine nicht mehr den Funken einer Chance hat. Sobald die Lufthansa sich aus dem Verkauf zurückzieht, ist die AUA pleite, mausetot.

... über Falco:

Er hat mich mein Leben lang begleitet, durch seine Persönlichkeit und seine Musik. Er war ein zwiespältiger Typ. Auf der einen Seite ganz normal und herzlich, auf der anderen Seite total ausgefreakt. Wir sind uns regelmäßig begegnet, ich hatte ein normal gutes Verhältnis zu ihm. Es muss ungefähr 1979 gewesen sein, als ich ihn kennen lernte. Er kam ohne Voranmeldung in mein damaliges Lauda-Air-Büro in Wien. Ein Mitarbeiter sagte: Du, da draußen steht der Falco. Genauso war es dann. Er stand wirklich da und wollte über irgendetwas reden. Worüber, weiß ich nicht mehr. Sehr traurig für mich war, dass er aus der Dominikanischen Republik mit der Lauda Air zurückgeflogen wurde. Ich bin mit seiner Mutter zum Flughafen hinausgefahren, um den Sarg auszuladen, damit sie Abschied von ihrem Sohn nehmen kann.

... über die Forderung eines österreichischen Politikers, auf Fernreisen zu verzichten, um das Klima zu schonen:

Politiker haben anscheinend nur mehr im Kopf, in die Medien zu kommen, wie Paris Hilton. Man kann doch nicht mündigen Menschen vorschreiben, wo sie Urlaub machen sollen. So einen Schwachsinn habe ich noch nie gehört! Außerdem können die Österreicher kaum noch Fernreisen machen, weil das Angebot der AUA minimal geworden ist. Flugzeugunternehmer müssen sich dauernd bemühen, Maschinen mit der neuesten Technologie in der Luft zu haben. Moderne Flugzeuge sind weiter, als wir glauben. Wenn Minister Pröll mit gutem Beispiel vorangehen will, soll er alle Autos verbieten, den Flugverkehr einstellen und die VOEST weiter CO_2 spucken lassen. Dann werden wir sehen, was passiert. So viele Arbeitslose hätte er noch nie zu beschäftigen gehabt. Und sollen die Japaner dann mit dem Fahrrad zu uns kommen, in ein Land, das vom Tourismus lebt?

Quellen: APA, Österreich

Die Kommentar-Maschine als Geld-Maschine

Diese Kommentierwut brachte Niki Lauda den Titel „die Kommentarmaschine" ein. Verliehen vom österreichischen Sportjournalisten, Autor und Filmemacher Johann Skocek in dessen Buch *Sportgrößen der Nation*. Augenzwinkernd schreibt Skocek über Lauda: „Nichts in seinem Bereich, dem er nicht nach einem guten tiefen Atemzug in druckfrischem Schönbrunnerdeutsch seine Konturen geben könnte. Da sein Bereich sich vom beinahe tödlichen Feuerunfall bis zum erfolgreichen politischen Intrigierer und Großgeschäftsmann erstreckt, muss erst jemand nachweisen, dass irgendetwas Nikolaus Lauda nichts angeht."
Laudas Kommentier-Flut hat natürlich ihren Preis – und bringt ihm indirekt jede Menge Geld. Wenn die rote Kappe im Fernsehen auftaucht, klingelt die Kasse. In einem Interview mit der Schweizer Wirtschaftszeitung *Bilanz* aus dem Jahr 2007 erklärte Lauda: „Das ist übrigens eine einfache Rechnung, diese Verträge sind ja nicht so, dass man sich etwas wünschen könnte, sondern da wird die Gegenleistung in Form von Werbepräsenz im Fernsehen ausgerechnet. Und das wird beinhart umgerechnet, da kann man wenig verhandeln." Da nimmt Lauda den zweifelhaften Ehrentitel „Kommentarmaschine" auch gerne in Kauf. In einer seiner Biografien antwortet er Skocik fast trotzig: „Ist mir auch recht. Vielleicht hängt es damit zusammen, dass die wenigsten Leute, die man heut' hört und sieht, klar und einfach denken und sich auch so ausdrücken. Da hört man vielleicht gern einen, der zum Punkt kommt und nicht herumlabert."
Diese Laudasche Selbsteinschätzung wird von einer Studie aus dem Jahr 2008 bestätigt. Aus dieser Umfrage eines Wiener Marktforschungsinstituts ging Niki Lauda als „glaubwürdigster Prominenter Österreichs" hervor. 50,4 Prozent der Befragten reihten Lauda an erster Stelle des Glaubwürdigkeits-Rankings – gefolgt von der Sängerin Christina Stürmer (30 Prozent). Die Studie kommt zu dem pointierten Schluss: „Niki Lauda und Christina Stürmer erreichen Traumwerte, die beiden könnten problemlos Gebrauchtwagen verkaufen." Nicht, dass es der Lauda-Millionen-Erbe, TV-Analytiker und Besitzer der Billig-

Porträt von Hertha Hurnaus für die Serie „Ich habe einen Traum" in der Wochenzeitung „DIE ZEIT".

fluglinie „Fly Niki" etwa nötig hätte. Doch die Überzeugungskraft der Worte aus dem Mund des Ex-Weltmeisters steht außer Frage. Laudas jüngerer Sohn Mathias sagt über den verzweifelten Kampf gegen die schier magischen Rhetorik-Fähigkeiten seines Vaters: „Gegen ihn zu argumentieren, ist irrsinnig schwierig. Weil er ist sehr selbstbewusst und kann sehr gut mit einem reden. Und er kann sehr leicht die Sachen verdrehen. Er sagt etwa: „Der Tisch hier ist weiß!" – „Nein, der ist braun!", sag ich und nach einer Stunde ist er auch für mich weiß. Das ist nicht einfach für mich, aber man muss eben dagegen ankämpfen und darf nie aufgeben."

Laudas Rhetorik ist immer gerade heraus, meist schlitzohrig, oft schockierend kühl, manchmal komisch. Für großes Kopfschütteln sorgte 1973 der Ausspruch: „Ich werde nicht bezahlt, um zu retten, sondern um zu fahren." Das war der am 29. Juli 1973 in Zandvoort beim Großen Preis von Holland einem Journalisten zornig hingeworfene Satz des damals 24-jährigen Lauda, warum er Rennfahrerkollegen Roger Williamson nicht aus dessen bren-

ANIKIDOTE

Erstaunlich, wie „pingelig" und „bitzelig", um nicht zu sagen humorbefreit ein Lauda *auch* reagieren kann ... Ein Beispiel, das juristisch anhängig wurde (und das Lauda mehr oder minder als Verlierer dastehen ließ):

2005 wies der Schweizer Presserat, den Lauda ergrimmt angerufen hatte, seine Beschwerde ab: Die (traditionell seriöse, Anm.) Zürcher „Weltwoche" hatte auf der Titelseite ein Interview mit ihm wie folgt angekündigt: *Stewardessen sollten Minirock tragen. Oder nichts. – Ein Gespräch mit Niki Lauda über Luft und Liebe.* Das Zitat stützte sich auf folgende Passage des Gesprächs: Frage „Weltwoche": „Die Flugbegleiterinnen beim Fly-Niki-Flug von Zürich nach Wien taten uns ein bisschen leid, sie stecken in silbrigen Überziehkleidern." Antwort Lauda: „Ja, die Frauen wirken zu voluminös, weil sie unter den Mänteln anziehen dürfen, was sie wollen. Am besten sieht es natürlich aus, wenn sie Miniröcke tragen oder gar nichts." Laudas Anwälte argumentierten daraufhin, die *Weltwoche* habe mit der Loslösung seiner Aussage aus dem Interview-Zusammenhang und deren verkürzter Wiedergabe auf der Titelseite „wichtige Elemente der Information unterschlagen und zudem die Würde der Frau sowie den Berufsstand des Kabinenpersonals in unnötiger Weise herabgesetzt". Der Schweizer Presserat erkannte zwar, die Leserschaft der *Weltwoche*, die bloß den Titel, nicht aber das Interview las, könnte aufgrund des Wortlauts „den unzutreffenden Eindruck erhalten, gemäss Niki Lauda sollten seine weiblichen Flight Attendants am besten mit Minirock bekleidet oder nackt arbeiten". Aber, „trotz dieser entstellenden Zuspitzung" hielten es die hohen Herren des weisen Gremiums für „unwahrscheinlich, dass das Publikum eine derart flapsige, allenfalls dümmliche Aussage zum Nennwert nahm".

Andreas Nikolaus | Der Mensch Niki Lauda

nendem Boliden geborgen hatte. Dieser Satz ging um die Welt. Dass Lauda nur eine Rauchwolke gesehen hatte und nicht wusste, dass in dem Wrack noch jemand drin saß, wurde nicht erwähnt. Dabei betonte er in diesem und in späteren Interviews immer wieder: „Wenn ich die Situation erkannt hätte, wäre ich sofort stehen geblieben." Ironie des Schicksals, dass Lauda nur drei Jahre später selber auf die Hilfe von Kontrahenten angewiesen war, die am Nürburgring stehen blieben, um ihn – den regierenden Weltmeister und überlegenen WM-Führenden – aus dem brennenden Ferrari zu bergen. Lebensretter Arturo Merzario und seine Gehilfen Brett Lunger, Guy Edwards und Harald Ertl begründeten später ihre beherzten Sprünge ins Feuer damit, dass ihnen Laudas brennender Ferrari den Weg versperrte und deshalb an ein Weiterfahren ohnehin nicht zu denken gewesen wäre. Auch im Formel-1-Fahrerlager hatte kaum jemand Laudas öffentlich gemachten Spruch zum Williamson-Unglück im Jahr 1973 vergessen.

Lauda hatte sich bei seinem Comebackrennen wenige Wochen nach dem Feuerunfall in Monza bei seinem italienischen Lebensretter nicht bedankt. Das wurde Lauda selbst erst im Jahr 2001 bewusst. In einem Interview mit der deutschen Wochenschrift *DIE ZEIT* erinnerte er sich: „Vor einigen Monaten lief im Deutschen Fernsehen ein Film, in dem der italienische Rennfahrer Arturo Merzario zu Worte kam. Er war es, der mich damals bei dem Rennen auf dem Nürburgring aus dem brennenden Wagen gezogen hatte, der im Feuer das Gurtschloss geöffnet und mich zu fassen gekriegt hatte. In dieser Fernsehsendung erinnerte Merzario daran und meinte: Es sei unglaublich, dieser Lauda habe sich danach bei dem Großen Preis von Italien nicht einmal bedankt. Diese Kritik ist mir nachgegangen. Denn dieser Mann hat Recht. Bei meinem Comeback in Monza innerhalb von sechs Wochen vom Totenbett zurück in einem Rennwagen habe ich ihn einfach vergessen. Ich könnte versuchen, dies zu entschuldigen: Denn da gab es diese wahnsinnige Angst, die ich während der ersten Runden hatte. Diese Furcht, von den Leitplanken geköpft zu werden; dazu die kaum verheilten Wunden unter dem Helm, mancher der Ferrari-Mechaniker wollte gar nicht hinsehen. Deshalb kam der Dank erst eine Woche später, eine Woche zu spät. Eine goldene Uhr, die ich bis dahin getragen hatte. Ich nannte ihn fortan meinen Lebensretter. Weil er es war."

Daheim wurde Lauda zwar nach seinem dritten Weltmeistertitel 1984 als „Niki Nationale" faktisch seliggesprochen und sollte fortan auch unantastbar bleiben. Dennoch eckte er auch in Österreich immer wieder an. 1974 zum Beispiel ließ er die Öffentlichkeit in einem *Playboy*-Interview wissen: „Mein Finanzamt steht in Hongkong." Er meinte damit seine Briefkastenfirma „Niki Lauda Ltd." mit Sitz in Hongkong, ein Firmenkonstrukt, um Steuern zu sparen. Lauda damals: „Die Firma hat drei Direktoren, einer davon bin ich, der zweite heißt Hong, der dritte Wong. Ich habe die beiden noch nie gesehen. Hongkong ist momentan das einzige Land, wo Sie unter sieben Prozent Steuern zahlen." Eines der wohl lustigsten Interviews, die Lauda jemals gegeben hat, passierte im Jahr 1981 knapp vor seinem Comeback in der Formel 1. Einem englischen TV-Reporter steht Niki Lauda – damals der vor zwei Saisonen zurückgetretene zweifache Weltmeister für Ferrari – nach seinen „heimlichen Testfahrten" für McLaren in Donington Rede und Antwort. Es ist ein sonniger Mittwochnachmittag. Die Sensationsgeschichte liegt klar auf der Hand: Lauda kehrt nach zweijähriger Pause in die Formel 1 zurück – und das für den englischen Rennstall von Ron Dennis. Der Reporter muss die Comeback-Ankündigung nur noch dem Ex-Weltmeister vor laufender Kamera entlocken. Doch Lauda spielt nicht mit. *I can tell you right into this camera, that I have decided nothing yet* – „Ich kann Ihnen direkt in diese Kamera sagen, dass ich jetzt noch nichts entschieden habe", beantwortet Lauda die x-te insistierende Comeback-Frage im neuen Kleid (*Can you tell right into this camera, that you have decided not to come back to Formula-1-Racing-Sport?* – „Können Sie direkt in diese Kamera sagen, dass Sie entschieden haben, kein Comeback im Formel-1-Sport zu geben?"). Als der Reporter verzweifelt einen allerletzten Anlauf nimmt, indem er nach der Motivation für diese Mittwoch-Testfahrten des Ex-Weltmeisters fragt, kontert Lauda mit einem schelmischen Grinsen: *The full motivation is the wednesday* – „Die gesamte Motivation ist der Mittwoch". Was für ein Interview! In voller Länge auf *youtube.com* unter den Stichworten Lauda, Comeback und Donington zu hören und zu sehen.

Hirnverbrannt oder „Niki, the rat"

Kein Wunder, dass die Journalisten Niki Lauda zu seinen Rennfahrerzeiten entweder liebten oder hassten. Dazwischen gab es fast nichts. Der Österreicher polarisierte von Beginn an. Einige Motorsport-Reporter legten sich immer wieder mit dem Weltmeister an. „Die Frage, ob bei Laudas Feuerprobe in der Eifel nicht zufälligerweise nebst den Kopfhaaren auch vereinzelte Hirnzellen Schaden nahmen, scheint geklärt, Lauda ist der Meinung, er stehe jetzt über den Dingen wie nie zuvor. Hirnverbrannt!", schrieb die österreichische Tageszeitung *Die Presse* vor Laudas Comeback. Andere Journalisten kritisierten Laudas bürgerliche Herkunft und die damit verbundene, von hohen Bankkrediten gestützte Karriere-Starthilfe.
Niki Lauda wusste sich von Beginn an gegen solche Untergriffe zu wehren. In seinen Formel-1-Anfangsjahren sogar manchmal in ungewohnt impulsiver Art und Weise. Vier Wochen vor seinem Feuerunfall am Nürburgring war Lauda auf seinem Grundstück in Hof bei Salzburg bei Gartenarbeiten mit einem Traktor verunglückt. Der regierende Weltmeister lag mit Rippenbrüchen im Bett, der italienische Ferrari-Ersatzpilot Flammini sollte ihn beim anstehenden Grand Prix in Spanien vertreten. Lauda gab ein bitterböses Interview, in dem er meinte, dass die Italiener „eh nur um den Kirchturm fahren können". Natürlich war der Wirbel in Italien entsprechend groß. Sogar in England mutierte Lauda wegen dieser Aussage von der „Mighty Mouse" zu „Niki, the rat". Die Italiener konnten Lauda trotz seiner zwei WM-Titel für Ferrari nie richtig ins Herz schließen. Er war „kein Held zum Anfassen", wie Laudas späterer Ferrari-Nachfolger Gerhard Berger sagt. Im motorsportbegeisterten Land war da der Bonus, den Lauda 1975 mit dem ersten Titel für Ferrari seit elf Jahren (1964 war es der ehemalige Motorradweltmeister John Surtees gewesen, der die Scuderia zur Weltmeisterschaft geführt hatte) bekommen hatte, schnell aufgebraucht.
Daheim wurde er zwar nach seinem dritten Weltmeistertitel 1984 als „Niki Nationale" faktisch selig gesprochen und sollte fortan auch unantastbar bleiben. Dennoch eckte Lauda auch in Österreich immer wieder an. Wie erwähnt, erfuhr die Öffentlichkeit 1974 aus dem *Play-*

boy über seine Briefkastenfirma mit Sitz in Hongkong. Der österreichische Fiskus kümmerte sich einige Zeit später sehr ausführlich um dieses „Steuersparmodell", so lange, bis Lauda seinen Wohnsitz nach Spanien und später nach England verlegte. Auch dass der Motorsportler für den Dienst beim Bundesheer für untauglich erklärt worden war, wollte vielen nicht in den Kopf gehen. Ebenso wenig die Verwicklungen des Weltmeisters in den Bauskandal um das Wiener Allgemeine Krankenhaus. Lauda musste damals mehrmals vor dem Untersuchungsausschuss aussagen, weil er mit einem der Angeklagten in geschäftlichen Verbindungen stand. Außerdem zählte Lauda Udo Proksch, die zentrale Figur in der berüchtigten Lucona-Affäre, zu seinen Freunden. Oliver Kühschelm begründet mit diesen und ähnlichen Fakten in seinem Essay *Austrian Airlines und Lauda Air – Das nationale Projekt und die One-Man-Show* den „Mythos" und „Antimythos", der sich um Lauda aufbaute: „Rund um den egozentrischen Star baute sich der Mythos des beinharten, dabei aber geradlinigen und ehrlichen Siegers auf. Parallel dazu begleitete Lauda stets ein Antimythos, der ihm die letzteren beiden Eigenschaften, charakteristisch für ein sportliches Image, rundweg absprach: Der Formel-1-Pilot und Flugunternehmer konnte als Paradebeispiel eines Mannes erscheinen, der es sich stets „richtete", fragwürdige Geschäftspraktiken und dubiose Freundschaften pflegte."

Wegbereiter der Ich-AG

Die Kaltschnäuzigkeit, mit der Lauda seinen Narzissmus in jedem Interview und bei jedem öffentlichen Auftritt zur Schau trug, war zumindest für die 1970er-Jahre provokant neu. Wenn man so will, war Lauda mit seiner „erlebnisorientierten und ichverankerten Interpretation seines Tuns" einer der Wegbereiter der in der Gegenwart zur Selbstverständlichkeit gewordenen Ich-AG. Damit brach Lauda auch mit den üblichen Klischees des Sporthelden. Sein Biograf Herbert Völker schreibt 1977: „Lauda sagt ‚Ich habe nie ein Vorbild gehabt' und erweckt fast das Gefühl, dass er darauf Wert lege, kein Vorbild gehabt zu haben. Zur Begründung gebraucht er die Kurzform ‚I bin i', er könne nicht fahren wie Jim Clark, nicht denken wie Graham Hill, nicht aussehen wie Jochen Rindt – und kein anderer könne sein wie Niki Lauda. Als er mit fünfzehn Jahren auf elterlichem Privatgrund mit einem alten VW über Rampen sprang, fühlte er sich nicht als Clark oder Surtees, sondern als Niki Lauda. Das würde darauf hindeuten, dass seine Gedanken nie versucht haben, in einer Traumwelt minutenlang fremdzugehen. Wie immer man diese nüchterne Einstellung nennen mag, sie wirkt in beiden Richtungen: Er wollte kein Vorbild haben – und nun will er auch keines sein. Darüber hat er nicht groß nachgedacht, er weiß nur, dass es so ist, dass er sich nicht berufen fühlt, beispielsweise der Jugend ein Beispiel zu geben. Er fühlt sich natürlich so weit den Konventionen verpflichtet, dass er sich in seiner Eigenschaft als öffentliches Tier keine Entgleisungen leisten wird, aber das hat nichts mit Sendungsbewusstsein zu tun. Er gibt, unbewusst und unabsichtlich, ein Beispiel für die ideologische Entschlackung des Sports."

Siegestrophäen schenkte Lauda daheim entweder dem Tankwart ums Eck, oder die Schüsseln wurden von den Hunden als Fressnapf verwendet. Lauda schreibt 1996 in seiner Autobiografie *Das dritte Leben*: „Freunde, vor allem solche mit einem Hang zur Sentimentalität, bescheinigen mir, ich sei unsentimental. Mag sein. Es stimmt sicherlich, was den Umgang mit Trophäen, Souvenirs und altem Plunder betrifft. Meine Pokale verrosten irgendwo, keine Ahnung, sie sind nichts weiter als alte Häferln. Wenn mir die Erinnerung an ein Rennen etwas wert war, habe ich sie sowieso im Hirn gespeichert, kann sie jederzeit abrufen, dazu brauche ich keine Silberschüssel. Keine Kleinodien, keine Teile von alten Rennwagen, keine alten Rennwagen, nichts davon existiert bei mir. Und was

---

ANIKIDOTE

Legendär: Laudas Liebe zur Leisure-Wear, also sein Hang, sich bei jeder passenden und unpassenden Gelegenheit völlig locker, leger und unbeeindruckt in „seinem" Outfit zu zeigen. Rotes Kapperl, offenes Hemd, roter Pulli, Jeans, allenfalls eine rustikale Jacke oder ein Cord-Sakko darüber. Ein früher Weggefährte, der Handschuh-Peter (als Peter Peter einst Konkurrent Laudas, heute Textilunternehmer), erinnert sich mit Schaudern an das Begräbnis eines Rennkollegen: Lauda erschien – siehe oben – so wie immer. Der um vieles größere und schwerere Peter: „Da hab ich mich so geniert, dass ich mich von hinten ang'schlichen und ihm einfach meinen schwarzen Mantel umg'hängt hab." Angeblich soll Lauda erstaunt reagiert haben: „Danke, mir is net kalt."

das erkennbare Ausdrücken von Emotionen betrifft, da gibt's eben verschiedene Typen von Menschen."
Gefühle öffentlich zur Schau stellen, ist wahrlich nicht Laudas Ding. Selbst beim dritten Weltmeistertitel 1984 in Estoril, als Lauda um einen halben Punkt vor Prost die WM für sich entscheidet, zeigt sich Lauda am Siegespodest während der Nationalhymne ungerührt. Er plaudert lieber mit seinem McLaren-Teamkollegen. Laudas Kommentar: „Ich bin gefahren wie die Sau, auf dem allerletzten Drücker, hab' die WM mit einem halben Punkt gewonnen. Da ist mir die Hymne wirklich wurscht."

Technische Rhetorik und Roboter-Image

Auf diese „ideologische Entschlackung" mussten Medienmacher selbstverständlich reagieren. Der testwütige Analytiker, der vor keinem Rennen etwas dem Zufall überlassen wollte, bekam nicht zuletzt dank seiner technischen Rhetorik und kühlen Selbstdarstellung sehr schnell ein dazupassendes roboterhaftes Image verpasst – „der Computer, der Techniker, der Rechner, der kalte Lauda". Lauter Attribute, die übrigens frappant an den späteren siebenfachen Weltmeister Michael Schumacher erinnern. Auch der Deutsche mutierte im Rennwagen zur Maschine – nicht nur aufgrund seiner Schnelligkeit und Präzision. Michael Schumacher fuhr beim Grand Prix in Indianapolis sogar mehrmals an seinem verunfallten Bruder Ralf, der bewusstlos im Wrack seines Autos lag, vorbei. Rational stimmte sein Argument, dass sein Stehenbleiben wenig geholfen hätte, weil sein Bruder ohnehin professionelle Hilfe bekam, menschlich blieb das rundenlange Vorbeifahren hinter dem Pace Car trotzdem für viele unerklärlich. Schumacher, seit Jänner 2009 40 Jahre alt, trat 2006 aus der Formel 1 zurück. Jetzt fährt er hobbymäßig Motorrad-Rennen, denn im Gegensatz zu Lauda empfindet er, wie er in einem Interview mit dem *Zeit*-Magazin sagte, Fliegen als langweilig: „Start und Landung sind interessant, der Rest ist Routine."
Eine literarische Expertise zur Laudaschen Rhetorik kommt von keinem Geringeren als Peter Handke. Der österreichische Literat besuchte den frisch gebackenen österreichischen Formel-1-Weltmeister 1975 am

Laudationes
Von Männern und Maschinen

„Es gibt sicher tausend junger Burschen, die schneller Auto fahren können als ich. Aber ich sitz halt im Ferrari."
Niki Lauda über das wesentlichste Unterscheidungsmerkmal zwischen ihm und dem Rest der Welt

„Diese kleine Welt der Zirkusaffen." *Niki Lauda über die Formel 1 als solche.*

„Ein guter Rennfahrer braucht keine Daten. Der is vorne und schaut, wo die andern sind. Nur die hinten brauchen Daten, damit sie wissen, warum sie hinten sind."
Niki Lauda erklärt all jenen die Welt des Motorsports, die sich hint' und vorn nicht auskennen.

„Sie ist ernsthaft in Gefahr, wenn sich nicht schnellstens alle Teams in einen Raum einschließen, bis weißer Rauch aufsteigt."
Niki Lauda, päpstlicher als der Papst, 2005 über die Formel 1 in der Krise.

„Der Kurs in Budapest ist fast wie Monte Carlo, nur ohne Monte Carlo."
Niki Lauda, geografisch unwiderlegbar.

„Das ist wie Hubschrauberfliegen im Wohnzimmer. Die Strecke ist absolut nicht mehr zeitgemäß. Sie stammt aus einer Zeit, in der die Autos vergleichsweise frisierte Tretroller waren. Traditionen sind in Ordnung, aber man sollte manche aus Vernunftsgründen auch mal aufgeben können."
Niki Lauda über den Straßenkurs von Monte Carlo.

„Kuh-Grand-Prix."
Niki Lauda auf die Frage, wie man das Rennen am A1-Ring am treffendsten bezeichnen könnte.

„Ich hoffe, dass uns beim Start nicht das Arzt-Auto hinter uns überholt!"
Niki Lauda flucht über seinen langsamen Jaguar R3 (vom 6. Februar 2001 bis 26. November 2002 war er bei Jaguar zunächst Rennleiter, dann Teamchef).

Nürburgring. Nach der für beide Männer seltsamen Begegnung kommt der Dichter im *SPIEGEL*-Artikel vom 11. August 1975 unter dem Titel „Das Öl des Weltmeisters" zu folgenden Schlüssen: Wenn Lauda über Privates spreche, dann ausschließlich in Tautologien, ansonsten bediene sich Lauda einer technischen Sprache, die eine „erlösende Sachlichkeit" für den Benutzer, der das „nach Worten suchende langweilige Ich (...) vergessen kann, mit sich bringe.

Handke über Laudas Antworten zu Fragen außerhalb der Formel 1: „Lauda, über anderes befragt als über Technisches (in allen Bedeutungen dieses Wortes), definiert dieses andere immer nur mit dem Wort, das dafür verwendet wird: das heißt, außerhalb der technischen Sprache redet er in Tautologien: ‚Meine Mutter? — Meine Mutter ist halt eine Mutter.' — ‚Die Eltern sind, wie sie sind.'" Und weiter: „Politiker, die ihn für Wahlen benutzen wollen, wie zum Beispiel für die Nationalratswahl in Österreich, weist er sofort ab: ‚Sport und Politik dürfen nichts miteinander zu tun haben.' Dass in der Welt etwas geändert gehört, dieses Gefühl kommt ihm nie: es sei denn, wenn er Steuern zahlen soll."

Handke über Laudas Berufsbild: „Sein Beruf, das Rennfahren, sagt er, sei eben ein Beruf — eine Arbeit wie die eines Schlossers usw. Alles, was ihn interessiere, sei Geld zu verdienen."

Handke stellt weiter fest, dass die Einbildung, „die Technik zu beherrschen", für viele „jenen Sinn des Lebens wiederherstellt, welchen ihnen die Religionen, die politischen Systeme, auch die verschiedenen mystischen Einkehr-Anweisungen immer weniger vermitteln". Das Ich, die Person, das Innerste, tritt zurück, muss sich dem Gegenüber nicht offenbaren. Worthülsen über Technik sind der Stoff des Tarnmäntelchens der scheinbar bedingungslosen und streng analytischen Sachlichkeit. Auf dieses „Geborgenheitssystem", mit dem man „ganz alltäglich auftreten kann, weil die Erscheinungsform dieses Gefühls paradoxerweise die äußerste Sachlichkeit ist", verlässt sich auch Niki Lauda. „Der Formel-1-Rennfahrer Niki Lauda verwendet das Wort ‚Technik' sehr oft: für seinen Wagen; für die Art, wie er diesen ‚steuert'; für die Methode, mit der er vermeidet, während des Rennens an anderes zu denken. Im letzten Fall nämlich, der dann eintritt, wenn man

führt, genauer, ‚die Führung ausbaut' und dann ‚etwas weniger fahren kann, als man kann' – ‚das ist das ärgste, dann kriegt man Angst' – gibt es die Technik, dass man sich bemüht, den Wagen ‚schonend' zu fahren: die Technik des Schonens macht den von Gedankenflucht Bedrohten wieder geistesgegenwärtig. Laudas Leben ist von Techniken bestimmt, von denen eine die andere ergibt: das Einschlafen vor dem Rennen ist eine Technik, und sogar im Urlaub muss er sich technisch verhalten: ‚Ich kann nicht über die Felsen in Sardinien springen, weil ich mir ständig bewusst sein muss, mir nicht den Fuß zu verstauchen.'"
Handkes Beobachtungen sind ein wunderbares Zeitdokument, das Geschenk eines Dichters an all jene, die sich schon immer gefragt haben, warum die Sprache des Sports gleichsam als völkerverbindende Weltformel an jedem Stammtisch funktioniert. Naturgemäß sah Niki Lauda, einer der herausragenden Vertreter dieser Sprache, die Sache etwas anders. Er tat Handkes Artikel, der ihm gar nicht schmeckte, mit den Worten „Handke, der Dillo" ab. Lauda meinte, er sei alles andere als „technikgläubig", denn dafür sei er schon zu oft in irgendwelchen „Gurken" beim Bremsen ins Leere gestiegen oder aber links abgebogen, obwohl er nach rechts gelenkt hätte. Ein Missverständnis zwischen dem Dichter (der von Geborgenheitssystemen sprach und nicht von Technikgläubigkeit) und dem Weltmeister (den alles Technische, wie er nicht müde wird zu betonen, stets fasziniert hat)? Lauda selbst zog auf jeden Fall Konsequenzen aus der Kurzbekanntschaft mit Peter Handke: „Wenn das nächste Mal einer kommt und sagt ‚Ich weiß überhaupt nichts über Autorennen und kann selbst gar nicht Auto fahren und will über Sie was schreiben', dann sag ich ihm: ‚Fein, schreiben S', wie Sie glauben, aber fragen S' mi nix.'"
Der Geschichtenerzähler Handke und der Geschichtenerzähler Lauda waren und sind eben aus zu unterschiedlichem Holz geschnitzt. Handkes Analyse der weltmeisterlichen Rhetorik des Niki Lauda liegt nun schon über drei Jahrzehnte zurück. Was hat sich verändert? Dem Technischen fühlt sich Lauda noch immer verpflichtet. Die öffentlichen Schwarz-Weiß-Malereien werden nur selten von altersweisen Grautönen durchzogen. Lösung A ist noch immer entweder „totaler Schwachsinn" oder „die letzte Rettung". Nach dem Rausschmiss als Teamchef

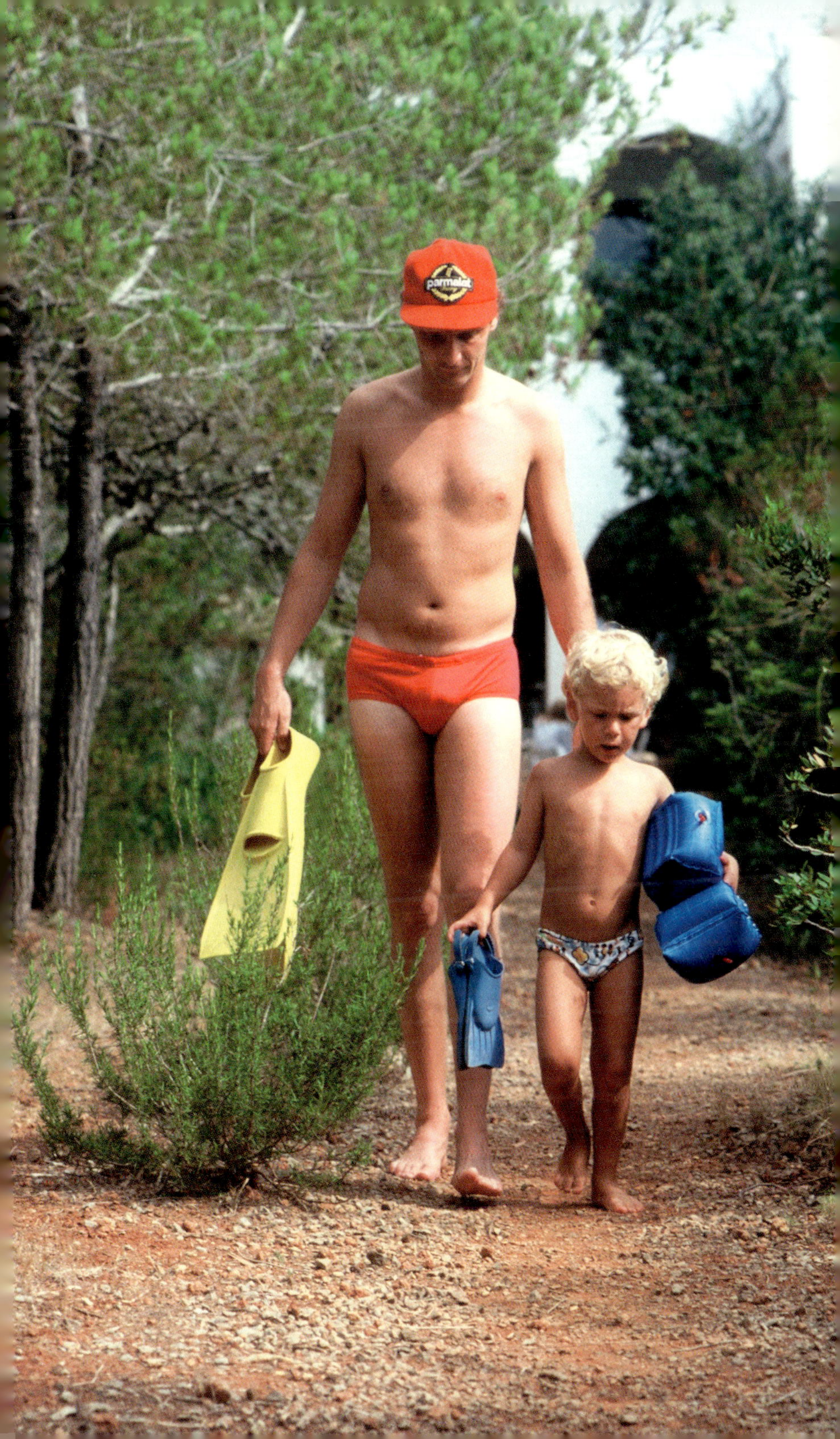
parmalat

Familien-Refugium auf Ibiza. Hier tankte Lauda zwischen den Rennen bei seiner Frau Marlene auf. Gern gesehener Gast: Gesundheits-Guru Willi Dungl.

Hier auf Ibiza fand Lauda auch Zeit, mit seinen Söhnen zu spielen oder einfach mal nichts zu tun und in der Hängematte zu faulenzen.

Niki Lauda mit seiner ersten Ehefrau Marlene und den gemeinsamen Söhnen Lukas (*1979) und Mathias (*1981).

bei Jaguar hat der Formel-1-Experte immerhin eingeräumt, dass sein Wissen von damals heute in einem modernen Rennstall kaum noch anwendbar sei. Von seinem Wissen im Flugbusiness ist Lauda hingegen nach wie vor fest überzeugt. Auch nach zwei geschäftlichen Bruchlandungen mit der Lauda Air. Seine Kommentare zum AUA-Niedergang und dem Verkauf an die Deutsche Lufthansa kamen immer im Brustton der Überzeugung, dass es nur so oder so ginge. Nie ein öffentliches Wort zu seinem eigenen Untergang, gescheiterten Währungsspekulationen und den Millionen-Schulden seiner Lauda Air im Jahr 2000.

Was aber Kommentare zu seinem Privatleben betrifft, hat sich Lauda doch weiterentwickelt. Er spricht nicht mehr ständig in Tautologien. Seine zweite Frau Birgit ist nicht eben nur seine zweite Frau. Er habe sie im Jahr 2008 geheiratet, weil er sie liebe. Lauda spricht von Dankbarkeit – nicht zuletzt wegen ihrer selbstlosen Nierenspende –, starker Verbundenheit und sogar von Kindern. Und er hat im Interview mit zwei Schweizer Journalisten der Wirtschaftszeitschrift *Bilanz* im November 2007 nach langem Nachdenken auch eine Antwort darauf gefunden, was seine größte Schwäche sei: „Es gibt immer Leute, die sagen, wie schön es früher gewesen sei. Das interessiert mich überhaupt nicht. Ich bin heute da, muss an morgen denken und versuche nur, die negativen Erfahrungen der Vergangenheit mitzunehmen. Die positiven brauche ich nicht mitzunehmen, die sind sowieso passiert." Niki Laudas Rhetorik ist und bleibt die eines Weltmeisters.

„Stimmt, aber es hilft keinem, wenn es in der Zeitung steht"

Niki Lauda ist neben Kaliforniens Gouverneur Arnold Schwarzenegger weltweit der wohl bekannteste lebende Österreicher. 1995 zierte Laudas Konterfei eine EU-Werbekampagne für das damals neben Finnland und Schweden neue Beitrittsland Österreich. In der Brüsseler U-Bahn wurden vier österreichische Gesichter plakatiert: Wolfgang Amadeus Mozart, Sigmund Freud, Romy Schneider und Niki Lauda. Diesen Sonderstatus nennt der Betroffene selbst liebevoll „Lauda-Bonus". Ob beim Kauf von Großraumflugzeugen oder beim Gang ins Lieblings-Restaurant, diese Vergünstigungen und Geschenke fordert der Mann mit der roten Kappe ganz selbstverständlich für sich ein. „Ich gebe ja zu, dass ich sparsam bin. Aber ich sehe nicht ein, warum ich für irgendeinen Dreck Geld ausgeben sollte", sagt Lauda in einer seiner Biografien. Er ist sich seiner Sonderstellung bewusst, weiß, dass seine Gegenwart bei einem Essen, einer sportlichen oder gesellschaftlichen Veranstaltung für den Gastgeber oder die Menschen, die sich mit Lauda umgeben dürfen, „Benefit" in Form von TV-Zeit und Fotos in Publikationen bringt. Denn überall, wo die rote Kappe auftaucht, surren die Fernsehkameras, klicken die Fotoapparate. Laudas Sonderstatus bei den Medien steht außer Zweifel. Besonders in Österreich. Denn hier ist er, wie Isabella Großschopf, Society-Ressortleiterin für das Wochenmagazin *NEWS* und Lauda-Intima, anmerkt: „Definitiv der A-Promi. Viele haben wir ja nicht in Österreich."
Lauda war zumindest im kleinen Österreich sehr schnell in einer sehr privilegierten Position, was seinen Umgang mit den Medien betroffen hat. Er brauchte sie nicht, oder zumindest nicht so sehr, wie sie ihn. Es sich als Journalist mit dem Lauda zu verscherzen, weil man eine allzu kritische Position eingenommen hatte, konnte fatale Konsequenzen haben. Lauda-Biograf Völker schreibt 1977 über Laudas Um-

ANIKIDOTE

Manchmal (wenn auch selten genug) tut man Lauda mit dem Vorwurf übertriebener ökonomischer Umsicht auch Unrecht. Das scheint eine – angeblich verbürgte (welch herrliches österreichisches Paradoxon!) – Begebenheit im Kitzbühel der frühen 1980er-Jahre zu belegen. Gar so geizig ist der Niki nicht, würde man ihn nicht auch noch dabei unterstützen. Aber urteilen Sie selbst: Ende der Hahnenkamm-Woche treffen mit Lauda Fußballstar Hans Krankl und die beiden Ski-Helden Werner Grissmann und Franz Klammer im „Stamperl" zusammen. Die Rede kommt irgendwie auf die persönlichen finanziellen Aufwendungen der letzten Tage. Freie „Kost und Logis" vom Feinsten hatten selbstverständlich alle vier genossen. Aber wer hat „sonst" am wenigsten gezahlt? Krankl „verliert", hat er doch seiner Frau um 3000 Schilling *(heute ca. 220 Euro)* einen teuren Pullover gekauft. „Dritter" wird Grissmann, der eine Wette gegen Klammer verlor und ihm ein großes Bier um 30 Schilling *(heute ca. 2,20 Euro)* im „Take Five" zu zahlen hatte. „Zweiter" wird Klammer, der Grissmann großzügig ein kleines Bier um 20 Schilling *(heute ca. 1,40 Euro)* als Gegen-Einladung spendiert hatte. Alle blicken auf Lauda: „Und was ist mit dir, Niki?" Lauda, ungerührt: „Ich habe in dieser Woche drei Schilling ausgegeben." Drei Schilling *(heute ca. 22 Cent)*? Wofür bitte schön? Lauda: „Für eine *Kronen Zeitung*." Da triumphieren die anderen drei: „Momenterl! Drei Schilling für eine Krone? Das kann nicht stimmen! Eine Krone kostet fünf Schilling *(heute ca. 65 Cent)!"* Darauf Lauda: „Das kann sein. Aber wie der Kolporteur an meinen Tisch in den Unterberger Stuben gekommen ist und ich eine *Krone* wollte, habe ich ihm die Schillinge in die Hand runtergezählt – eins, zwei, drei. Bei drei hat er mich erkannt und gestrahlt: Danke, Herr Lauda, das genügt!" *(Franz Beckenbauer soll einmal erkannt haben: „Seit ich mir alles leisten kann, krieg ich es geschenkt!")*

gang mit den wenigen auserwählten Reportern, die den Weltmeister auf seiner privaten Telefonnummer anrufen durften: „Jene Journalisten, die sich dermaßen mit ihm kurzschließen (dürfen), geraten natürlich in die Rolle von Hofberichterstattern. Selbst ein unerhört kritischer, grundsätzlich sogar skeptischer Journalist wie Helmut Zwickl *(Kurier),* könnte sich keine Skepsis gegenüber Lauda erlauben, Niki würde ihn daraufhin nicht weiterhin so vorrangig behandeln. Zwickl war übrigens früher ein Lauda-Gegner und wetterte dagegen, dass Niki hohe Bankkredite ermöglicht wurden, er musste sich in der Folge bei Lauda erst hochdienen, um in den engeren Kern der Vertrauten aufgenommen zu werden."

Schweigekartell in Österreich?

"Hofberichterstatter" gab es aber nicht nur im Sport. Auch wenn es um Laudas Privatleben ging, galten Sonderregeln. Als 1981 Laudas unehelicher Sohn Christoph geboren wurde und kurze Zeit später ein österreichischer Journalist über diese Geschichte gestolpert war, wurde trotzdem in keinem Medium darüber berichtet. Lauda erklärte 1996 in seiner Autobiografie, warum: "Als der erste Journalist irgendwo hörte, ich hätte ein uneheliches Kind, konfrontierte er mich damit. ‚Stimmt', sagte ich, ‚aber es hilft keinem, wenn es in der Zeitung steht, nicht dem Kind, nicht der Mutter, nicht dem Vater und dessen Familie.' Okay, sagte der Journalist und schrieb kein Wort. Mit der Zeit erfuhren es auch andere, denen sagte ich: ‚Ja, es stimmt, aber der Sowieso weiß das schon viel länger. Er schreibt es nicht, weil er mir damit hilft.' Die schrieben es dann auch nicht, und irgendwann wussten es ziemlich viele, jedenfalls über den engeren Kreis hinausgehend. Keiner von ihnen entwickelte den Ehrgeiz, mit dem Privatleben des Niki Lauda eine besonders hübsche Schlagzeile zu machen." Bis der deutsche Boulevard, mit dem Lauda schon nach seinem Feuerunfall am Nürburgring traumatische Erlebnisse hatte, Wind von der Sache bekam. Die Story erschien in dicken Lettern. Aber nur in Deutschland. Lauda über die Reaktionen im eigenen Land: "Dann folgten kurze Bestätigungen in den österreichischen Blättern. Da war Christoph aber schon im Kindergartenalter. So erfuhr es beispielsweise auch meine Mutter. In ihrem leicht knautschigen Schönbrunnerdeutsch sagte sie: ‚Niiiki, musste das sein?' – und nie wieder ein Wort davon."
1991 ließ sich Niki Lauda von seiner Frau Marlene scheiden. "Es passierte das gleiche wie zehn Jahre zuvor: Journalisten bekamen Wind von dem privaten Ereignis, fragten mich, ich sagte, ja, aber ..., und es erschien nichts in den Zeitungen", erzählt Lauda. Bis wieder ein Deutscher für Aufregung sorgte. Der ehemalige *BILD*-Mann Hans-Hermann Tiedje war von Ex-*Krone*-Geschäftsführer Kurt Falk als Blattmacher zu dessen neu gegründeter Billig-Tageszeitung *Täglich Alles* geholt worden. Der brachte die Lauda-Scheidung als Titelgeschichte. "Der vermeintliche Knüller fand null Echo", erinnert sich Lauda. Tiedje regte

sich später in einem Interview mit dem österreichischen Nachrichtenmagazin *Profil* fürchterlich über das hierzulande vorherrschende „riesige Schweigekartell" auf: „Ich nenne Ihnen das Beispiel Niki Lauda. Das gäbe es in Deutschland nicht, dass irgendeine Zeitung, und sei sie auch noch so klein, die Scheidung von Michael Schumacher, angenommen sie fände statt, einfach verschweigen würde. Das gibt's nur in einem Staat, der die Veröffentlichungsmacht unter sich aufgeteilt hat."

Der Ehrenkodex

Was der Deutsche Tiedje als Schweigekartell verurteilte, lobte der Österreicher Lauda als Kultur des Vernünftig-miteinander-Redens. Über seinen Umgang mit Journalisten sagt Lauda: „Ich versuche, die Wahrheit anzubieten, und nehme mir auch die Zeit zu Diskussion und Erklärung. Damit bin ich meistens gut gefahren, die meisten Journalisten honorieren diese Geradlinigkeit. Über die Zeit hinweg ergibt sich ein Sensorium füreinander, und ein Journalist, den ich jahrelang ordentlich bediene, wird mich nicht bei erstbester Gelegenheit demolieren. Daraus ergibt sich eine Konvention des, sagen wir, sorgsamen Umgangs miteinander." Diese Konvention gilt für ihn, den A-Promi, im Umgang mit Medien-Leuten bis heute. „Er ist selektiv im Umgang mit Journalisten", sagt Gesellschafts-Reporterin Isabella Großschopf, „er gibt nicht jedem alles preis, besonders wenn es um ganz persönliche Sachen geht. Da ist er ganz heikel, weil er sagt, dass er nicht wie Boris Becker sein möchte. Wenn man also sein Vertrauen haben will, gibt es einen Ehrenkodex. Man muss sich an Deals halten und paktfähig sein – dann ist er es auch." Über die Zusammenarbeit mit dem wichtigsten Promi Österreichs sagt Großschopf: „Niki Lauda ist gnadenlos ehrlich, wie ich es mir von anderen Promis nur wünschen würde. Du rufst ihn an, schlägst eine Geschichte vor und er sagt: ‚Du bis deppert, so ein Schwachsinn, meld dich wieder, wenn dir was Besseres eingefallen ist.' Wenn ihm dann ein Vorschlag gefällt, macht er es auch. Und dann ist die Arbeit ein Vergnügen, weil er zu fast jedem Thema eine Meinung hat. Man bekommt von ihm immer eine gute Antwort. Dann schimpft er auch manchmal und regt sich wegen irgendetwas fürchterlich auf –

da ist er so grantig wie das Gros der Österreicher. Das macht ihn so zum Angreifen. Vielleicht lesen die Leute deshalb seine Kommentare so gern, weil er zwar eine Instanz ist, aber eben nicht abgehoben."

Rituale für Reporter

Um sich dennoch gegen den Ansturm von Journalisten-Anrufen zu wehren, setzt Lauda auf seine bewährte Hektik-Masche. Wann immer man Niki Lauda als Journalist anruft, wird er nach dem Abheben erst einmal lautstark vernehmen lassen, dass er gerade schwer beschäftigt ist. Meist redet er mit den gerade Anwesenden weiter, bevor er dem Anrufer mit einem gereizten „Ja bitte?" antwortet, oder er lässt den Journalisten auf eine andere Weise wissen, dass er es gerade sehr eilig hat. „Ich bin gerade knapp vorm Wegfliegen", scheint für den Airliner und Piloten dabei ein sehr beliebter Satz zu sein. Sein Biograf Herbert Völker beschreibt Laudas Rituale für Reporter: „Außer bei den Pressekonferenzen oder echten PR-Veranstaltungen schaltet Lauda Hektik ein, sobald er mit einem Journalisten zu sprechen beginnt. Er sagt in jedem Fall, dass er keine Zeit habe, aber auf die Schnelle könne er doch, dadurch wird der Frager zu jedem Weglassen von Verschnörkelungen gezwungen, und Lauda erhöht durch rasches Antworten, teilweise schon in Kürzelsprache, den dynamischen Eindruck und zwingt zu höchster Rationalisierung des Gesprächs. Das ist eine durchaus taugliche Technik, etwa dem Schnelllesen vergleichbar: das komprimierte Pressegespräch. Die Hektik-Masche wendet er auch bei jenen wenigen auserwählten Journalisten an, die seine private Telefonnummer besitzen."
Weiters vermerkt Völker andere Vorlieben von Lauda, was die Medienschaffenden angeht: „Mit Frauen arbeitet Lauda überhaupt auffallend gut zusammen, solang sie halbwegs hübsch und tüchtig sind."
Lauda hat gelernt alle Register der facettenreichen Medien-Orgel zu ziehen. Er unterscheidet genau zwischen in- und ausländischen Medien, weiß seine Zeit – und Zeit ist bekanntlich Geld – genau nach Wichtigkeit des Mediums einzuteilen: „So sehr sich Lauda ärgert, wenn ein Fachjournalist eine (seiner Meinung nach) falsche Darstellung gibt,

so wenig kümmert ihn offensichtlich, was in der Regenbogen-Presse über ihn geschrieben wird. Er arbeitet unter Umständen auch selbst mit und gibt fallweise seinen Namen und die Ich-Form her, wenn das Geld stimmt. Er teilt offensichtlich die Medien in zwei Gruppen: Die gleiche Falschmeldung, die ihn bei *Bild* nur eine ärgerliche Grimasse kostet, würde ihn in einer normalen Zeitung in Wut bringen. Und so heikel und zurückhaltend er mit Veröffentlichungen aus seinem Privatleben ist: *Quick* darf ohne weiteres seine Love-Stories verkitschen – aber nur gegen horrendes Honorar, sozusagen Schmerzensgeld."
Lauda ist gegen reißerischen Boulevard-Journalismus nicht nur wegen seiner Paktfähigkeit und seines A-Promi-Status immun geblieben. In seiner Autobiografie von 1996 beschreibt er ein radikales und äußerst wirksames Rezept: „Eine wichtige Lektion hatte ich schon recht früh, anlässlich des Nürburgring-Unfalls. Hätte ich ernst genommen, was damals geschrieben wurde, wäre meine Situation nur durch Selbstmord zu verbessern gewesen. *Wie lebt ein Mann ohne Gesicht?* Wenn da ein Schwerverletzter zu sinnieren beginnt, macht er's nimmer lang. Damals kapierte ich, dass es völlig unnötiger Nervenverschleiß ist, sich darüber aufzuregen oder sich gar auf Klagen einzulassen … Es ist ein völlig ungleicher Kampf, den du nie gewinnen kannst. Ich diskutiere auch gar nicht lang, wenn mich jemand aus diesem Umfeld um einen Kommentar zu irgendeinem schwachsinnigen Gerücht fragt: ‚Sie kriegen keine Antwort zu dem Blödsinn. Erfinden Sie ruhig weiter, es ist mir wurscht.' Außerdem versteht Lauda die Automatismen, Zwänge und Regeln, die in der Medienwelt gelten. Kaum eine Kuriosität, die ihm im öffentlich gemachten Spannungsfeld zwischen Wahrheit und Dichtung noch nicht widerfahren wäre. Als ihn zum Beispiel einmal ein *Bild*-Redakteur anrief und ihn mit dem Gerücht konfrontierte, dass seine Frau wieder schwanger sei, antwortete Lauda gelassen: „Soviel ich weiß, kriegt meine Frau kein Kind!" Als der Redakteur tags darauf wieder anrief und beschämt verkündete, dass seine Chefs ihm nicht glauben würden und ob er diesen Satz nicht noch einmal auf Band sprechen könnte, war Lauda zuerst baff. Dann brüllte er vor dem Auflegen ins Telefon: „Ich krieg kein Kind! Das ist ein Statement von Niki Lauda im Hilton Hotel von São Paulo und jetzt leckt's mich am Arsch!"

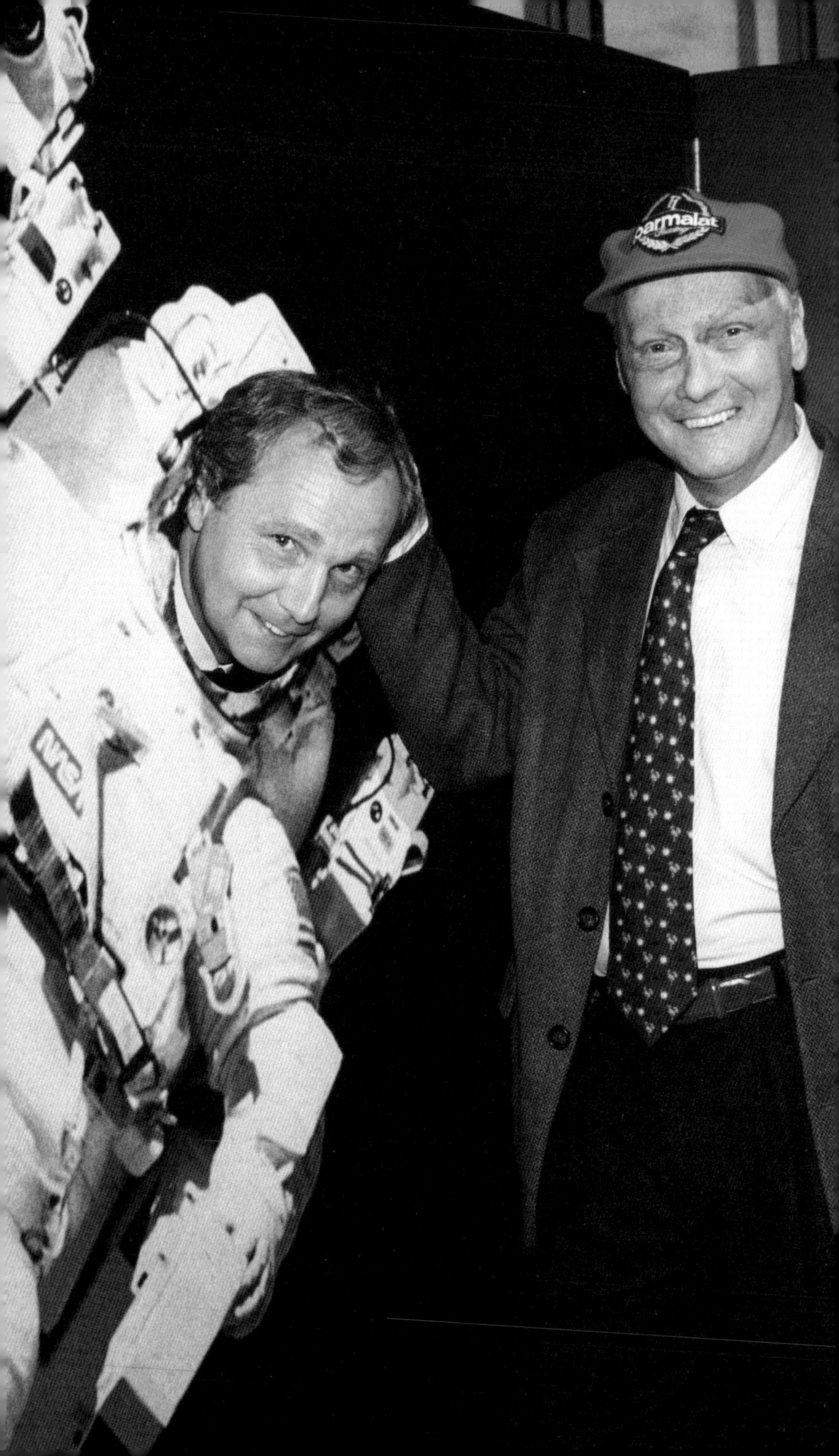
parmalat

2
Ansichten und Einsichten
Laudas Wegbegleiter im Interview

Niki Lauda mit seinem Bruder Florian

„Wenn es um dein Leben geht, helfe ich dir natürlich"

Laudas **Bruder Florian** über ihre Kindheit, die wichtigsten Bezugspersonen, Nikis Anfänge als Rennfahrer und die Nierenspende

Wann haben Sie zuletzt mit Niki gesprochen?
Florian Lauda: Ich habe ihn vorher angerufen, er war in einer Besprechung. Wenn ich ihm nicht gesagt hätte, du, der Onkel Heinz hat den 83. Geburtstag, dann würde das alles an ihm vorbeirauschen.

Wie ist Ihr Verhältnis, ist er kein Familienmensch?
Lauda: Nein, eigentlich gar nicht. Wir rufen uns an, wenn es etwas zu besprechen gibt. Aber wir, wie soll ich das sagen ... Ich respektiere ihn, er respektiert mich auch, glaube ich. Und er vertraut mir, wenn es in der Familie etwas zu tun gibt. Zum Beispiel als unsere Mutter gestorben ist. Er ist ja sehr beschäftigt. Da hat er gesagt, mach nur. Ich bin aber niemand, der ihm irgendwie nachrennt. Wie gewisse Leute, die ständig um ihn herumgeifern. Wenn mich etwas stört, dann sage ich ihm das auch.

War Nikis Berühmtheit all die Jahre ein Thema für Sie?
Lauda: Komischerweise nicht, weil ich ein eigenes Leben gelebt habe. Ich habe vielleicht auch das Glück gehabt, dass ich, als unser Vater gestorben ist, finanziell unabhängig war. Ich bin sehr viel gereist, hab mich für viele Sachen interessiert.

Zum Beispiel?
Lauda: Ich habe Medizin studiert, allerdings nicht abgeschlossen. Ich hatte noch eine Prüfung, wollte mich aber nicht im Spital integrieren.

Da habe ich mit einem Bekannten eine Autobus- und Mietwagenfirma gegründet, so hat meine Karriere begonnen. Ich habe auch einmal ein Institut für tibetische Medizin gehabt.

Woher dieses Interesse? Die Familientradition war ja bürgerlich-katholisch?
Lauda: Wir sind auch katholisch erzogen worden. Das Interesse kam im Medizinstudium, da habe ich viel gelesen. Ins Detail gehen will ich aber nicht. Es gab in meiner Jugend ein paar Erlebnisse, die ich mir nicht erklären konnte. Dann habe ich nachgeforscht und bin mit der tibetischen Kultur in Kontakt gekommen.

Definieren Sie sich als Buddhist?
Lauda: Ja. Die Tibeter sind ja der buddhistischen Philosophie sehr zugetan und haben eine sehr interessante Psychologie meiner Meinung nach.

Wie waren Ihre Eltern? War dieses Interesse in Ordnung für Sie?
Lauda: Für meinen Vater ja, für meine Mutter interessanterweise nicht so. Mein Vater war selten zu Hause, er war Generaldirektor der Neusiedler Papierfabrik. Im Sommer waren wir oft auf Urlaub oder beim Großvater, der hatte ein sehr schönes Landgut in Hainfeld bei Hartberg. Mit dem Großvater mütterlicherseits sind wir oft nach Italien gefahren, nach Grado. Dort gab es die befreundete Familie Bianchi, die dort ein Hotel hatte.

Klingt nach tollen Urlauben für Kinder …?
Lauda: Ja, natürlich. Wir hatten auch sehr viele Cousins und Cousinen. Wir waren sehr viel bei Kinderjausen bei Bekannten meiner Eltern eingeladen, wo unendlich viele Kinder herumgetollt sind, das war immer sehr lustig.

Wie waren die Laudas als Brüder?
Lauda: Von den Kindern war ich eigentlich immer der Lustige. Niki hat mich als Kind auch als lustig bezeichnet, das hat meine Mutter

irgendwo dokumentiert. Ich musste ihm auch immer Geschichten beim Einschlafen erzählen.

Als jüngerer Bruder?
Lauda: Ja, wir haben in einem Zimmer geschlafen. Und wenn er nicht eingeschlafen ist, hab ich ihm Geschichten erzählt.

Sie waren auch in der gleichen Klasse. Verlief wenigstens Ihre Matura reibungslos?
Lauda: Wir waren zwar im gleichen Jahrgang, nachdem Niki zweimal wiederholt hat, aber in verschiedenen Klassen. Das war im RG 19. Von seinem Bluff, er habe die Matura gemacht, habe ich natürlich gewusst. Meine war übrigens auch nicht problemlos. Ich war sehr schwer erziehbar, habe dann aber eingesehen, dass es so nicht weitergeht und die Externisten-Matura gemacht. Dann begann ich Medizin zu studieren.

In einem Interview hat Niki gesagt, er sei ein „Seicherl" gewesen, ein Angsthase?
Lauda: Er war ängstlich, ja. Aber Erfolg verändert die Leute. Als Kinder sind wir viel geritten. Der Großvater Hans hat selber zwei Pferde gehabt und ist immer geritten. Er war Präsident der Campagne-Reitergesellschaft, deshalb sind wir auch oft in die Stadthalle zu Turnieren eingeladen worden. Im Sommer waren Niki und ich öfter ein Monat lang in Newforest in England, auf einem Reitercamp. Zu meinem großen Erstaunen habe ich in einer Biografie meines Bruders gelesen, er hätte Angst vor Pferden gehabt. Was ich nie bemerkt habe.

Und zu Hause, gab es da mehr Pferde oder Autos?
Lauda: Bei meinem Vater gab es keine Pferde. Und Autos, ja. Einen Jaguar Mark 10 mit zwei Tanks, einen Chauffeur, den wir sehr geliebt haben. Einen Buick Skylight hat es einmal gegeben, einen Mercedes 300 glaube ich ...

Der Chauffeur war eine Bezugsperson?
Lauda: Ja. Er hat immer mit Autos zu tun gehabt, hat immer gewartet. Man hat ihn einfach immer getroffen, wenn man mit dem Vater irgendwie zu tun hatte.

Wie war das Verhältnis zu Ihrer Mutter?
Lauda: Ich würde sagen, durchaus unproblematisch. Ich würde unsere Kindheit eigentlich als recht gelungen bezeichnen, uns ist sehr wenig abgegangen. Wir haben immer Kindermädchen gehabt, die viel Zeit mit uns verbracht haben. Eine war dabei herausragend, die Lotte Stelzel, die war sehr lange bei uns. Und wie sie weggegangen ist, hat man das so gesteuert, dass es keinen Abschied gegeben hat. Da waren wir sehr traurig. Man hat sich nicht einmal verabschiedet, angeblich war das besser.

Klingt da Distanz zu den Eltern durch?
Lauda: Wie gesagt, wir haben viel Zeit mit Kindermädchen verbracht. Aber wir haben zusammen gegessen, ständig im selben Haushalt gelebt. Distanz kann man nicht sagen. Die Mutter hat sich natürlich um uns gekümmert, in allen Belangen.

Ihr Urgroßvater wurde noch vom Kaiser geadelt. Wie war Ihr Großvater Hans Lauda, der große Industrielle, das Clan-Oberhaupt?
Lauda: Sicher ein Machtmensch. Sonst hätte er nicht diese Karriere zustande gebracht. Er hat uns gesagt, ihr müsst schauen, dass ihr immer einen freien Rücken habt. Man soll sich nie zu sehr binden, an

irgendwelche Leute. Vor Weihnachten waren wir immer am Ring bei ihm eingeladen, da hat er eine ganz tolle Wohnung gehabt. Dort wurde auch die Modeschau für Grace Kelly veranstaltet, weil sie – wie mein Großvater in Österreich – Präsidentin des Roten Kreuzes in Monte Carlo war. Solche Sachen haben dort immer stattgefunden.

War er eine starke Bezugsperson?
Lauda: Der Großvater war distanziert. Er hat zum Beispiel durch seine Sekretärin gewusst, wann wir Geburtstag hatten. Da gab es immer ein kleines Kuvert mit ein paar hundert Schilling drinnen. Da war eine Unterschrift drauf und so wurde das erledigt. Als herzlich könnte man ihn sicher nicht beschreiben. Er hat sich aber immer gefreut, wenn man gekommen ist. Es hat immer etwas Gutes zu essen gegeben. Wir waren im Sommer oft auf diesem Gut in Hartberg eingeladen, meist drei bis vier Wochen. Das war für uns Kinder toll. Da hat es Traktoren gegeben, eine riesige, große Landwirtschaft, Kühe und alles Mögliche.

War Niki schon damals mehr an den Traktoren interessiert?
Lauda: Das war er immer. Und wenn Gäste gekommen sind, hat er ihnen sofort die Autoschlüssel weggenommen und die Autos im Hof umgedreht und eingeparkt. Das war seine Domäne.

Es heißt, er habe ungefähr im Alter von neun Jahren seine ersten Runden in einem VW-Käfer auf dem Firmengelände der Neusiedler in Hirschwang gedreht …?
Lauda: Das stimmt, speziell am Wochenende waren wir oft in der Papierfabrik. Da hat es sogenannte „Ameisen" gegeben, wo man Sachen und Paletten draufgibt, und Gabelstapler. Mit denen sind wir herumgefahren. Einmal haben wir sogar einen totalen Stromausfall verursacht. Nachdem dort 24 Stunden gearbeitet wurde, war die Aufregung sehr groß.

Niki hat Ihren Vater als „Schwächling" bezeichnet.
Wie schwer hatte es dieser mit seinem Vater?
Lauda: Für mich war das die sympathische Seite an unserem Vater,

dass er nicht so hart war. Wie vielleicht auch der Niki manchmal hart ist. Er hat ein Gerechtigkeitsgefühl, will niemanden bevorzugen oder benachteiligen, ist sehr analytisch, und das ist er absolut. Wenn man akzeptiert, dass ein Mensch so ist, hat man auch kein Problem. Auch wenn es manchmal schwierig ist.

Gab es den Konflikt zwischen Niki und dem Großvater, weil sie sich so ähnlich waren? Sie sollen bis zu dessen Tod nichts mehr miteinander gesprochen haben?
Lauda: Das stimmt nicht. Sicher war der Großvater ein machtbewusster Mensch mit seinen Ansichten. Der Niki ist schon mit 18 ohne Wissen der Eltern Bergrennen gefahren. Dann kamen immer größere und schnellere Autos. Und dann die Geschichte mit Mautner-Markhof, der meinen Großvater angerufen hat und sagte, du, ich hab im Aufsichtsrat der Schöllerbank dieses Kreditansuchen deines Enkels abgelehnt, und ob das eh in seinem Sinne sei. Ja, ja, sehr gut, sagte der Großvater, und Niki stand plötzlich ohne Finanzierung für die nächste Saison da. Das hat er nicht gern gehabt.

Der Großvater starb wenige Tage vor Nikis erstem Grand-Prix-Sieg. Wäre er stolz gewesen?
Lauda: Jeder in der Familie war stolz, auch meine Eltern. Nachdem der Großvater selbst Interesse am Motorsport hatte, kann ich mir vorstellen, dass auch er es war. Aber er hatte auch diese tolle Karriere. Da ist man vielleicht ein bisschen weniger stolz.

Wie hat Niki das Problem gelöst?
Lauda: Er ging zum damaligen Raiffeisen-Chef. Der sagte, na ja Herr Lauda, was können sie mir als Sicherheit geben. Da hat der Niki gesagt – mich. Dabei ist ihm eingefallen, dass er eine Lebensversicherung abschließen könnte, um den Kredit zu besichern. Der war so beeindruckt von seiner Kaltschnäuzigkeit, dass er gesagt hat, okay. So war seine Karriere von vielen solchen Zufällen getragen, die immer irgendwie positiv ausgegangen sind.

War die Oma eine Stille, im Hintergrund?
Lauda: Mein Großvater hat ja noch einmal geheiratet und war geschieden von der Emmi. Die hat bei uns im Haus in Pötzleinsdorf im Mittelstock gelebt und war gut versorgt. Sie war sehr herzlich und immer Anlaufstelle für uns Kinder. Sie hat auch den ersten Fernseher gehabt, das war sehr aufregend. Da ist man nach dem Essen hinaufgegangen zu ihr, um fernzusehen oder sich Süßigkeiten zu besorgen. Die haben wir in sehr guter Erinnerung. Umso mehr als sie ja eigentlich die Karriere meines Bruders ohne ihr Wissen gestartet hat.

Wie das?
Lauda: Da gab es den Peter Draxler. Sein Vater hatte einen Mini Cooper und war irgendwo auf Geschäftsreise. Da haben wir zu dritt diesen Mini aus der Garage geholt und sind damit auf die Höhenstraße gefahren. Der Niki ist gefahren, neben ihm der Peter. Ich saß auf der Rückbank. Auf irgendeiner Brücke hatte es von unten angezogen, es war eisig, und wir sind aus der Kurve geflogen. Der Mini war vorne hin.

Hatte Niki da schon einen Führerschein?
Lauda: Worüber man nicht reden kann, darüber muss man schweigen. Das Problem war natürlich, wie sagt man es dem Vater vom Peter. Und da wurde die Großmutter involviert. Der wurde gesagt, sie müsse helfen, der Mini müsse repariert werden. Das hat sie auch gemacht. Offensichtlich hat Niki mit dem Geld das Auto gekauft und bei Fritz Baumgartner für einen Rennwagen Cooper S in Zahlung gegeben. Damit ist er gleich Zweiter bei einem Bergrennen geworden.

War nur der Niki motornarrisch und die anderen Laudas saßen auf der Rückbank?
Lauda: Zunächst hat sich auch Großvater Hans für Autorennen interessiert, er fuhr auch zum Nürburgring oder zum Formel-1-Rennen nach Monte Carlo. Zu einem Jubiläum hat man ihn in der Firma gefragt, was er sich denn wünsche. Nachdem er ein großer Autofan war, hat er ganz leise verlauten lassen, ein Ferrari wäre interessant – da war er schon rund 60 Jahre alt.

Daraus geworden sind dann zwölf Apostel, die sehr schön geschnitzt waren und im Wohnzimmer hingen.

Doch Benzinspuren in der Familie?
Lauda: Interessanterweise war der Bruder meines Vaters, der Heinz, auch sehr am Motorsport interessiert. Das hat sich vom Großvater auf den Sohn und dann scheinbar auf den Niki durchgeschlagen. Der Heinz ist, wie der Opa schon Generaldirektor der Veitscher Magnesit war, unter dem Pseudonym Karl Heinz Gokart-Staatsmeister geworden. Er wollte sich beweisen, dass er gut Auto fahren kann. Dann ist der Großvater draufgekommen, und das wurde gestoppt. Und sein Sohn, der Max, war glaube, ich auch zweimal Staatsmeister.

Das Talent war also da?
Lauda: So ist es. Und ich erinnere mich an einmal, als wir beim Onkel Heinz waren. Wir müssen 12 Jahre alt gewesen sein und es wurde ein Formel-1-Rennen im Fernsehen übertragen. Da ist der Niki hinten gesessen und hat gesagt: „Mein Gott, einmal möchte ich nur hinten in der letzten Startreihe stehen und mitfahren!"

Irgendwann wurde Ihr Kontakt zu Niki aber weniger?
Lauda: Der Niki hatte mit 18 eine Freundin, die Mariella Reininghaus, die stark versucht hat, ihn abzukapseln. Mit ihr ist er nach Salzburg gezogen. Sie wollte ihn ganz für sich und hat ihm eingebläut, er müsse auf eigenen Beinen stehen. Das hat ihn geprägt, das hat er irgendwie intus. Er ist mit 18 mehr oder weniger aus der Familie heraus.

Haben Sie da den Draht zu ihm verloren?
Lauda: Nein, das würde ich nicht sagen. Wir haben auch weiterhin Sachen unternommen.

Haben Sie ihn je live Rennen fahren sehen?
Lauda: Natürlich. Jeder, der auf ein Formel-1-Rennen geht, findet das, glaube ich, toll. Die Atmosphäre, das ist schon interessant. Ich bin auch ab und zu mit ihm nach Monte Carlo zum Grand Prix geflogen.

Hab mich dann aber dort wieder selbständig gemacht. Ich war beim Bankhaus Bär eingeladen. Die hatten ein Haus, von dem man toll auf die Rennstrecke gesehen hat. Und als das Rennen aus war, haben wir uns wieder am Flughafen getroffen, sind in den Learjet gestiegen und nach Hause geflogen.

Und er hatte Augenringe, von den Partys?
Lauda: Na ja, ein Partygänger, ich weiß nicht. Er war eigentlich sehr fokussiert auf das, was er tat.

Es heißt, als er Sie 1997 um ihre Niere bat, hätten Sie lange keinen Kontakt gehabt und ein Chauffeur sei schon unterwegs gewesen um Sie abzuholen?
Lauda: Nein, Chauffeur war keiner unterwegs. Und wir haben uns immer wieder einmal getroffen. Damals hat er hat angerufen und gesagt, er ladet mich ins Do & Co zum Essen ein. Das war mir schon verdächtig.

Ist es grundsätzlich verdächtig, wenn Niki Lauda einlädt?
Lauda: Nein (lacht). Er gilt ja als sparsam. Ich kenne ihn aber auch von der großzügigen Seite. Er hat ja nie Geld eingesteckt, weil er überall eingeladen ist. Das ist halt so bei ihm. Beim Attila Dogudan hat er, glaube ich, lebenslänglich Essen umsonst. Einmal hat er mich nach St. Moritz ins Palace Hotel eingeladen. Das war auch etwas, wo man schon wusste, jetzt kommt irgendwas. Da hat er mir dann seine zweite Frau, die Marlene, vorgestellt.

Wie bat er Sie um Ihre Niere?
Lauda: Er hat gesagt, seine Kreatinwerte sind schlecht, und wenn es zu etwas kommt, ob ich ihm helfen würde. Da habe ich kurz überlegt und gesagt, wenn es um dein Leben geht, helfe ich dir natürlich. Ich habe gefragt, ob er auf der Eurotransplant-Liste ist, da war er auch. Und wie sich abgezeichnet hat, dass er wirklich eine braucht, bin ich halt eingerückt.

War der Eingriff dramatisch?
Lauda: Überhaupt nicht, eher lustig. Wir sind zusammen ins Spital gefahren, ins AKH. Sind dort eingerückt in die Zimmer, nebeneinander. Dann war OP-Vorbereitung. Am nächsten Tag hat man mich natürlich zuerst hineingeschoben, an ihm vorbei. Dann haben wir noch irgendwelche Witze gemacht. Ich hab darauf bestanden, dass der beste Anästhesist kommt, aber man lässt das eigentlich über sich ergehen.

In einem Interview sagte Niki, Sie hätten ihr Leben lang nichts gearbeitet. Er werfe Ihnen das aber nicht vor, sondern schätze das an Ihnen.
Lauda: Ich habe 2000 eine Automatenfirma gekauft, so etwas läuft nicht von selber. Davor hatte ich eine Autobus- und Mietwagenfirma und war an einer Brokerfirma beteiligt. Ich habe immer wieder Geld veranlagt, aber weniger gearbeitet als mein Bruder. Er ist ja ein Workaholic, genau wie Attila Dogudan. Als wir in Ibiza waren und auf seinem Boot irgendwohin gefahren sind, hab ich ihm die Frage gestellt – warum tust du dir das alles an? Ich hab mir gedacht mit meiner Niere könnte er ein bisserl leiser treten, dann hält sie länger. Er hat gesagt, ich hab so viel Wissen über die Flugindustrie, wäre doch schade, wenn das brachliegen würde. Als die drei Jahre nach dem Lauda-Air Verkauf vorbei waren, wegen der Konkurrenzklausel, hat er mit flyniki wieder angefangen. Aber das gehört einfach zu seinem Leben. Er braucht das, die ständige Herausforderung.

Kennen Sie ihn auch als Verlierer?
Lauda: Als er seinen Unfall gehabt hat, am Nürburgring, hab ich mir ein Flugzeug gemietet und bin dorthin geflogen. Er lag auf einer Bahre. Ich hab gesagt: „Was führst du denn auf?" Er hat gesagt: „Es kann nur mehr besser werden." Er ist ein Mensch, der weiß, dass Niederlagen dazugehören, aber er will es immer wissen. Er ist auch bereit, Risiko einzugehen. Er ist so ein Mensch, der versucht, aus der Niederlage zu lernen. Er analysiert, was habe ich falsch gemacht, wie komme ich wieder heraus.

Gab es einen Moment, wo Sie ihn gerne auf den Mond geschossen hätten?
Lauda: Eigentlich nicht. Einmal wollte ich mir 4000 Euro ausborgen, weil ich sie am nächsten Tag dringend gebraucht hätte. Er hat gesagt, lös dir dein Problem selber, obwohl er wusste, dass ich es ihm sicher zurückgeben würde. Da hab ich mir gedacht, jetzt spendest du ihm eine Niere, kennst ihn seit 50 Jahren; da ärgert man sich im Moment. Aber so ist er. Und wenn man darüber schläft, denkt man, er ist der Bruder und er bleibt der Bruder und so ist es halt.

Niki schreibt, als Ihre Mutter starb, seien Sie sich am Krankenbett wieder nähergekommen?
Lauda: Meine Mutter hatte Brustkrebs. Und als Mediziner wusste ich, wie das ausgeht. Da habe ich mir gedacht, man hat Schulden. Die Eltern haben sich die ganze Jugend um einen gekümmert, gefüttert, begleitet. Da habe ich meine Beteiligung an einer Investmentfirma verkauft und mich die letzten zwei Jahre um meine Mutter gekümmert. Mein Bruder war ständig irgendwo unterwegs und ich habe das auf mich genommen. Ich bereue es auch nicht. Meine Mutter hat sich sehr geändert in dieser Zeit. Es war alles sehr positiv.

Hatten Sie das große Herz und Ihr Bruder die große Karriere?
Lauda: Das kann man schon sagen. Ich beurteile die Leute nicht nur kühl mit dem Kopf, ich schaue vielleicht auch nach Bedürfnissen oder Wehwehchen. Mein Bruder ist enorm aufmerksam, enorm zielstrebig. Er hat eine enorme Energie, natürlich auch durch die Aufmerksamkeit, die er kriegt. Er ist sehr analytisch. Ich würde fast sagen, das sind sogar buddhistische Eigenschaften. Diese Achtsamkeit und Analyse.

In seinem Essay „Das Öl des Weltmeisters" attestiert Peter Handke Ihrem Bruder, er habe sich ein eigenes „Geborgenheitssystem" aus technisch-analytischer Sachlichkeit errichtet.
Lauda: Ich nehme das auch so wahr. Und diese innerliche Aufmerksamkeit. Wenn er irgendwo sitzt, merkt er alles, was um ihn herum passiert. Ich habe einmal einem tibetischen Lama ein Foto von ihm

gezeigt. Er hat es lange angeschaut und gesagt: „He is a kind of a realized person." Also ein selbstverwirklichter Mensch. Mein Bruder hat sicher auch als Mensch etwas erreicht. Das spürt man, wenn er sich über Dinge äußert. Dass sich das unter Umständen in einer gewissen Kühle bemerkbar macht, werfe ich ihm nicht vor. Ich bin froh, dass ich meine Sachen machen kann Und dankbar, dass ich überall umsonst hinfliegen kann (lacht).

Niki, der Technikmensch, der alles analysiert. Vielleicht ein wenig selbstgefällig?
Lauda: Dazu möchte ich einmal etwas sagen. Wenn Sie jahrzehntelang darauf trainiert werden, immer der Erste zu sein, und sehr fokussiert sind auf das, was sie machen, ist man durch dieses enorme Medieninteresse gezwungen, gewisse Sachen auszublenden. Das wird dann irgendwann zur zweiten Haut und prägt einen. Daher werfe ich ihm auch nicht vor, wenn er mich vielleicht wenig anruft. Ich würde unsere Beziehung als unproblematisch bezeichnen. Er lebt halt extrem sein Leben. Ich respektiere das.

Was wünschen Sie ihm zum 60. Geburtstag?
Lauda: Ein langes Leben, keine gesundheitlichen Probleme mehr und dass er all das erreicht, was er sich vornimmt.

„Niki ist diszipliniert und zielstrebig"

Gerhard Berger über Laudas persönliche Stärken, seine Erfolge im Rennsport und seine Tätigkeit als Unternehmer

Herr Berger, können Sie sich noch an Ihre erste Begegnung mit Niki Lauda erinnern?
Berger: Ja, das war in Le Castellet. Ich hatte viel Respekt und Ehrfurcht vor dem Niki, habe ihn bewundert.

Und wie hat er sich gegenüber dem jungen Talent verhalten?
Berger: Er war immer geradlinig, sehr ehrlich, einfach super. Auch wenn man etwas von ihm gebraucht hat.

Sie sind Ende der 1970er-Jahre in den Motorsport eingestiegen, zu einem Zeitpunkt, als Lauda gerade zum zweiten Mal regierender Formel-1-Weltmeister war. War er Ihr großes Vorbild?
Berger: Ich war damals sehr auf mich selbst fokussiert. Und Lauda war ja nicht nur in Österreich ein Superstar im Motorsport, sondern auch weltweit. Natürlich war das der große Traum eines jeden jungen Fahrers, so weit zu kommen, aber daran gedacht habe ich nicht wirklich.

Niki Lauda war dreimal Weltmeister, davon zweimal auf Ferrari. Ihnen hat das Schicksal den Titel nicht geschenkt. Ihnen sind jedoch während ihrer Ferrari-Jahre alle italienischen Herzen zugeflogen, während Lauda zwar respektiert, als Person aber eher abgelehnt wurde. Eine Sache des Charakters?
Berger: Niki ist eher ein kühler, geradliniger Kerl, der Leute nicht so richtig an sich ranlässt. Ich bin da ganz anders gestrickt. Und die Italiener sind halt Menschen, die eher warmherzige Typen möge.

Solche, die kommunizieren können und zum Anfassen sind – da bin ich ihnen wohl mehr gelegen.

Am 23. April 1989 wären Sie – 13 Jahre nach Niki Lauda – fast in einem Ferrari verbrannt. Wie einschneidend war dieser Moment in der Tamburello-Kurve für Ihr Leben?
Berger: Schon sehr! Bis dahin bin ich kein Risiko scheuend, draufgängerisch, ohne Limit gefahren. In dem Moment wurde mir aber klar, wie schnell alles vorbei sein kann. Und das hat bewirkt, dass ich vorsichtiger geworden bin. Trotzdem – nach der ersten schmerzstillenden Spritze war klar, dass ich wieder in einen Wagen einsteigen werde.

Ihr Freund Ayrton Senna hat 1994 in der Tamburello-Kurve sein Leben gegeben. Wie Lauda war auch Senna dreimal Weltmeister. Wer war der bessere Rennfahrer?
Berger: Das will ich eigentlich nicht vergleichen. Fair könnte man das auch nur, wenn man Statistiken heranzieht. Und in dem Fall ist das schwierig, weil es waren andere Zeiten, andere Generationen, andere Autos und andere Umstände.
Dennoch – und Niki wird mir das verzeihen – war für mich Senna der beste Rennfahrer aller Zeiten. Er war einfach ein unglaubliches Naturtalent und hatte neben Fähigkeiten wie Fleiß und Disziplin auch das Glück und die Möglichkeit, schon als Vierjähriger professionell gefahren zu sein.

Warum ist Lauda bei Jaguar als Teamchef gescheitert?
Berger: Eines muss man Lauda lassen: Dieser Erfolg in seiner aktiven Laufbahn! Dreimal Weltmeister und das nicht nur in einer Situation, in der er ein überlegenes Auto und die besten Voraussetzungen hatte, sondern er hat sogar Prost zu seiner Hoch-Zeit geschlagen und in diesem Duell die WM gewonnen. Das alles hat er seiner Disziplin und seinem logischem Denken zu verdanken. Eigenschaften, die ihn auch in vielen anderen Bereichen erfolgreich gemacht haben.
Dennoch: Das Engagement bei Jaguar war unterm Strich keine Erfolgsstory. Ein operatives Geschäft zu leiten, heißt 18 Stunden vor Ort

zu sein, und Niki war nicht in England. Wäre er dort gewesen, wäre er wohl beim Team angekommen und hätte die Nuss geknackt. So hat er aber die englische Verbundenheit im Team unterschätzt.

Warum polarisiert Ihrer Meinung nach Niki Lauda?
Berger: Weil er immer sagt, was er denkt. Ich persönlich empfinde das unterm Strich als viel angenehmer als jemanden, der immer mit der Strömung schwimmt.

Ist Niki Lauda als Unternehmer erfolgreich oder gescheitert?
Berger: Das zu beurteilen, fällt mir schwer. Eines steht fest: Die ganze Flugbranche ist angeschlagen und lässt in der jetzigen Zeit nicht viele Möglichkeiten, um Erfolg zu haben. Vielmehr ist es angesagt zu überleben. Man könnte also sagen, dass es ihm noch verhältnismäßig gut geht, ist ein Riesenerfolg.

Ist der Stil Laudas als Führungspersönlichkeit einem Unternehmen eher hinderlich oder dienlich?
Berger: Lauda hat sicher eine gute Führungspersönlichkeit. Er ist diszipliniert und zielstrebig, kann diese Eigenschaften seinen Mitarbeitern vorleben – das sind Grundvoraussetzungen für eine Führungsperson.

Was war Niki Laudas größter Erfolg?
Berger: Dreimal Weltmeister zu werden und davon einmal Prost zu schlagen, der immerhin viermal Weltmeister war.

Und was sein größter Fehler?
Berger: Seine Leidenschaft für die Fliegerei – mit Haut und Haaren und all dem Risiko.
Nach all seinem großen sportlichen Erfolg hat er sich noch einmal sehr viele Hausaufgaben und Probleme auf den Tisch geschafft. Da fragt man sich schon: Warum tut er sich das an?

Welche Rennfahrer werden unvergessen bleiben?
Berger: Einige, aber Niki gehört sicher dazu.

Was können junge Menschen von Niki Lauda lernen?
Berger: Er hat gezeigt, dass man mit Disziplin und Hartnäckigkeit seinen Willen durchsetzen und seine Ziele erreichen kann. Und er hat gezeigt, dass man Rückschläge, wie seinen Unfall oder den Absturz der Mozart, meistern kann – dass man aus Tiefs wieder herauskommen kann. Das ist wichtig zu sehen. Nicht nur das Obenstehen am Podest zählt, auch das Durchstehen von schwierigen Zeiten.

Ist Niki Lauda Ihr Freund?
Berger: Ja, schon. Wir haben natürlich mal mehr und mal weniger Kontakt und gehen beide unsere eigenen Wege, aber diese kreuzen sich auch immer wieder. Mal in Wien, mal in Ibiza oder bei einem Rennen.

Ist Niki Lauda ein humorvoller Mensch?
Berger: Der kann schon gut lachen.

Immer wieder hört man den Vorwurf, Lauda sei geizig …?
Berger: Geizig gefällt mir nicht, aber er ist sehr sparsam. Das stört mich aber nicht, weil er es auch mit sich selber und nicht nur anderen gegenüber ist. Ihm ist Luxus einfach nicht wichtig. Er könnte, will aber nicht.

Was sagen Sie dazu, dass Lauda mit beinahe 60 noch einmal geheiratet hat und ein neues Familienleben plant?
Berger: Er hat mit der Birgit jemand kennen gelernt, den er wirklich mag. Das merkt man und das ist positiv. Er hatte mit der Marlene und den Buben eine traumhafte Vergangenheit, aber die Zeiten ändern sich.
Und es gibt nichts Schöneres als zu heiraten und Kinder zu kriegen – das ist Teil des Lebens.

Laudas Sohn Mathias ist auch im Rennsport unterwegs.
Ist das schwierig, wenn der Vater so erfolgreich war?
Berger: Der Vater war megaerfolgreich und der Sohn macht, was ihm Spaß macht. Das ist das Wichtigste. Und er ist als Person erfolgreich, also beide Buben. Ich höre immer nur das Beste von den beiden, dass sie sehr beliebt sind und toll erzogen wurden. Genau die richtige Mischung aus gutem Benehmen und Spitzbuben. Es ist immer angenehm, die beiden zu treffen.

Österreichische Sport-Ikonen:
Niki Lauda mit Franz Klammer (l.) und Gerhard Berger (r.)

„Der Niki hat eine ganz klare Vorstellung von dem, was er machen will"

Franz Klammer über Laudas Sportler-Persönlichkeit, seine Ungeduld, seinen Witz und seine Menschlichkeit

Welchen Titel sollte eine Biografie über Niki Lauda tragen?
Franz Klammer: Das sollten eigentlich Sie wissen (lacht).

Kein Schlagwort, irgendetwas?
Klammer: Mister Präzise. Er analysiert alles perfekt und hat einen klaren Zugang zu allem. Ich glaube, dem Niki muss man gewisse Sachen nur kurz erklären, dann kennt er sich schnell aus, er hat eine Meinung und kann schnell entscheiden. Das hat ihn ja auch beim Rennfahren ausgezeichnet, dass er das Auto besser verstanden hat als die anderen.

Sind Sie jemals mit ihm um die Wette gefahren?
Klammer: Nein. Mit dem Gerhard Berger ja, der ist ein bisschen jünger. Niki und ich kennen uns seit seiner Rennzeit, als Sportlerkollegen. Ich bin mit ihm zum Grand Prix geflogen, er ist zu Skirennen gekommen. Da haben wir uns besser kennen gelernt. Aber es ist nicht so, dass wir uns anrufen und sagen, komm, jetzt gehen wir abendessen.

Aber er hat Sie zu ihrer zweiten Karriere als Autorennfahrer inspiriert?
Klammer: Wenn man Ski fährt oder mit Geschwindigkeit zu tun hat, ist Autofahren ein Reiz. Irgendwie ist das ja auch ein Bubentraum, dass man Autofahren kann. Und dann gibt's einen Niki Lauda, der Weltmeister ist und den anderen zeigt, wie es geht. Das ist schon eine

Inspiration, ganz logisch. Der Reiz ist auch das Spiel mit der Gefahr. Da sind Auto- und Skirennen schon sehr verwandt.

Was verbindet die Sportler Klammer und Lauda?
Klammer: Dass man nicht Zweiter sein wollte. Der Niki hat aber eine ganz klare Vorstellung von dem, was er machen will. Er sagt, ich mache das, weil er einen Weg und die Umsetzung sieht. So gesehen sind wir zwei vollkommen konträre Typen. Natürlich hat er wohl auch aus Spaß am Autofahren begonnen, hatte aber einen anderen Zugang. Er hat analysiert und ist es von der technischen, der rationalen Seite angegangen. Ich bin eher aus Freude am Sport Skifahrer geworden. Der Rest, dass ich besser sein kann als die anderen, hat sich dann ergeben.

Sie haben einmal Hermann Maier für seinen Egoismus kritisiert, dafür, dass er seine Teamkollegen vernichtet.
Klammer: Das war völlig aus dem Zusammenhang gerissen, eine unfaire Schlagzeile. Wenn eine Persönlichkeit eine solche Dominanz hat wie Maier, dann ist es für die anderen eben schwer, daneben aufzukommen. Eine dominante Persönlichkeit hilft nicht denen, die es sich nicht zutrauen, das ist einfach so im Sport. Aber das hat ja mit Formel 1 nichts zu tun, das ist ein Einzelsport, da gibt's kein Team. Und Niki ist von Haus aus ein hohes Risiko gefahren. Hat Schulden aufgenommen. Gott sei Dank ist es aufgegangen, weil er gesehen hat – aha, das könnte gehen. Er hat schon einen ganz anderen Zugang zum Rennsport gehabt als viele andere. Nach wie vor ist er ein Mensch, der genau weiß, was er will. Natürlich hat er ein starkes Team um sich, aber er ist eine absolute Leitfigur.

Wissen Sie, was er in seiner Freizeit macht?
Klammer: Das Einzige, was wir gemeinsam tun, ist Skifahren, er spielt kein Golf. Wir treffen uns bei diversen Society-Events.

Haben Sie oft mit ihm Alkohol getrunken und gelacht?
Klammer: Natürlich haben wir. Der Niki hat einen sehr trockenen

Witz. Er trifft den Nagel sehr häufig auf den Kopf. Er tut nicht lange herumpalavern, sondern zack, sagt es trocken heraus. Das kann oft sehr witzig sein. Es gab mehrere lustige Momente, manche sind aber nicht druckreif.

Wer sind die drei wichtigsten österreichischen Sportler des 20. Jahrhunderts?
Klammer: Niki Lauda gehört auf jeden Fall dazu. Nach Jochen Rindt hat er neue Maßstäbe gesetzt. Toni Sailer hat sicher seinen Stempel aufgedrückt, Hermann Maier natürlich. International gesehen war vielleicht ich dabei, aber dann wird es schon eng. Thomas Muster kennt man auch, aber er ist jetzt, nach seiner Karriere, international nicht mehr so bekannt.

Haben Sie Niki schon öfter ohne Kappe gesehen?
Klammer: Im Prinzip hat er sie auf, aber manchmal tut er sie weg. Was soll man sagen. Er trägt das mit Würde, was ihm passiert ist. Er wollte Erfolg und um den zu kriegen, können solche Sachen passieren. Das nimmt er auch als solches. Er bemitleidet sich nicht, sondern lebt mit der Situation. Er meistert ja auch sein gesundheitliches Schicksal.

Was kann man von ihm lernen, und was lieber nicht?
Klammer: Zielstrebigkeit. Er lässt sich durch nichts beeinflussen und kapselt sich ab. Wenn man Autorennfahrer werden will, ist das nicht negativ. Dann ist eine Strategie von Vorteil. Ein klares Ziel zu verfolgen, sehe ich nicht als negativ, wenn man sich selbst nutzt und sonst niemandem schadet. Er lebt ein Leben, wie er es sich vorstellt. Das ist ein großer Erfolg.

Der große Macher, der Analytiker. Aber dazu braucht es doch auch viel Glück?
Klammer: Natürlich. Alles muss zusammenpassen. Wenn man die Voraussetzungen dafür schafft, dass alles zusammenpasst, ist der Erfolg eher gegeben. Das ist seine Stärke.

Was ist seine größte Schwäche?
Klammer: Er ist ungeduldig, kann nicht gemütlich sitzen bleiben. Er ist immer hektisch. Immer in Eile. Manchmal ist das Leben aber nicht eilig und man muss gemütlich zusammen sitzen. Ich glaube, mit 60 Jahren kann man das schon einmal machen.

Er wirkt auch in der Klammer Foundation mit, die jungen Sportlern hilft. Wie das?
Klammer: Er ist im Beirat und entscheidet mit, wer Geld von der Stiftung bekommt. Seit es die Stiftung gibt, ist er dabei. Er hat ja die Schattenseite fast zur Gänze miterlebt, hat gesehen, was passieren kann im Sport. Er hat ein Comeback feiern können, viele können das nicht.

Bei Ihrem Comebacksieg 1981 in Val d'Isère saß Lauda vor dem Fernseher. Er sagte in einem Interview, er habe vor Freude geweint.
Klammer: Er scheint also doch mehr Menschlichkeit zu haben, als man glaubt (lacht). Wir Sportler wissen natürlich, was es heißt, lange nichts zu gewinnen. Ein Tief zu haben und was man da durchmacht. Da sitzen wir alle im selben Boot. Auch bei mir war Ehrfurcht dabei, als der Niki bei seinem Comeback wieder ins Auto gestiegen ist.

Was wird von Niki Lauda übrig bleiben?
Klammer: Ein grandioser Sportler, ein Comeback. Auch den Mut zu haben, aus dem Auto zu steigen, wenn er glaubt, es geht nicht mehr. Und dann, was er beruflich umgesetzt hat. Die Art und Weise, wie er mit dem Flugzeugabsturz umgegangen ist. Das zeugt schon von wirklicher Größe. Er hat sich nicht versteckt, sondern Verantwortung übernommen. Das ist schon zu bewundern. Auch wie er sich vom Schicksal nicht niederdrücken lässt. Ich wünsche ihm viel Gesundheit. Und dass er alles machen kann, was er sich vorstellt.

„Niki hat die Geborgenheit gesucht und sie jetzt neuerlich bei Birgit gefunden"

Heinz Kinigadner über Laudas Privatleben, die Beziehung zu seinen beiden Söhnen und was ihn charakterlich auszeichnet

Sie gelten als Niki Lauda des Motocross. Was halten Sie von diesem Vergleich?
Kinigadner: Da meine Ohrwascheln noch relativ okay sind, ist das schon sehr weit hergeholt. Meine Zeit als Aktiver ist in seine gefallen. Als ich 1984 meinen ersten WM-Titel geholt habe, bin ich mit dem Niki Lauda im „Sport am Montag" gesessen.

Lauda wurde im gleichen Jahr Weltmeister. Sie sagten später, mit ihm im Studio zu sitzen sei damals das Größte überhaupt, ein Ritterschlag gewesen.
Kinigadner: Viel hatten wir nicht gemein, außer dass bei unseren Geräten der Rauch hinten aufgegangen ist und es mit Rädern zu tun hatte. Ich war in einem Nischensport unterwegs, er im teuersten Sport überhaupt, auch im populärsten. Auf jeden Fall war Lauda eine ganz große Ausnahmeerscheinung. Er war über eine sehr lange Zeit sehr erfolgreich. Meine Zeit, zumindest die Motocrosszeit, war ja viel kürzer. Und der Lauda hatte viele andere Eigenschaften, die nicht so ganz vergleichbar waren.

Wann haben Sie ihn das erste Mal getroffen?
Kinigadner: In Ibiza, 1981. Da war er im Fitnessstudio mit seiner Schwägerin. In Jeans, einem Hemd und normalen Straßenschuhen.

In diesem Outfit hat er trainiert! Von der Fitness her war damals in der Formel 1 nicht viel unterwegs. Das hat, glaube ich, Senna angefangen, Schuhmacher hat es perfektioniert. Damals hat es Talent gebraucht und Herz. Da war das Autorennfahren noch etwas anderes als heute. Motocross ist ein Sport, den man im Endeffekt über die körperliche Fitness gewinnt, beim Autorennfahren brauchst du einen sehr kühlen Kopf.

War Lauda eine Art Vorbild, ein Idol?
Kinigadner: Idol auf jeden Fall. Der Niki hat sich damals mit wirklich sehr viel Biss und seiner analytischen Art in der Formel 1 hochgearbeitet, wobei es ihm von zu Hause aus nicht gerade leicht gemacht worden ist. Dass er nach seinem Unfall am Nürburgring beim Grand Prix in Fuji 1976 einfach aus dem Auto gestiegen ist, obwohl er Weltmeister geworden wäre, solche Sachen zeichnen einen besonderen Charakter aus.

Nach ihm gaben noch andere Fahrer auf, weil es neblig und nass war. Seine analytische Art polarisiert auch. Können Sie das nachvollziehen?
Kinigadner: Ganz klar: Wenn er seine Sachen vom Sport bis hin zu den Flugliniengeschichten durchzieht, das dann die Gegner spüren lässt und darüber redet, wie er die Dinge sieht, dann kommt das bei den Gegnern nicht gut an. Aber ich glaube, das zeichnet den Niki aus. Seine Geradlinigkeit, wie er sie im Privaten wie im Geschäftlichen durchgezogen hat. Und seine Zielstrebigkeit.

War er auch im Wegstecken von Unfällen ein Vorbild?
Kinigadner: Das war eine andere Ebene, Motocross ist sicher härter. Bei den ganzen Verletzungen, die auch ich hatte, hilft es ungemein, dass man sich nicht auf die Verletzung konzentriert, sondern auf seine Aufgabe, seinen Traum. Dass Niki nach seinem Feuerunfall so schnell zurück ins Auto gestiegen ist, hat ihm sicherlich dabei geholfen, die Verletzung und deren Folgen so gut wegzustecken.

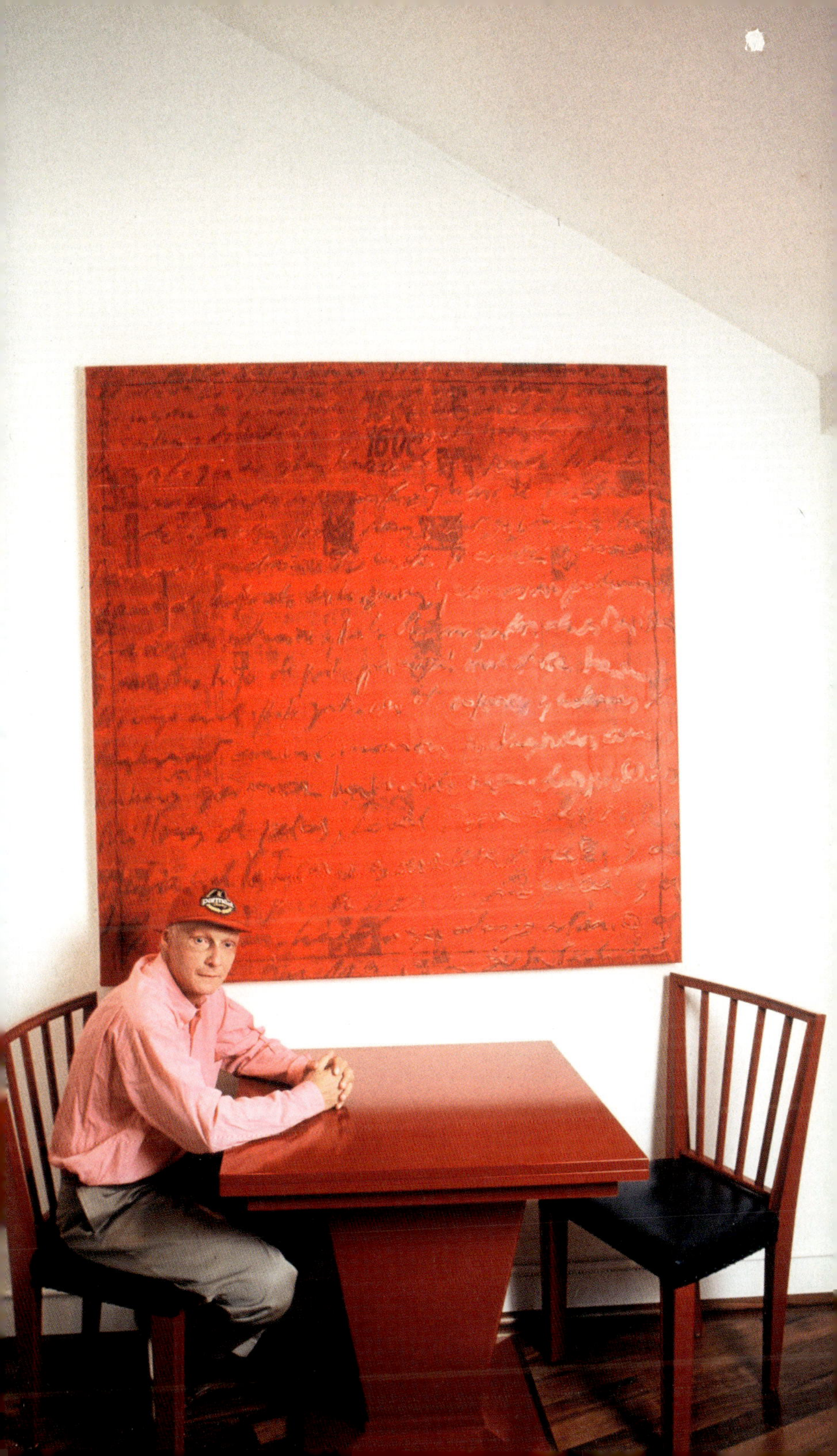

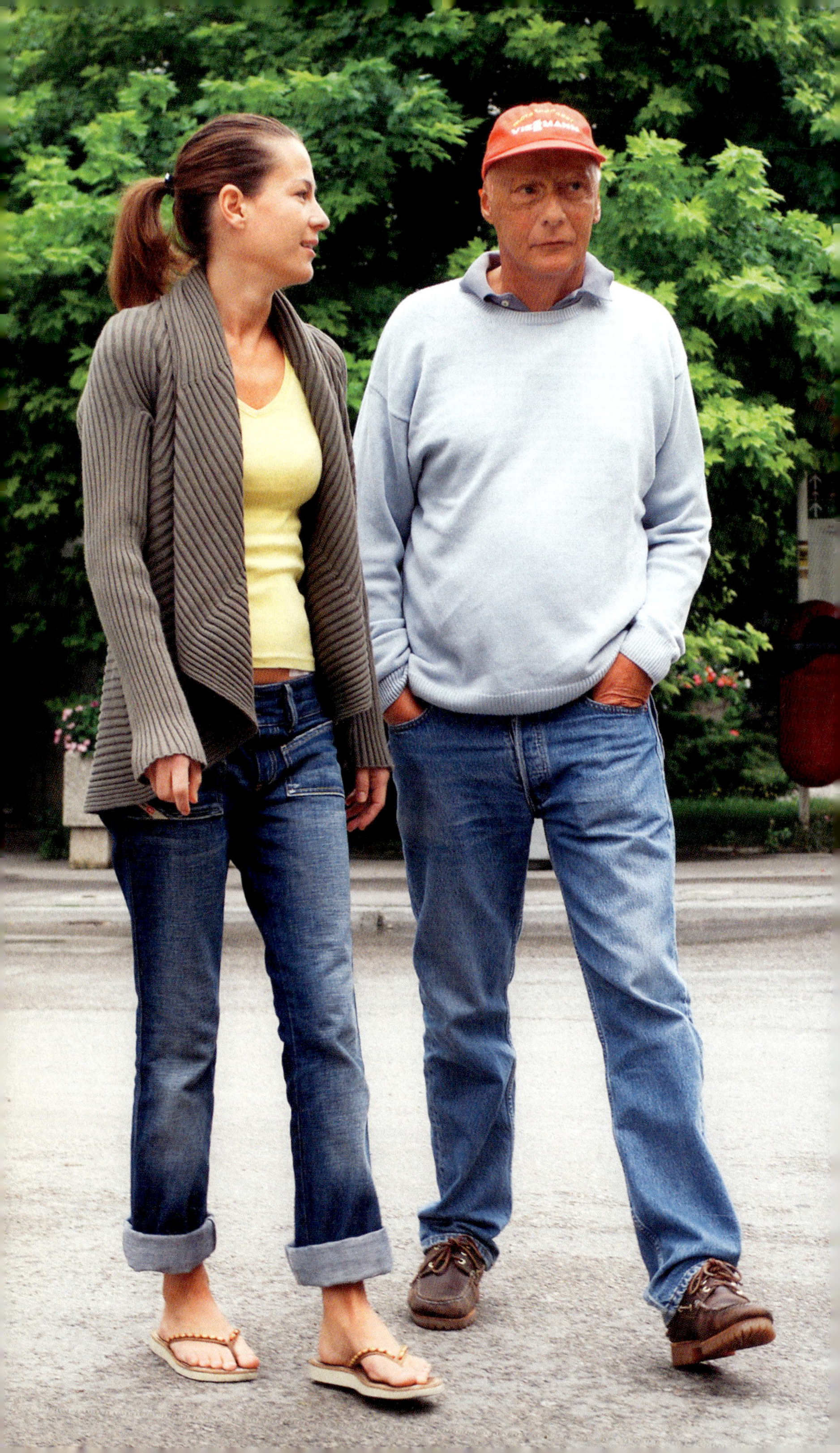

Links: Niki Lauda mit seiner Ehefrau Birgit, geborene Wetzinger, die er 2008 heiratete. Auf dem Bild (2005) sieht man die beiden beim Verlassen des Allgemeinen Krankenhauses in Wien, nachdem ihm Birgit eine Niere gespendet hat.

Oben: Lauda und sein Sohn Mathias, der für Mercedes in der DTM fährt. Der väterliche Ratschlag des Formel-1-Weltmeisters fällt manchmal etwas energischer aus, in der Regel bezeichnen die beiden aber ihr Verhältnis als freundschaftlich, ja fast brüderlich.

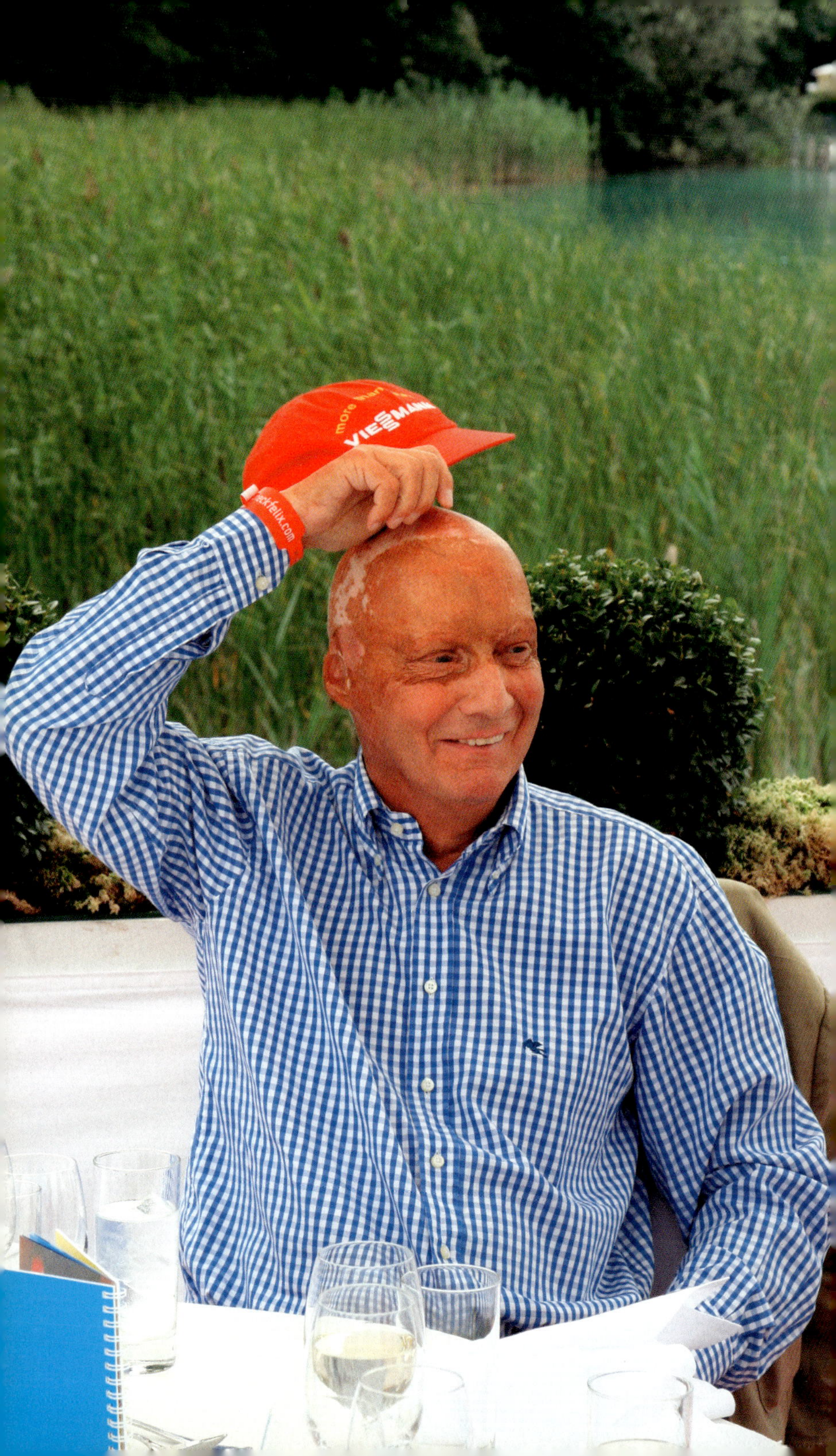

Was hat sie noch verbunden?
Kinigadner: Wir beide lieben Ibiza. Ich habe ein Haus dort, er mittlerweile eineinhalb, wenn man so will. Die Insel ist von München oder Salzburg in zwei Stunden erreichbar. Und wir haben in der Jugend seiner Buben viel miteinander zu tun gehabt. Denen hat er damals gesagt, wenn ihr etwas machen wollt im Motorsport, dann Motocross. Und die Buben sind dauernd auf dem Motorrad gehockt.

Interessant, dass er Ihnen das empfohlen hat.
Kinigadner: Nein, nicht empfohlen. Er hat gesagt: „Autorennen, das könnt ihr euch abschminken. Gokart, das könnt ihr vergessen. Wenn es schon gar nicht ohne Motorsport geht, dann Motocross."

Der harte Weg für seine Kinder. Und Sie hat er um Rat gefragt?
Kinigadner: Das begann bei der Auswahl des Motorrads, wie man sich kleiden soll und so weiter. Da haben wir schon ein wenig drüber geredet. Wenn er es auch nicht immer zeigt, liegen ihm seine beiden Buben doch sehr am Herzen. Und er hat sich ja darum gekümmert, dass sie die nötige Unterstützung bekommen. Oder dass sie in der richtigen Schule waren. Da ist er nicht der abgehobene Niki Lauda, der Unnahbare, da hat er sehr wohl ein Gefühl dafür.

Haben Sie ihn auch als Familienmensch kennen gelernt?
Kinigadner: Neben dem Sport hat man nicht viel Zeit für Familie. Trotzdem hat ihm seine Frau Marlene ein gutes Zuhause geboten, bei dem er nur sporadisch vorbeischauen konnte. Er hat top erzogene Kinder, obwohl er das in erster Linie seiner Frau zu verdanken hat. Der Anfang vom Ende mit Marlene war, dass er nach seiner Ibiza-Zeit zurück nach Wien gegangen ist, Marlene aber bei ihrer Familie in Ibiza bleiben wollte. Wahrscheinlich ist Marlene immer noch sehr stark sein Lebensmensch. Im Endeffekt hat aber auch er das Nest, die Geborgenheit gesucht und sie jetzt neuerlich bei Birgit gefunden. Vor kurzem hat er einmal stolz erklärt: „Burschen, das müsst ihr mir einmal nachmachen: Kinder, Frau, Exfrau, alles harmonisch, jeder ist zufrieden." Was wahrscheinlich auch nicht ganz so stimmt, aber zumindest denkt er sich das und hat eine Freude damit.

Der frühere Motocross-Weltmeister und Laudas Nachbar Heinz Kinigadner

Lauda hat sich auch für Ihre Wings for Life Foundation eingesetzt.
Kinigadner: Zum offiziellen Botschafter muss ich ihn zwar noch machen, aber ich weiß, dass er sowieso alles, wofür ich ihn für die *Wings for Life* brauche, mitmacht. Nach dem schweren Unfall meines Sohnes hat er oft angerufen und sich erkundigt, wie es ihm geht. Das hat ihn schon mitgenommen. Niki weiß natürlich, was sein Name wert ist. Wenn er sich aber für etwas Gutes zur Verfügung stellt, ist das für ihn eine Selbstverständlichkeit.

Gibt es etwas an Niki Lauda, das Sie stört?
Kinigadner: Da gibt's sicherlich das eine oder andere. Das betrifft aber eher seine Familie. Auf seinem Boot zum Beispiel war die Toilette immer unbenutzt und musste es bleiben. Es würde ihm nie und nimmer einfallen, dass er hergeht und für die anderen die Toilette reinigt. Das sind so Sachen ...
Sein Bruder Florian meinte, der Motorsport hätte ihn sehr geprägt, auch als Mensch. Kann das der Sport, teilen Sie diese Ansicht?

Kinigadner: Zu hundert Prozent. Wenn du in diesem Sport kein großer Egoist bist, kannst du nicht gewinnen und ganz oben stehen. Er ist aber auch ein humorvoller Mensch. Einmal sind wir im Haas-Haus gesessen und haben neue Ohrstöpsel fürs Handy ausprobiert, die gerade auf den Markt kamen. „Bei meinem Ohrwaschl hält das aber nicht so gut", hat er gemeint.

Was wünschen Sie ihm zum Geburtstag?
Kinigadner: Einfach dass er die Zeit genießen kann, die auf ihn als frisch verheirateter Ehemann zukommt. Ein langes Leben – so richtig abgehen lässt er sich ja hoffentlich eh nichts – und vor allem viel Gesundheit. Und dass er für seine Söhne ein bisschen mehr die Daumen hält.

Laudationes
Geld und Geiz

„Bei den heutigen Fahrergehältern würde ich als Amerikaner wahrscheinlich meine Mutter verklagen, dass sie mich zu früh geboren hat."
Niki Lauda in einem leisen Anflug von retrospektivem Neid.

„Wissen Sie, warum ich so ungern zahle? –
Ich hab scho gnua brennt."
Alex Kristan als begnadeter Lauda-Imitator in der ATV-Sendung „Volltreffer".

„Menschlich ist er in den letzten Jahren wirklich herzlicher geworden"

Hubert Neuper über Laudas Ehrlichkeit, warum er so oft polarisiert und wie ihn seine Nierentransplantationen verändert haben

Wie haben Sie Niki Lauda kennen gelernt?
Neuper: Kennen gelernt habe ich ihn 1985, als ich mich bei ihm als Pilot bewarb. Da hat er mir gleich in seiner ehrlichen Art gesagt, er brauche keine Anfänger. Das war eine ganz klare Aussage, denn er suchte für seinen Learjet einen Kapitän und dafür reichten meine Qualifikationen damals eben nicht. Ich bin dann als Linienpilot für Tyrolean Airways zehn Jahr lang geflogen, aber leider nie mit Niki gemeinsam im Cockpit gesessen.
Schon Jahre vorher hatte ich versucht, Niki kennen zu lernen. Es ist mir nur damals leider nicht gelungen. Zu diesem Zeitpunkt wurde Niki nach einem Traktorunfall von Willi Dungl behandelt, der auch Teammasseur bei uns Skispringern war. In Laudas Haus wurde ich von Dungl versorgt, weil ich mir die Hand gebrochen und Dungl seine Sachen in Laudas Haus untergestellt hatte. Leider war Lauda gerade nicht da, und ich kam so nur in die Nähe seiner Aura.
Später in meiner Zeit als Direktor der Sporthilfe hat er mir immer geholfen. Ich habe ihn sogar dazu gezwungen, dass er mit mir singt. „Ich könnte weinen und lachen und lauter Unsinn machen. Es liegt was in der Luft", so ging der Liedtext. Und Niki hat zu mir gesagt: „Hupo, ich hasse dich, du bist so ein Trottel. Ich mach das nur dir zuliebe." Ich hab gesagt: „Niki, du brauchst nur den Mund bewegen, du musst gar nicht singen." Ich nahm ihn dann bei der Hand, und immer wenn ich zugedrückt hab, hat er die Lippen bewegt. Es ist sicher auch eine Gefahr, wenn du so populär bist, dass du dich schnell zum Affen machst.

Der ehemalige Skisprung-Star Hubert Neuper mit seinem Piloten-Kollegen Niki Lauda

Aber diese Sporthilfe war eine wichtige Sache, um Geld für junge Menschen zu lukrieren. Und deshalb hat er es auch gemacht.

Das klingt ja sehr liebenswert – warum gibt es trotzdem Menschen, die Lauda nicht so positiv gegenüberstehen?
Neuper: Weil Niki Lauda einer der ehrlichsten Menschen ist. Und das sind wir in unserer Gesellschaft nicht gewohnt. Wir reden immer hinten herum und jammern. Er redet den Leuten nicht nach dem Mund, er sagt, es ist so oder es ist so nicht. Und das schätze ich persönlich sehr an Niki Lauda. Manche missverstehen seine Ehrlichkeit als Beleidigung. Und deshalb polarisiert er eben.

Auch seine Einstellung zu Geld polarisiert ja. Manche sagen, er ist geizig, andere definieren das lieber als sparsam – Ihr Eindruck?
Neuper: Ich sehe das so: Niki Lauda ist eine Marke. Sich mit ihm abzugeben, ist für den, der sich mit ihm abgibt, positiv. Bringt demjenigen einen Benefit. Aus der Warte gesehen, ist es ganz normal, dass

derjenige auch für ihn das Essen zahlen muss. Ich kenne den Niki anders. Er hat mich mit meinen Kindern für eine Woche nach Ibiza eingeladen. Da war er sehr großzügig, hat uns zum Essen eingeladen. Er trennt einfach Business vom Privaten.

In der Öffentlichkeit kennt man Lauda ja eher selten lachend – ist er privat ein Mensch mit Humor?
Neuper: So wie ich ihn kenne, ja. Er hat einen sehr eigenen und köstlich trockenen Humor. Er hat so eine menschliche Größe, dass er sogar über seine körperlichen Wunden vom Feuerunfall am Nürburgring Scherze macht. Er flüchtet da nicht vor sich selbst, sondern hat sich seinen Humor bewahrt.

Zurück in die Zeiten, als Lauda aktiver Rennfahrer war. Wie haben Sie damals die Titel für Ferrari erlebt?
Neuper: Das war für mich, wie für jeden Österreicher damals, eine absolut sensationelle Sache. Seine Professionalität in der Königsdisziplin des Motorsports war ein Vorbild für uns alle. Ich war 15 Jahre alt. Und was ich mich noch erinnern kann, ist er immer sehr analytisch und taktisch an die Sache herangegangen. Es war oft genial, wie er aus der Warteposition die anderen im richtigen Moment abgehängt hat. Oft hatte Lauda wieder nicht die Poleposition und am Ende doch gewonnen. Das macht den Lauda eben aus, er wartete immer auf den besten Moment.

Nach dem Rennsport hat sich Lauda als Unternehmer selbstständig gemacht. Wie bewerten Sie diese Karriere?
Neuper: Ich glaube, er ist super erfolgreich. Wenn du scheiterst, dann bist du erst gescheitert, wenn du es zulässt, am Boden zu bleiben. Ein Konkurs ist bitter, aber es geht ums Wiederaufstehen. Niki ist eine große Unternehmerpersönlichkeit, sogar ein Vorbild, weil er Erfolg und Misserfolg in höchstem Maß durchgemacht hat.

Wie haben Sie den Kampf AUA gegen Lauda erlebt?
Neuper: Das ist typisch österreichisch gewesen. Diese zerstörerische

Mir-san-mir-Mentalität frei nach dem Motto: „Der Trottel soll selber schauen, wo er bleibt!" Statt sich vernünftig an einen Tisch zu setzen und die Interessen abzuklären und dann womöglich den beiderseitigen Nutzen der Sache herauszuarbeiten, wurde hier leider alles blind niedergemacht, was aus Laudas Ecke kam. Es war schwachsinnig. Es ist nicht mehr um die Sache an sich gegangen, sondern nur mehr um persönliche Befindlichkeiten. Und das ist falsch!

Die Konsequenzen waren für beide fatal. Wenn Menschen miteinander zu tun haben und nicht über ihre Interessen reden, sondern nur ihre Positionen verteidigen, führt es dazu, dass das gesamte System kollabiert. Keiner hat was davon gehabt. Die Lauda Air ging kaputt, die AUA wurde jetzt von der Lufthansa geschluckt und steht finanziell schlecht da. Wenn sich beide Parteien ehrlich zusammengesetzt hätten, hätte es einen Kompromiss gegeben und möglicherweise hätten sich beide Firmen gut entwickeln können.

Sie kennen Lauda gut – was können sich andere Menschen von ihm abschauen?
Neuper: Seine Zielstrebigkeit, Offenheit, Ehrlichkeit, Disziplin und Strategie. Mir ist er nur ein bisschen zu wenig emotional nach außen. Für den Erfolg brauchst du auch Begeisterung.

Was war Laudas größter Erfolg?
Neuper: Sportlich sicherlich sein dritter WM-Titel 1984. Menschlich ist er in den letzten Jahren wirklich herzlicher geworden. Durch seine tragischen Schicksale mit den Nierentransplantationen. Ich habe zwar nicht einen ganz so engen Kontakt zu ihm, doch er scheint mir super geläutert. Er setzt jetzt familiäre Prioritäten mit seiner Frau. Und das ist auch als großer Erfolg zu werten.

Sein größter Fehler?
Neuper: Dazu kenne ich ihn zu wenig, dass ich das beurteilen könnte. Aber seine bitterste Stunde war mit Sicherheit, wie er dieses Flugzeug in Thailand verloren hat. Und selbst dort hat er in der tiefsten Verzweiflung nie den Mut verloren.

„Gut für Niki, dass es auf RTL Werbepausen gibt"

Tanja Bauer über ihren Kommentator-Kollegen Niki Lauda, seine Genialität, seine Belastbarkeit, warum er am Rennwochenende in Ecclestones Bus wohnt und welcher Frauentyp er ist

Was ist Ihre erste Erinnerung an Niki Lauda?

Tanja Bauer: Meine erste Erinnerung stammt aus den Achtzigerjahren. Ich war so um die 14 Jahre alt und mit meinem Vater beim Grand Prix in Brands Hatch in Großbritannien. Niki Lauda hat damals gewonnen. Das war unglaublich begeisternd, ich war beeindruckt von seinem Auftreten und dem gesamten Rundherum. Ich hatte mir davor nie ein Formel-1-Rennen angeschaut. Jahre später habe

Premiere-Moderatorin Tanja Bauer interviewt ihren Reporter-Kollegen Lauda.

ich ihn immer wieder gesehen, im Fernsehen, als Formel-1-Pensionist und als Marke sozusagen. Als Österreich am A1-Ring den Grand Prix im Jahr 1997 wiederbekommen hatte, hat mich der ORF gefragt, ob ich den Boxenreporter machen möchte. Das war mein erstes berufliches Zusammentreffen mit Niki. Er war irrsinnig lieb, wahnsinnig hilfsbereit. Und seine Kompetenz war unglaublich beeindruckend und bewundernswert. Er kam erst am Samstagvormittag. Er hatte kein Training gesehen, nichts. Ging ins Zelt von Karl-Heinz Zimmermann, hat sich die Zeiten angeschaut, kam wieder raus und hat ein fünfminütiges Analysegespräch gemacht. Und es hat alles bis ins letzte Detail gestimmt! Ich bin mit fassungslosem Gesicht danebengestanden und habe gedacht, das gibt es ja nicht, woher weiß der das alles. Und so ist er auch noch heute im Fernsehen. Er verkauft sich wahnsinnig gut. Bewundernswert!

Wie ist Niki Lauda als RTL-Kollege?
Bauer: Seine Arbeit in der Formel 1 beschränkt sich auf Samstag und Sonntag. Ihm zuzuschauen ist wirklich ein Ereignis, denn die Arbeit beschränkt sich längst nicht nur auf RTL. Denn dort gibt es für ihn Gott sei Dank Werbepausen. In diesen Pausen stürmt nämlich die Hälfte der anwesenden Journalisten im Fahrerlager auf ihn zu. Vor allem nach dem Qualifying oder nach dem Rennen, da steht der in den Werbepausen dort und gibt noch schnell ein Radiointerview für Ö3, dann kommt das Fernsehen, zum Beispiel die Kollegen von der RAI – die sind besonders wild in Italien auf seine Aussagen –, und in einer Traube um ihn herum stehen die Zeitungsjournalisten. Vor allem wenn was passiert ist, ist seine Meinung besonders gefragt. In der nächsten Pause macht er dann ein ORF-Interview fürs Fernsehen, dann kommt ein deutscher Radiosender und so weiter. Das ist so witzig, das zu beobachten. Die Aufnahmeleiterin von RTL muss ihn immer einfangen, weil sich Florian König ja in der Boxengasse weiterbewegt. Niki wird dann in letzter Sekunde quasi ins Bild geschoben. Es ist mehrmals vorgekommen, dass Florian sagt: Der Niki ist mir wieder abhanden gekommen, ah, dort drüben steht er und gibt schon wieder ein Interview, bitte Niki, komm jetzt her. Das ist wirklich witzig. Und das Bewundernswerte an Niki, er hat eine unendliche Geduld. Ich habe noch nie gesehen, dass er sagt, ich habe keine Lust. Höchstens, komm in fünf Minuten oder in einer Stunde.

Was bedeutet Lauda als Showmoderator für RTL?
Bauer: Das ist der richtige Ausdruck – er macht im Prinzip die Show! Egal, welches Programm die Leute schauen, sie switchen um, um zu hören, was der Niki dazu sagt. Er hat ein unheimliches Standing als Experte aufgebaut. Er ist nicht umsonst dreifacher Weltmeister. So viele gibt es nicht im Fahrerlager. Und er hat immer eine Meinung. Sein österreichischer Charme kommt im Fernsehen auch in Deutschland sehr gut

an. Wenn einer schlecht gefahren ist, sagt er, was ist das für ein Trottel. Niki ist einfach der Quotenbringer, er zieht die Leute magisch an. Wenn Niki einmal nicht mehr will, frage ich mich, wer soll ihn adäquat ersetzen? Da müsste dann schon der Michael Schumacher kommen.

Hat Niki Feinde in der Formel 1?
Bauer: Nein, glaube ich nicht. Natürlich, wenn er gegen Mercedes schimpft und Norbert Haug steht neben ihm, ist der natürlich nicht glücklich darüber. Da hält Haug dann schon dagegen und fragt: Was verstehst du davon? Das ist aber aus der Situation heraus eher ein Geplänkel. Niki ist einfach für alle eine Größe. Ob Ecclestone, Montezemolo, Dennis – alle schätzen und respektieren ihn, er hat zu allen einen Draht. Es ist ja so, dass Nikis zentraler Punkt an einem Rennwochenende Ecclestones Bus ist. Das ist sein Zuhause am Wochenende. Der Vorarlberger Karl-Heinz Zimmermann, der Bruder von Egon Zimmermann, ist dort der Caterer, der sorgt für die Verköstigung. Ecclestones Reich ist der einzige alte graue Bus im Fahrerlager aus Urzeiten. Da kommen nur die Super-VIPs wie Juan Carlos und geladene Gäste von Ecclestone rein, weil es der einzig neutrale Platz im Fahrerlager ist. Zu Zeiten von Schumacher hat man dort Michaels Siege gefeiert. Dort kann auch der Haug durch die Hintertür und von anderen Teams irgendwelche Menschen und trinken dort dann ihr Bier. Niki spielt dort eine zentrale Rolle, dort ist er am Wochenende daheim.

Lauda genießt also eine absolute Sonderstellung?
Bauer: Zur Veranschaulichung: Florian König und Niki Lauda stehen und analysieren vor der Kamera etwas über McLaren. Ron Dennis verbietet jedem den Zutritt in die Box. Da steht ein Security-Mann, der lässt niemanden rein, „Team-Members only" steht dort auf einem Schild. Der einzige außer Ecclestone, der überall reinkann, ist Niki Lauda. Der marschiert in die McLaren-Box, der Security-Mann zuckt nicht einmal. Niki fragt dann einen Mechaniker oder Ingenieur. Als Alonso Weltmeister wurde, hatte Niki die besten Quellen, weil sein Freund Flavio Briatore ihm immer alles erzählte. Er ist quasi wie ein Joker, weil er überall reinkann.

Wie sehr schmerzte Niki Lauda der Rauswurf bei Jaguar?
Bauer: Ich kann nicht in ihn hineinschauen. Aber was er nach außen gezeigt hat, hat es ihn doch sehr gewurmt. Er ist ja ein sehr ehrgeiziger Mensch, sonst hätte er nicht nach dem Aus mit der Lauda Air wieder mit Erfolg eine Fluglinie gegründet. Und so schätze ich ihn ein, dass, wenn es einmal nicht funktioniert, schaut er sich das ein zweites Mal an – nach dem Motto: Es muss funktionieren, weil ich das will. Er hat ein paarmal gesagt, dass er an den – höflich ausgedrückt – Eigenheiten der Engländer gescheitert ist. Die sind dermaßen intrigant gegen ihn vorgegangen. Zu dem Zeitpunkt pflegte Niki über diese Eigenheiten zu scherzen: „Wenn zwei Engländer zusammenstehen, reden sie schlecht über dich, wenn drei zusammenkommen, planen sie ein Attentat." Lauda hat zu wenig Zeit gehabt. Wenn man sieht, wie lange es dauert, ein Team erfolgreich hochzuziehen. Siehe BMW, die sind mit einem Dreijahresplan eingestiegen und waren dann immer längst noch nicht dort, wo sie hinwollten. Das Formel-1-Geschäft ist eben zäh wie Kaugummi. Und Lauda wurde nach 15 Monaten wieder entlassen, das war viel zu kurz, da konnte er nichts machen. Am Ende wurde er gnadenlos politisch ausgebremst. Diese Leute hatten zu wenig Ahnung, die wollten nur Ergebnisse, und wenn die nicht stimmten, dann Auf Wiedersehen! Das war vielleicht das erste Mal in seinem Leben, dass ihm der dreifache Weltmeister-Bonus und sein Name wenig gebracht haben. Das hat ihn menschlich getroffen. Aber so wie ich ihn kenne, nicht lange. Denn er ist ein Stehaufmännchen.

ANIKIDOTE

Stets von hohem Unterhaltungswert: Die Doppelconférencen Laudas mit seinen deutschen Reporter-Kollegen von RTL – allein wegen der „Sprache, die uns trennt" (wie Karl Kraus Österreich und Deutschland unterschied). Wenn Lauda das Wort „Patschen" gebrauchte, wird für den germanischen Mikrokosmos postwendend synchronisiert: „Das muss ich erklären, er meint einen Reifendefekt!"
Ein andermal sagte Lauda über Michael Schuhmacher: „Da muss er aufpassen wie ein Haftelmacher." – Florian König (RTL), ratlos: „Was ist ein Haftelmacher?" – Lauda: „Das ist ein Schuster *(besser wäre nur noch gewesen: ein Schuhmacher – Anm.)*, der die Ösen für die Schuhbänder macht." Leider falsch, Niki! Haftelmacher ist nämlich in aller etymologischen Wahrheit einer, der ein *Haftel* macht. Und ein Haftel ist laut dem Lexikon des (Alt-) Wienerischen so etwas wie ein historischer Quickie, bei dem man eben schon damals „aufpassen" musste (auf dass es zu keinem Kindersegen kommen möge).

Ansichten und Einsichten | Laudas Wegbegleiter im Interview

Ist Niki Lauda ein Frauentyp?
Bauer: (lacht) Gute Frage. Er hat immer hübsche Frauen um sich herum gehabt. Marlene, seine erste Frau, ist von einer Eleganz, von der ich bis heute begeistert bin. Da muss er schon irgendwas haben. Aber ich würde ihn nicht als Womanizer bezeichnen. Aber er hat etwas, was wir Frauen als Fels in der Brandung bezeichnen. Er hat etwas unheimlich Bodenständiges, er ist sich selbst treu geblieben. Ich versteh seine zweite Frau, die Birgit. Weil sicher viele wegen der 30 Jahre Altersunterschied die Augenbrauen hochziehen. Dieser Mann gibt ihr eine gewisse Sicherheit im Leben, man weiß, woran man ist bei ihm, er ist keiner, der sich umdreht und seine Meinung ändert. Ich bewundere Birgit für ihren Liebesbeweis, ihm ihre Niere zu spenden, zutiefst. Ich habe den Niki selten so respektvoll und fast ehrfürchtig von einem Menschen sprechen hören wie von der Birgit, als er uns davon erzählt hat. Diese Aktion hat den Niki tief beeindruckt, und er lässt sich nicht so leicht von etwas beeindrucken.

Hat Lauda Humor?
Bauer: Da gibt es eine Anekdote aus seiner Zeit als Jaguar-Teamchef. Ich habe damals im Vorlauf mit ihm für Premiere in Silverstone ein Interview gemacht. Es lief ganz schlecht, beide Fahrer standen beim Heim-Grand-Prix ganz weit hinten. Niki versuchte das ganze Positiv zu verkaufen, war so optimistisch, erzählte von seiner Rennstrategie. Ich ließ mich von dieser Euphorie anstecken und sagte plötzlich: „Niki, das wär ja ganz super, vielleicht hat der liebe Gott ja auch ein Ohr für Sie." In dem Moment, wo ich das gesagt habe, fällt mir siedend heiß ein, oh Gott, es fehlt ihm ja eins – was für ein Fauxpas! Und was war seine Reaktion? Er hat sich, sobald die Kameras aus waren, totgelacht. Es war sensationell! Mario Theissen von BMW und alle stürzten auf mich ein, haben gefragt, ob ich verrückt geworden bin, Lauda so etwas zu fragen. Alle wollten wissen, wie Lauda darauf reagiert hat, niemand hat verwundert, dass er gelacht hat. Dieser Humor macht Lauda sehr liebenswert.

Gibt es auch weniger liebenswerte Seiten an ihm?
Bauer: Er ist sicher kein einfacher Mann, hat seine Ecken und Kanten, die muss man akzeptieren. Du kriegst ihn zu nichts, was er nicht will. Wenn der Niki nicht will, da muss man schon ein besonders gutes Argument haben. Aber ich habe ihn nie grantig erlebt.

Laudas Sohn Mathias ist ja auch im Rennsport. Haben Sie die beiden einmal bei einem Rennen erlebt? Und wie ist ihr Verhältnis?
Bauer: Ich weiß, dass sich Mathias Lauda immer die Seele aus dem Leib fährt. Und einmal war ich am A1-Ring dabei, bei irgendeinem Formel-Rennen. Niki hat Mathias sofort mit all seinen Fehlern konfrontiert, „Warum hast du dort nicht gebremst?", und so weiter. Ich habe den Mathias bewundert, wie locker er diese Kritik weggesteckt hat. Er und sein Bruder Lukas verehren ihren Vater, obwohl es nicht einfach mit ihm ist. Vielleicht sind die Weltmeister da eine eigene Spezies im Umgang mit ihren Söhnen. Zum Beispiel Keke Rosberg, unser Experte bei Premiere, den habe ich ähnlich erlebt. Als Niko Rosberg ihn aus Australien anrief und sagte, du, ich bin Dritter geworden, und ganz begeistert war, antwortete Keke: „Zweiter hättest du schon werden können." Aber ich weiß genau, dass der Niki sehr stolz auf seine beiden Söhne ist.

Warum scheint es, dass Niki Lauda alles kann?
Bauer: Er ist einer der wenigen Menschen, die ich kennen gelernt habe, die sich hundertprozentig treu geblieben sind. Nehmt mich, wie ich bin, oder lasst es. Er weiß immer, was er will, er ist unerschrocken, hat vor nichts und niemandem Angst. Er geht durch die Tür oder durch die Wand, wenn er sich das einbildet. Ich bin sicher, dass er oft gescheitert ist, aber Misserfolge lassen ihn nicht aufgeben.

Ihre Wünsche zum 60er von Niki Lauda?
Bauer: Ich wünsche ihm, dass er mit der Birgit so glücklich bleibt, wie er ist. Er hat immer gesagt: „Was? – Heiraten? – Nie wieder!" Das ist das größte Glück, dass er das behalten kann, was ihm jetzt geschenkt wurde.

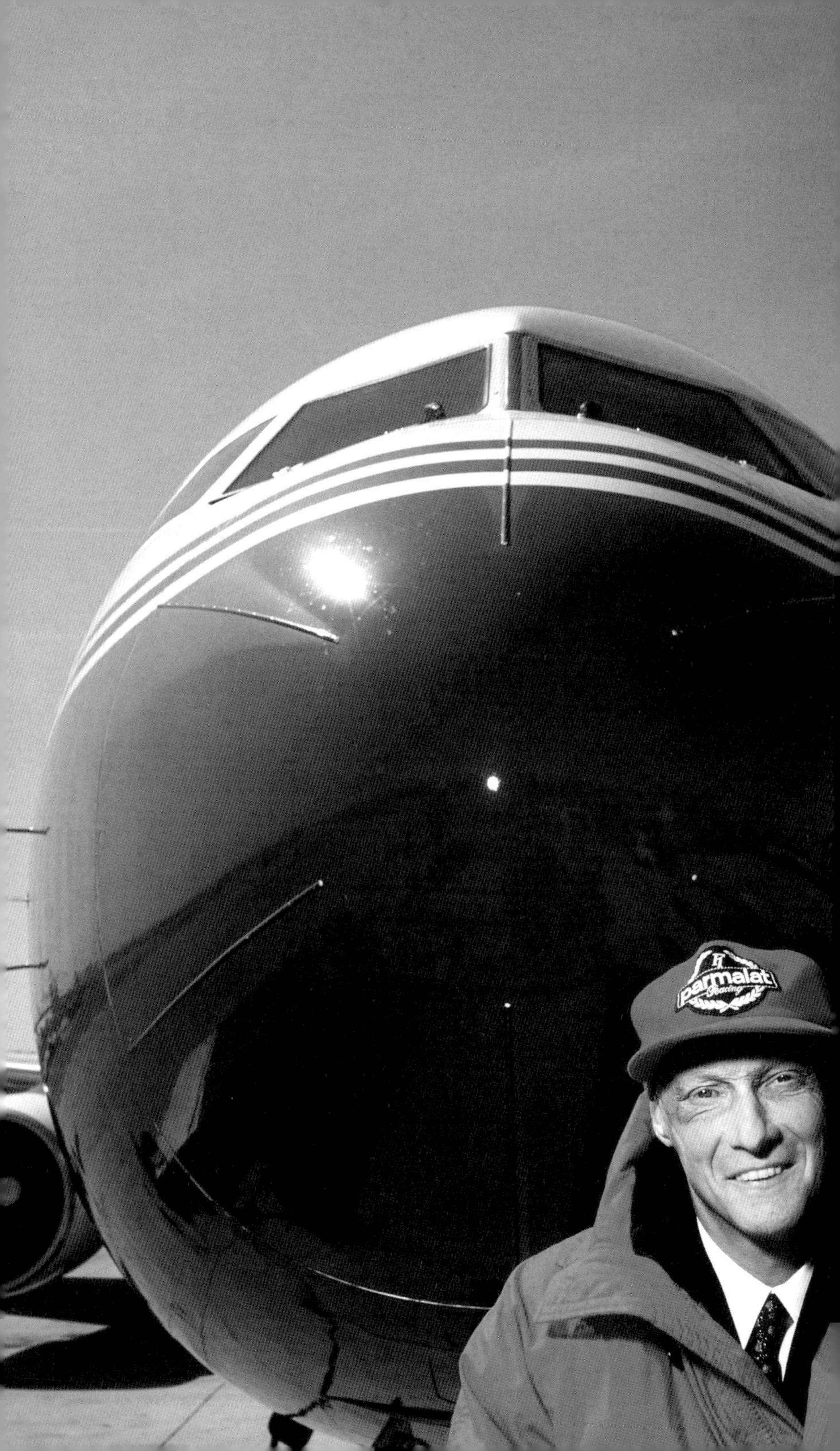
parmalat
Racing

3

NIKI und LAUDA
Der Pilot und Flugunternehmer

„Wenn ich dran schuld bin, hör ich sofort auf!"

Das tragischste Kapitel in Niki Laudas Lebensgeschichte war sicher der Absturz der Boeing 767, genannt „Mozart", am 26. Mai 1991. Das bisher schwerste Unglück in der Geschichte der österreichischen Luftfahrt passierte knapp eine halbe Stunde nach dem Start in Bangkok, alle 223 Menschen an Bord, darunter 89 Österreicher, kamen ums Leben. Und wohl den meisten Österreichern sind jene Bilder in Erinnerung, die Niki Lauda zeigen, wie er mit versteinertem Gesicht durch ein Chaos aus Flugzeugtrümmern im thailändischen Urwald irrt. Auslöser des Absturzes der erst 18 Monate zuvor in Dienst gestellten „Mozart" war ein falsch konstruiertes hydraulisches Ventil, das die Schubumkehr am linken Triebwerk ausgelöst hatte. Diese Unfallursache wurde erst dreieinhalb Monate nach dem Unfall von Boeing offiziell bestätigt. Durch den Auftrieb-Ausfall während des Steigflugs war die Maschine unsteuerbar geworden; die Boeing drehte es buchstäblich aufs Dach. In einem unkontrollierbaren Messerflug trudelte die Maschine in die Tiefe, bis sie schließlich mit einem lauten Knall auseinanderbrach. Das alles passierte innerhalb von 29 Sekunden ab Auslösung der Schubumkehr. Die Lauda Air 4 war in dieser Zeit von 24.800 auf 17.000 Fuß abgestürzt, ehe sie zerschellte. Die Herstellerfirma Boeing ließ nach dem Feststellen der Unfallursache weltweit alle Flugzeuge des Typs 767 einziehen, um die Konstruktion an der Schubumkehr zu ändern. Zuerst mit einer mechanischen Sperre, später in einer völlig neuen Bauweise. Doch bis zu diesem Zeitpunkt waren es die wohl schwärzesten Stunden für den Airline-Chef Niki Lauda – stets mit der offenen Frage nach dem „Warum"?

An das Eintreffen der Unglücksmeldung erinnert sich Lauda in seinem von Herbert Völker aufgezeichneten Buch *Das dritte Leben*: „Sonntag, halb elf am Abend. Ich war eben nach Haus gekommen und wollte mich schlafen legen. Das Telefon läutete, es war Frau Dr. Spera vom Aktuel-

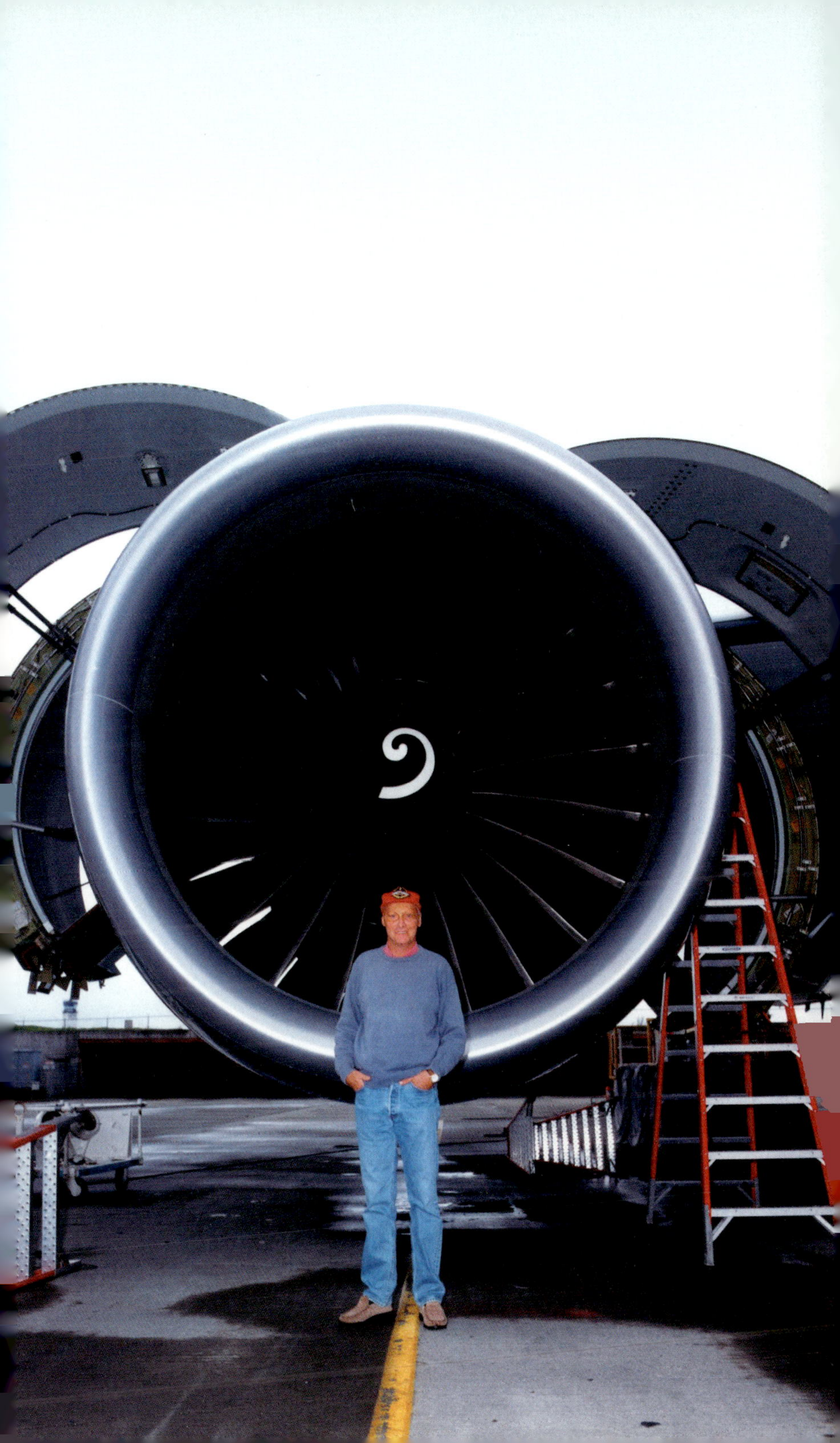

Mitte der 1980er-Jahre stieg Niki Lauda mit der Lauda Air ins Passagier-Fluggeschäft ein und wurde damit zum Konkurrenten der AUA in Österreich. Bis zum Jahr 2000 umfasste die Lauda-Flotte 25 Flugzeuge und 1.200 Mitarbeiter. Am 21. November 2000 verkündete Niki Lauda seinen Rücktritt als Lauda-Air-Chef.

Unten: Lauda ist auch als Airline-Besitzer stets Perfektionist. Und wie blitzsauber seine Flieger zu hinterlassen sind, zeigt er seinem Personal auch manchmal selbst.

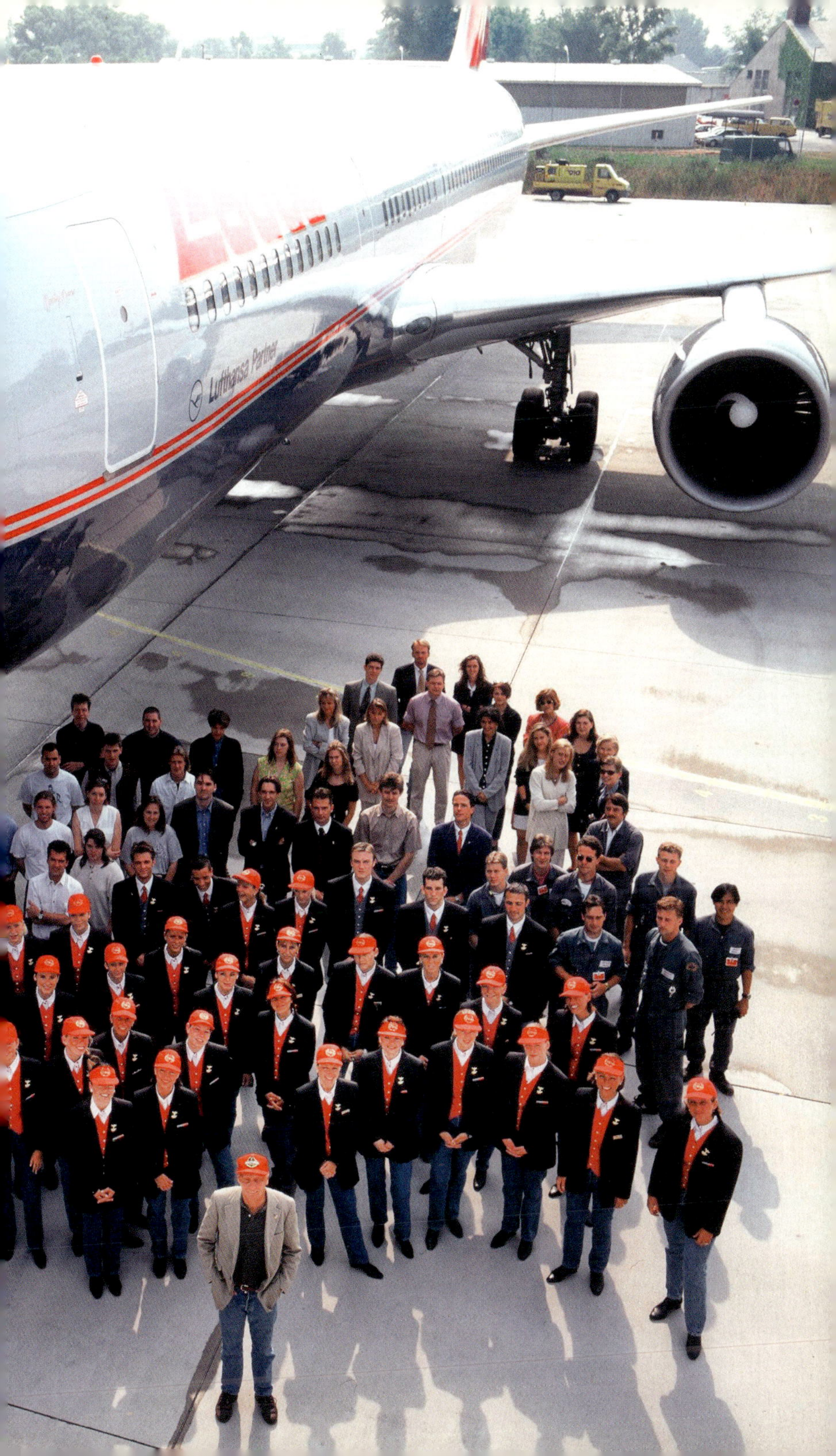
Lufthansa Partner

Am 26. Mai 1991 stürzte Laudas „Mozart", eine Boeing 767, in Thailand ab. Bei diesem bisher schwersten Unglück in der Geschichte der österreichischen Luftfahrt starben alle 223 Menschen an Bord, darunter 89 Österreicher. Das Ergebnis der Unter-

len Dienst des ORF. Sie habe eine Meldung vorliegen, wonach die Lauda Air 767 des Fluges NG 4 von Bangkok nach Wien abgestürzt und eine größere Katastrophe zu befürchten sei. ‚Das ist wieder einer dieser Irrtümer', sagte ich. ‚Es kann nicht sein, es ist nicht möglich.' Als die Meldung schließlich bestätigt wurde, waren warum, wieso, wie, was, wo das einzige, was ich denken konnte. Die Wucht der Fragen erdrückte jede andere Regung." Eines war für den Airliner schnell klar: „Als allererstes musste ich runter nach Bangkok. Ich musste begreifen, was tatsächlich passiert war. Dieses Begreifen war für mich der einzige Schlüssel, um die Katastrophe in irgendeiner Weise fassen zu können und zu jener Besinnung zu kommen, aus der sich dann alles Weitere logisch ergeben würde."

Morgens um 5 Uhr landete Lauda in Bangkok. Empfangen von einer riesigen Journalisten-Menge. „Ich hatte nicht mit diesem Medienrummel gerechnet. Ich war so unglaublich mittendrin, auf nie gekannte Weise, die nichts mit all dem Rummel zu tun hatte, den ich schon oft erlebt hatte, Sieg oder Niederlage. Im fremden Land wurde das noch viel deutlicher: Lauda, der Katastrophenmensch. Ich war Mittelpunkt, weil 223 Menschen zu Tode gekommen waren. Ich war auch deshalb Mittelpunkt, weil ich es immer so gewollt hatte, weil ich in jedes Detail meiner Airline involviert war und daher auch eine direkte Verantwortung spürte für das, was hier passiert war. Jeder Schmarrn in diesem Unternehmen wird so umgesetzt, wie ich mir das vorstelle, also war ich auch jetzt der Hauptakteur, ganz automatisch."

Mit dem Hubschrauber und dem Auto ging es über mehrere Stunden zur Absturzstelle. Lauda: „Als wir den Anstieg, von den Einheimischen ‚Rastplatz der Elefanten' genannt, erreichten, sah ich die ersten Gegenstände aus der Maschine: Teile vom Catering, Besteck und Polster. Ein unbeschreibliches Gefühl, das vertraute Kleinzeug am Rand des Urwalds verstreut zu finden ... und dann war alles ja noch viel ärger als in der schlimmsten Vorstellung. Die Realität von Hunderten zerfetzten Toten, quer durch den Dschungel verstreut, der süßliche Leichengeruch, die aus den weißen Fetzen raushängenden Körperteile, der in die Erde gerammte Schwanz unseres Fliegers, das war so, wie wenn du plötzlich im Krieg bist."

Aufklärung hat Priorität

Eine schnelle Aufklärung der Unglücksursache ist leider unmöglich. In einem Interview mit dem Schweizer Wirtschaftsmagazin *Bilanz* erinnert sich Lauda: „Ich habe sofort gesagt: ‚Wenn ich oder die Lauda Air daran schuld sind, dann hör ich sofort auf!' Das war für mich eine korrekte Aussage damals, ohne dass ich mir allerdings die Konsequenzen überlegt hatte. Jeder hat mir davon abgeraten, an den Unfallort zu fliegen. Ich solle daheim bleiben und Kommunikation betreiben. Ich habe gefragt, wie ich Kommunikation betreiben solle, wenn ich nicht wisse, was los sei. Ich lasse mich schließlich nicht fernsteuern." Und auf eine kritische Frage des *SPIEGEL*, ob er versuche seine Firma Lauda Air vor Schuldzuweisungen zu schützen, entgegnete er: „Ich bin kein Politiker. Ich bin ein gerader Michel. Die Informationen, die ich habe, gebe ich weiter, das ist meine Art, mit dem Unglück umzugehen." An sein gutes Krisenmanagement kann sich auch ein ehemaliger Lauda-Air-Pilot gut erinnern. „Er hat die Situation im Griff gehabt. Bei einer anderen Firma wäre das in die Hose gegangen. Aber er ist vor Ort gewesen und hat Rede und Antwort gestanden. Normalerweise ziehen sich ja Unternehmen eher zurück und heizen so erst recht die Gerüchteküche an."

Lauda selbst sagt, dass für ihn der Schmerz und die Trauer in dieser Phase überhaupt nur zu ertragen gewesen wären, indem er sich mit jeder Faser für die rascheste Aufklärung einsetzte. „Es konnte 223 Menschen nicht mehr lebendig machen, konnte auch den Schmerz der Angehörigen nicht lindern, aber zumindest für mein Leben und für die Zukunft der Lauda Air machte es den ganzen Unterschied: Zu wissen, ob wir den Unfall verschuldet hatten oder ob er uns nur zufällig getroffen hatte, aus höherer Macht. Es traf mich unvergleichlich tiefer als mein eigener Unfall 15 Jahre zuvor. Der Nürburgring hatte in keiner Phase das Erdrückende dieser Katastrophe gehabt."

Aber es dauerte natürlich nicht lange, bis die ersten Medien einen Zusammenhang zwischen seinem Nürburgring-Unfall und der Katastrophe von Thailand herstellten. So erscheint etwa eine *BUNTE*-Story mit dem Titel „Porträt einer verbrannten Seele" und dem noch ge-

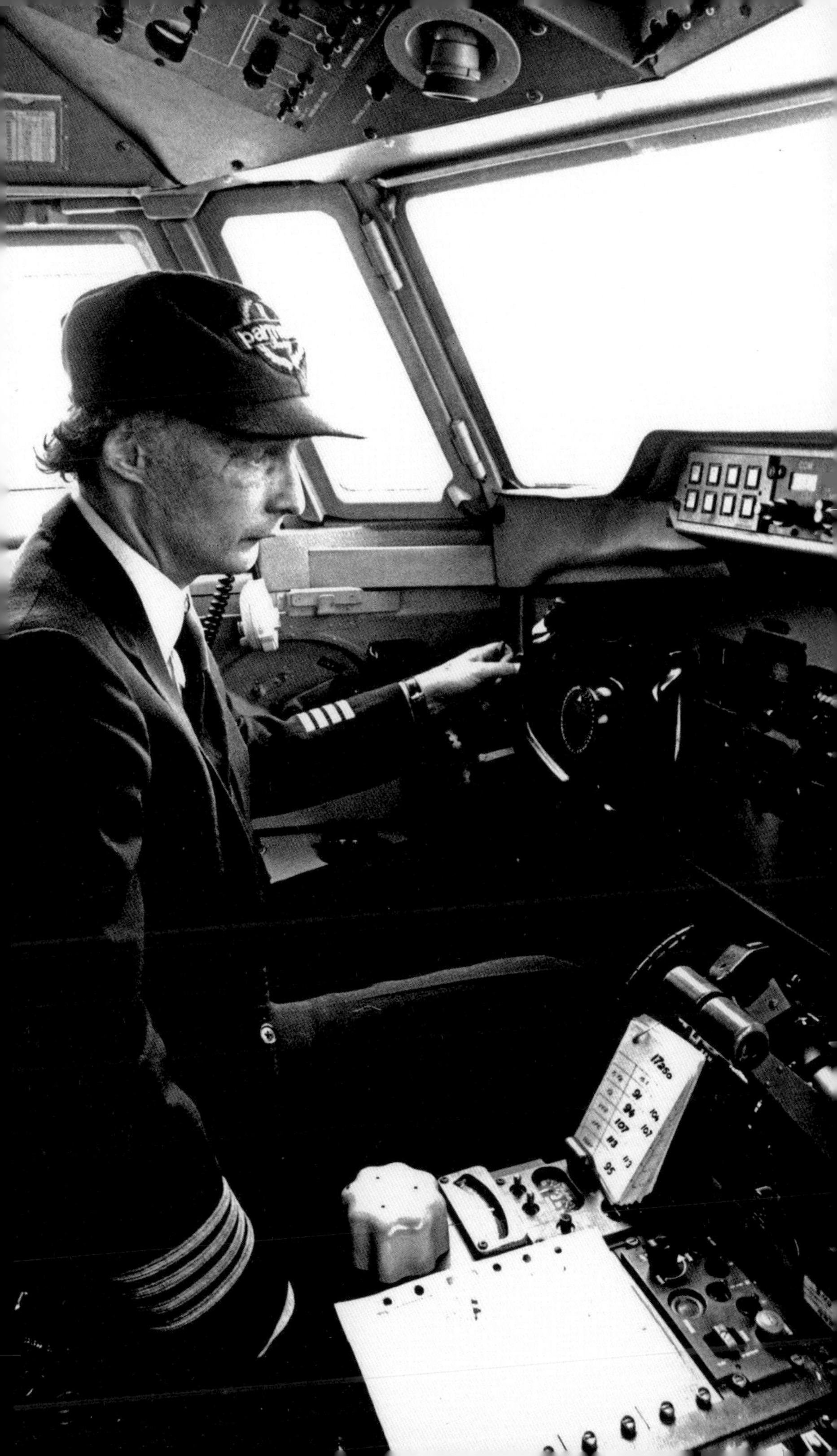

schmackloseren Untertitel: „Captain Tod. Warum immer die anderen für Niki Lauda sterben". Und böse Witze kursierten ebenfalls schnell. Zum Beispiel: „Liebst du deine Frau nicht mehr, dann schick sie mit der Lauda Air."
Mittlerweile dauerte die Überführung der Leichen an ihre Bestimmungsorte drei Monate. 27 Leichen waren leider nicht mehr identifizierbar. Für diese wurde eine Gedenkfeier in Thailand abgehalten. Die Lauda Air hatte eine Begräbnisstätte errichten lassen. Es war eine schöne große Anlage mit Wiesen und Blumen. Die Feierlichkeiten wurden nacheinander in katholischem, buddhistischem, jüdischem und muslimischem Ritus abgehalten. „Zu Beginn der Feier stellte ich mich hin und sagte, was in mir drin war: die Trauer, das Mitgefühl, die Hilflosigkeit angesichts der Dimension der Katastrophe. Und dass ich alles tun würde, um die Ursache aufzuklären", erzählt Lauda. Und die meisten erinnern sich, dass er damals seine Rede ohne das berühmte Kapperl hielt. Er zeigte der Welt seinen kahlen Kopf, zeigte seine ganze Verletzlichkeit.

Kein Vertrauen mehr in Technik

Ende August wurden dann auch rechtliche bzw. technische Folgen des Unglücks wirksam. Die US-Behörden ließen an allen Fliegern des Typs 767 das gesamte Schubumkehrsystem sperren. Untersuchungen im Simulator zeigten das ganze Ausmaß der Unglücksabfolge. Lauda: „Wie die Untersuchungen ergeben haben, drehte sich das Unglücksflugzeug zunächst auf das Dach und raste dann unkontrollierbar mit einer Geschwindigkeit von 0,99 Mach – also fast Schallgeschwindigkeit – in Richtung Erde. Die Boeing 767-300 ist für eine maximale Geschwindigkeit von 0,86 Mach gebaut. Infolge der plötzlich auftretenden zusätzlichen Belastungen dürfte die Unglücksmaschine nach dem auftretenden Defekt auseinandergebrochen sein. Die Cockpit-Besatzung hatte keine Chance, das Unglück zu verhindern." Der dreifache Formel-1-Weltmeister damals: „Kein Pilot der Welt kann eine Maschine in einer solchen Situation noch abfangen. Das ist, wie wenn du 300 km/h mit dem Auto fährst und plötzlich auf einer Seite bremst – nur, dass auf ein Flugzeug noch viel größere Kräfte einwirken."

Trotz lückenloser Aufklärung blieb Lauda schwer erschüttert zurück. Der Computer, der Roboter hatte erstmals sein Vertrauen in die Technik verloren. „Mein Empfinden gegenüber der Technik, das mich 25 Jahre meines Lebens richtig gelenkt hatte, war erstmals schwerst gestört. Natürlich war mir die technische Ursache noch immer ungleich ‚lieber', als wenn sich rausgestellt hätte, dass menschliches Versagen eines der Unsrigen an der Katastrophe schuld war. Das hätte ich überhaupt nicht aushalten können, aber der Technik-Schock saß auch tief genug. Im Rennsport genau wie in der Fliegerei hatte ich an die Unschlagbarkeit der Technik geglaubt, wenn sie auf allerhöchstem Niveau ersonnen, von den besten Fachleuten ausgeführt und von coolen Könnern umgesetzt wurde. Das Leben ist nun nie wieder dasselbe wie vor dem 26. Mai und wird es nie wieder sein, da hilft keine verstandesmäßige Erklärung."

Dennoch konnte er ein positives Fazit ziehen: „Das bringt zwar die 223 Menschenleben nicht mehr zurück. Aber eines muss man sagen: Dass durch das Unglück ein Erdrutsch ausgelöst wurde, der vielleicht hunderten anderen oder hunderttausenden anderen Menschen das Leben gesichert hat."

„Service is our Success" – zwischen Brillanz und Bilanz

Als Lauda 1979 als zweifacher Formel-1-Weltmeister zurücktrat, drehte sich die Welt plötzlich um einiges langsamer. Kein Testen mehr, kein Vollgas, kein Qualifying-Druck, keine Teampolitik, keine Todesangst. Lauda hatte Spaß am neuen Leben. Schon vor seinem Ausstieg aus der Formel 1 hatte er um fünf Millionen Schilling eine Bedarfsflugkonzession erworben, durch die er Flugzeuge bis 44 Plätze gewerblich nutzen durfte. „Als sich die Möglichkeit ergab, eine gebrauchte Fokker F-27 zu kaufen (Propellermaschine, zufällig genau jene 44 Plätze, die meine Konzession erlaubte), brachte ich meine Hausbank zum Abheben und schlug zu", erinnert sich Lauda in seiner letzten Autobiografie *Das dritte Leben*. Bald kam eine zweite Fokker dazu. Anfangs beförderte die Lauda Air Charterkunden für Reisebüros. Lauda: „Es war nicht aufregend, aber okay."

Aufregend war für den Formel-1-Weltmeister vor allem die neue Marke Lauda Air. Sie sollte positiv aufgeladen werden. Gemeinsam mit Freunden bastelte er an der „Einzigartigkeit" seines kleinen Unternehmens. „Modern, flink, jung" schrieb sich der Jung-Unternehmer auf die fliegenden Fahnen. Das Branding des Rollschuh laufenden Engels, von seinem Grafiker-Freund Hannes Rausch entwickelt, und der zentrale Leitsatz „Service is our succsess" flogen Lauda in dieser frühen Phase zu. Und Lauda wollte, ganz im Rennfahrerstil, schnell hoch hinaus. Unmittelbar nach seinem Ausstieg aus der Formel 1 zeichnete er eine Option auf eine McDonnell-Douglas DC-10. „Für eine Airline, die gerade erst zwei müde Propeller-Fokker in die Luft brachte, war die DC-10-Dimension natürlich atemberaubend, und das gefiel mir. Wenn ich seinerzeit im Rennsport nicht ähnlich gedacht und einzelne

Kategorien einfach übersprungen hätte, wäre ich wahrscheinlich nirgendwohin gekommen. Von der F-27 zur DC-10, das war irgendwie Lauda-mäßig", schrieb Lauda im Rückblick.

Die Transaktion erwies sich als Fehlentscheidung. Unfälle des DC-10-Typs, steigende Zinsen und explodierende Spritpreise machten den Deal bald unfinanzierbar. Nach zwei Jahren löste Lauda den Kaufvertrag. „Natürlich waren die 300.000 Dollar für die Option verloren, nicht aber die Million der Anzahlung. Durch den gestiegenen Dollarkurs war diese Rückzahlung mittlerweile so viel wert, dass damit die verlorenen 300.000 gedeckt waren – ein Riesenglück, alles in allem", schreibt er.

Riese und Zwerg, Kreisky und Kakanien

Lauda wollte den schlafenden staatlichen Riesen Austrian Airlines nicht wecken. Unterhalb des AUA-Marktsegments wollte er mit schlanken Kosten im europäischen Luftverkehr mitmischen, kleine Destinationen bedienen oder auf kurzen Hauptstrecken zusätzliche Frequenzen schaffen. „Ich war naiv genug, an den Menschenverstand und normalen Geschäftssinn zu glauben: keine Konkurrenz-Situation, daher auch keine Konkurrenz. Wenn ich mich unterhalb der AUA einrichtete, könnte es zu einer Zwerg-und-Riese-Konstellation kommen, für die es auch damals schon taugliche Beispiele gab, etwa Cossair und Swissair. Wenn es gut klappte, konnten wir eines Tages sogar kooperieren. Meine Phantasie war da völlig offen." Doch er stieß plötzlich auf harten Widerstand. Die Austrian Airlines selbst war im internationalen Vergleich ein Zwerg, doch national eben der große Monopolist – Konkurrenz, und sei sie noch so klein, sollte auch klein gehalten werden.

Mit Laudas Ansuchen um die Verkehrsrechte für die Strecke Wien–Klagenfurt fühlte sich die AUA gleichsam bedroht. Die beiden Vorstandsdirektoren hießen damals Anton Heschgl und Hugo Papousek. Sei hatten seit 1969 die AUA durch langfristige Marketingstrategien auf Erfolgskurs gebracht. Konkurrenz im eigenen Land, besonders mit so einem prominenten Namen, war da nicht willkommen. Lauda erzählt: „Die Bekämpfung der Lauda Air war ein persönliches Hobby des

Dr. Heschgl, eines der beiden Austrian-Geschäftsführer. Ungeniert sagte er mir Dinge wie: ‚Ich bin wie der Fuchs vorm Loch, und wenn Sie die Kappe rausstrecken, dann hab ich Sie.' Tatsächlich beobachtete er jede Bewegung von uns. Kaum hatten wir irgendwo den Fuß drin, nützte er schon die politische Konstellation, um uns rauszuboxen." Selbst Laudas gute Beziehungen zum damaligen Bundeskanzler Bruno Kreisky, den er gleichsam als Privat-Pilot flog, nützten da wenig – obwohl Kreisky eine Besprechung mit Verkehrsminister Lausecker, Finanzminister Salcher und Austrian-Airlines-Direktor Heschgl und Lauda einberief, in der er schlichtend einzugreifen versuchte. Lauda: „Kreisky sagte sinngemäß, dass die Österreicher ein Talent hätten, ihre besten Leute selber rauszuekeln, und als Beispiel fiel ihm kein Geringerer als Ferdinand Porsche ein. Er wolle nicht, dass mit dem Herrn Lauda das gleiche passiere, und man werde doch um Himmels willen eine vernünftige Regelung für die zwei kleinen Fokker finden." Danach berichtet Lauda von Szenen, wie sie sonst wohl nur in Robert Musils Österreich-Parodie Kakanien zu passieren pflegen: „Der Finanzminister fragte mich nach der Gesellschaftsform der Lauda Air. ‚GmbH und Co KG', sagte ich. ‚Dann haben Sie eh kein Geld drinnen. Lassen Sie sie doch in Konkurs gehen.' Als ich ihm sagte, dass ich bei einer Bank 70 Millionen Schulden hätte, um die beiden Flieger abzuzahlen, meinte der österreichische Finanzminister: ‚Die Banken haben doch eh Geld genug.' Dieses Gespräch drückte das ganze Spektrum von Filz und Schlamperei und Gewohnheitsrechten aus, wie sie in Österreich nicht unbedingt üblich waren, aber doch sehr gut vorkommen konnten. Besonders prächtig gediehen sie in den Randzonen der verstaatlichten Unternehmen." Dieser „Murks", wie es Kreisky bezeichnete, kam jedenfalls nicht mehr in Ordnung, Lauda verleaste seine beiden Fokker an die Egypt Air, um sie später in Deutschland zu verkaufen. Lauda Air, Teil I, war Geschichte.

Lauda Air, Teil II – steiler Aufstieg

Doch Lauda wäre nicht Lauda, hätte er nicht nach seinem erfolgreichen Comeback in der Formel 1, das er mit seinem dritten Welt-

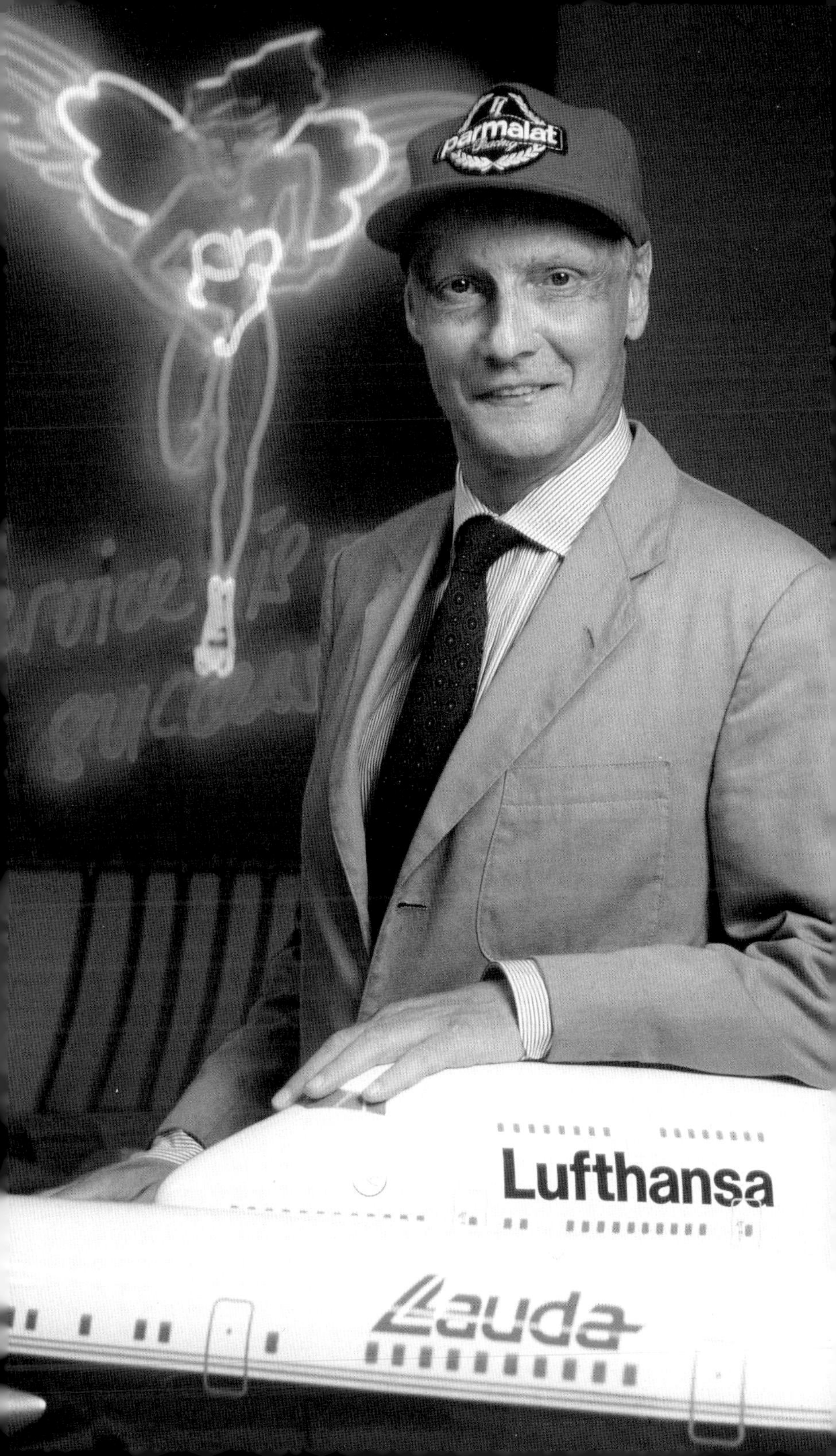
Parmalat
Lufthansa
Lauda

meistertitel gekrönt hatte, auch ein Comeback im Fluggeschäft gefeiert. Mit Lauda Air II legte der Rastlose in den Jahren 1984/1985 fast so energisch los wie kurz zuvor Sylvester Stallone bei seinem Leinwandcomeback in *Rocky II*. Und auch Lauda wollte nun mit den Schwergewichten kämpfen. Diesmal mussten es von Beginn an gleich die großen Maschinen sein. Lauda suchte um Erweiterung seiner Konzession an, für Fluggerät der höchsten Gewichtsklasse. Seine Partnerschaft mit dem Chef der ITAS-Reisebüros, Bassile Varvaressos, brachte ihm die fixe Flugkundschaft. Operierte Lauda zunächst noch mit Leasing-Maschinen, so kamen im Juli 1986 die ersten zwei nagelneuen Boeing 737 – bis zum Jahr 2000 sollte die Lauda-Flotte 25 Flugzeuge umfassen und 1200 Mitarbeiter. Im Jahr 1990 bekam er die uneingeschränkte Konzession und durfte fliegen, wohin er wollte. Die Partnerschaft mit Attila Dogudan, der sich neben Lauda mit seiner Marke Do & Co zum weltweit bekannten Edel-Caterer entwickelte, brachte den wohl entscheidenden Unterschied zum Rest. Die Lauda Air hob ab, eine „Premium-Marke" war entstanden.
Die Analyse von Dr. Oliver Kühschelm vom Wiener Universitäts-Institut für Wirtschaft und Sozialgeschichte in seinem Artikel *Austrian Airlines und Lauda Air – Das nationale Projekt und die One-Man-Show* lautet: „Die größte Stärke von Lauda Air bildete unzweifelhaft ihr Marketing, in vielerlei Hinsicht eng verbunden mit der Popularität des Formel-1-Stars, der es auch nach seinem Abtritt von der Rennbühne stets verstand, sich ins Rampenlicht zu stellen. Lauda war der charismatische Frontman des Unternehmens, ein Eindruck, der noch dadurch gesteigert wurde, dass er selbst Flugzeuge seiner Linie pilotierte." So sei auch der Gang zur Börse im Jahr 1990 für Lauda ein „voller Erfolg" gewesen, weil „die grenzenlose Selbstsicherheit des Siegers" allen seinen „Ankündigungen große Überzeugungskraft" verlieh. Kühschelm: „Für die AnlegerInnen verlief die weitere Entwicklung der Papiere jedoch enttäuschend. Sie verloren drastisch an Wert."
Die Lage für Fluggesellschaften im Allgemeinen war in den 1990er-Jahren angespannt. Die Treibstoffpreise waren durch den Golfkrieg hinaufgegangen, die Passagierzahlen runter. Und was machen AUA und Lauda Air? – Sie führen weiterhin einen erbitterten Luftkampf, der sie

Laudationes
Sinn des Lebens

„Man muss als Zwerg das tun, was die Riesen nicht können."
Niki Lauda über seine Unternehmensphilosophie.

„Ich kann nicht sagen, was ein Freund ist – ich weiß nur eins: Oben hat man viele, in der Mitte wenige und unten – keine ..."
Niki Lauda, der alle drei „Etagen" gut kennen lernte.

„Ich glaube, dass jeder Autorennfahrer einmal zur Vernunft kommen muss, um mit diesem pubertären Sport aufzuhören."
Niki Laudas gemäßigte Variante des legendären Rücktrittsmotivs von 1979 („Ich sehe keinen Sinn mehr darin, wie ein Trottel im Kreis herumzufahren").

„Nur wenn man das kleinste Detail im Griff hat, kann man präzise arbeiten."
Niki Lauda, der als Airliner und Pilot noch gern die Säuberungsarbeiten in der Kabine persönlich überprüfte (nachdem er mit den Flugbegleiterinnen gewettet hatte: „ICH finde noch was, das nicht in Ordnung ist!").

„Es ist nicht einfach, perfekt zu sein, aber irgendeiner muss es sein.
Niki Lauda lässt „offen", wen er damit meinen könnte.

„Lieber eine falsche Entscheidung als gar keine."
Niki Lauda, zeitlebens gern kurz entschlossen.

„Der Ursprung jeder Entscheidung liegt im Bauch. Dann sollte man allerdings das Hirn dazuschalten."
Niki Lauda, anatomisch einleuchtend.

„Mein Mythos bleibt nur erhalten, wenn ich ihn permanent erneuere."
Niki Lauda, ganz innovativer Mythologe.

letztendlich kurioserweise aneinanderkettet. Kühschelm erklärt: „Die Austrian Airlines überlegten eine Partnerschaft mit der Lufthansa, interessierten sich andererseits aber auch für das bald gescheiterte Projekt Alcazar, das eine Allianz mit Swissair, KLM und SAS vorsah. Lauda, dem die Lufthansa den Rücken stärkte, drohte der AUA für den letzteren Fall mit ‚Krieg in allen Regionen'. Die Lauda Air wurde von der Lufthansa in der Tat auf volle Konkurrenz mit den Austrian Airlines ausgerichtet. Die AUA verlor dadurch viel Geld, während die Defizite der Lauda Air von ihrem deutschen Teilhaber abgedeckt wurden, bis dieser – selbst durch finanzielle Schwierigkeiten geplagt – seinen verlustträchtigen Stellvertreterkrieg aufgab. Nun war es an der Zeit, sich mit den Austrian Airlines zu versöhnen. Während die Lufthansa ihre Beteiligung verringerte, stieg die österreichische Nationallinie bei Lauda Air ein. Die Gesellschaft war zwar Spielball im Konkurrenzkampf zweier größerer Unternehmen, jedoch ein sehr eigenwilliger, den zu kontrollieren weder der Lufthansa noch der Austrian Airlines leicht fiel."

Tiefer Fall – Rücktritt und Flugverbot für Lauda

Plötzlich ging nichts mehr. Im Jahr 2000 verschärfte sich die Lage für die Lauda Air: rote Zahlen, Streit mit dem Personal wegen Kollektivvertragsverhandlungen, Streikdrohung. Kühschelm: „Die AUA wollte die Gesellschaft zur Gänze übernehmen und Lauda loswerden. Das AUA-Management und der ehemalige Rennfahrer steuerten daher auf einen finalen Konflikt zu. Die Position von Lauda verschlechterte sich dramatisch, als nach und nach das desaströse Ausmaß der Verluste des von ihm geführten Unternehmens ruchbar wurde. Die Wirtschaftsprüfungskanzlei Deloitte & Touche errechnete einen Abgang von einer Milliarde Schilling." Eine Milliarde Schilling, 72,6 Millionen Euro. Lauda bestritt diese Zahl und sprach selbst von 600 Millionen Schilling Verlust. „Rudolf Streicher, Präsident der ÖIAG, der Holding der verstaatlichten Industrie, beauftragte eine zweite Kanzlei, KMPG, die aber im Wesentlichen zu denselben Schlüssen kam. Lauda wurden Versäumnisse im Controlling und bei der Berichterstattung an den Aufsichtsrat als ‚grobe Pflichtverletzungen' angelastet. Insgesamt ergab die

Finanzpolitik der Lauda Air ein unerfreuliches Bild: Das Unternehmen hatte sich auf Währungsspekulationen eingelassen, die schlecht ausgingen, und außerdem – bereits ins Trudeln geraten – die Bilanzen aufgebessert, indem es vorübergehend Buchgewinne durch den Verkauf von Flugzeugen lukrierte. Das anschließende Zurückleasen der Maschinen versprach allerdings beträchtliche Mehrkosten für die Zukunft", schreibt Oliver Kühschelm in seiner Studie.

Am 21. November 2000 verkündete Niki Lauda seinen Rücktritt als Lauda-Air-Chef. 21 Jahre nach der Gründung seiner Fluggesellschaft warf der damals 51-Jährige unter großer medialer Anteilnahme das Handtuch. In der Meldung der Austria Presse Agentur (APA) von damals wehrt sich Lauda gegen die Anschuldigungen: „Ich lasse dahingestellt, ob diese Kritik berechtigt ist, wie sie zu werten ist und ob mich persönlich irgendein Vorwurf treffen kann. Da ich immer erklärt habe, von meiner Funktion, die ich immer mit bestem Wissen und Gewissen und mit all meiner Kraft erfüllt habe, zurückzutreten, wenn auch nur der Anschein eines Grundes zu einer Kritik an meiner Person besteht, trete ich hiermit als Vorsitzender des Vorstandes der Lauda Air zurück." Weiter heißt es im APA-Text: „Im Bericht der Wirtschaftsprüfer KPMG sei ‚keine wie immer geartete Bereicherung meiner Person festgestellt' worden, betonte Lauda, ‚auch kein Schaden, der der Lauda Air etwa entstanden wäre'. Kritisiert worden sei ‚allerdings das in den Bereich des Finanzvorstandes fallende interne Kontrollsystem im Zusammenhang mit Fremdwährungsgeschäften'.

Die AUA, damals mit 35,9 Prozent größter Lauda-Air-Aktionär, reagierte „laudaesk". Die Vorstandsdirektoren Herbert Bammer und Mario Rehulka ließen ausrichten: „Das Aktienrecht kennt keine Emotionen." Dabei kochten im Hintergrund die Emotionen förmlich über. Am 4. Dezember, also nur 13 Tage nach Laudas Rücktritt, erteilte die AUA Niki Lauda ein Flugverbot. Der neue Vorstandssprecher der Lauda Air teilte Lauda mit, dass sein Pilotenvertrag nicht mehr akzeptiert werde. Damit musste Lauda nach 21 Jahren auch als dienstältester Kapitän von Bord. „Ich werde sicher nicht mehr in Österreich für die Lauda Air fliegen. Ich habe mich entschieden, das Flugverbot anzunehmen", ließ Lauda sichtlich verletzt verlauten.

Trauer um den „grandiosen Chef"

Auch Laudas Crew war nach dem bitteren Abgang ihres Chefs am Boden zerstört. „Die Mitarbeiter sind wie paralysiert", sagte damals Pressesprecherin Marion Minarik gegenüber der APA. Und auch Lauda ließ via ORF-Radio ausrichten: „Mir tut es sehr leid, besonders für meine motivierten Mitarbeiter. Aber die AUA wird die zukünftige Luftfahrt-Strategie sicher richtig lösen." Spricht man heute mit einigen der übrig gebliebenen Lauda-Air-Piloten, die sich auch nach der Übernahme durch die AUA noch immer so fühlten, trauern die meisten der Zeit mit ihrem „grandiosen Chef" nach. Keiner sei so flexibel und begeisterungsfähig für gute Ideen gewesen und keiner so schnell in der Umsetzung. Bei Gehaltsverhandlungen brauchte man zwar gute Argumente, für die gleiche Leistung gab's nicht automatisch mehr Geld. Dennoch sei er immer verhandlungsbereit gewesen. Dennoch meinen Experten: Der Kauf von sechs Bombardier-Canadair-Learjets hätte eine Überlastung der personellen Ressourcen der Lauda Air gebracht. Es mussten zusätzliche Piloten aufgenommen werden, da ein neuer Flugzeugtyp zunächst natürlich entsprechende Schulungen notwendig gemacht hatte. Die Auszubildenden konnten im laufenden Flugplan nicht eingesetzt werden. Zusätzlich musste eine entsprechende Infrastruktur für das neue Flugzeugmodell geschaffen werden, Mechaniker, Ersatzteile, der gesamte Wartungsbetrieb. All das musste im Prinzip von Grund auf für die sechs neuen Learjets organisiert werden. Die Kosten dafür dürften Lauda und seine Manager zum Zeitpunkt der Anschaffung unterschätzt haben.

Einige Lauda-Air-Piloten fühlten den Plafond ihrer persönlichen Leistungsgrenze erreicht. Immer öfter wurde über die Tatsache gesprochen, dass Niki Lauda seinen Mitarbeitern dasselbe Leistungsvolumen abverlangt wie sich selbst. Gerade wegen der Natur des Rennfahrers ein unlösbarer Umstand. Ein ehemaliger Lauda-Air-Pilot analysiert Laudas Fehler in der Unternehmensführung: „Punkt eins: Lauda hat von uns immer erwartet, dass wir so sind wie er. Er ist ein Asket, der sechs Stunden schläft und sonst immer arbeitet. Er ist hyperaktiv, ein außergewöhnlicher Kerl. Punkt zwei: Lauda vertraut keinem Menschen.

Alle Entscheidungen wollte er alleine treffen. Das ging am Anfang perfekt, weil er so auch unsere Ideen, wenn sie ihm gefallen haben, sofort umgesetzt hat. Doch am Ende waren wir 1200 Mitarbeiter. Da braucht es mehrere Entscheidungsträger."

Flucht zu Jaguar

Lauda ging nach England und sollte bald heimkehren in den Schoß der Formel 1. Schon im Februar 2001 holte Ford-Topmanager Wolfgang Reitzle Lauda als Geschäftsführer in die Motorsportabteilung der Premier Automotive Group (PAG). Lauda wurde mit einem Fünfjahresvertrag, für den er pro Jahr 2,5 Millionen Dollar kassierte, ausgestattet. Anschließend ging es Schlag auf Schlag. Mitte August 2001 ersetzte der berühmte Österreicher den bei Jaguar in Ungnade gefallenen Teamchef Bobby Rahal. Die Formel 1 hatte Niki Lauda wieder. Er war nun offiziell das, wofür man ihn schon die ganze Saison lang gehalten hatte: operativer Chef des britischen Formel-1-Teams Jaguar. Am 24. August 2001, einem Freitag, wurde Lauda in London als Rahal-Nachfolger vorgestellt. In bewährter Manier schwor Lauda per Presseaussendung, seinen Fokus nun „zu hundert Prozent" auf das Projekt Jaguar zu legen. Sein erster Auftritt als Jaguar-Teamchef folgte prompt: Tags darauf jagte er unter den Augen Wolfgang Reitzles bei einem Oldtimer-Rennen in der Steiermark, den Ennstal-Classics, den Berg hinauf. Übrigens in einem Jaguar D-Type, Baujahr 1955. Lauda war am Samstag knapp vor dem Start aus London mit Reitzle eingeflogen. Die Briten dürften damals schon über Lauda verdutzt gewesen sein. Diese kleine Start-Episode verrät schon den Kern von Laudas Misserfolg bei Jaguar, den Gerhard Berger in der Retrospektive so beschreibt: „Das Engagement bei Jaguar war unterm Strich keine Erfolgsstory. Ein operatives Geschäft zu leiten, heißt 18 Stunden vor Ort zu sein, und Niki war nicht in England. Wäre er dort gewesen, wäre er wohl beim Team angekommen, und hätte die Nuss geknackt. So hat er aber die englische Verbundenheit im Team unterschätzt."

Nach 15 Monaten wurde Lauda als Jaguar-Teamchef gefeuert. Auf sehr britische Art. Der hoch dekorierte ehemalige Held der Formel 1 wurde am 25. November 2002, einem Montag, nach London zu Testfahrten zitiert. Dort angekommen, wurde Lauda mit der Tatsache konfrontiert, dass ihn ab sofort der englische Techniker Tony Parnell, bis zu diesem Zeitpunkt Laudas rechte Hand bei Jaguar, ersetzen wird. In einem Ö3-Interview sagte Lauda: „Ich war von dieser Entscheidung schon überrascht, das ist über Nacht entschieden worden. Man hatte keine Kritik an meiner Arbeitsweise, will aber die Zukunft Jaguars in der Formel 1 auf eine höhere Ingenieurbasis stellen." Der kühle Analytiker war tief verletzt und resümierte enttäuscht: „In England arbeiten die Mühlen eben anders. Da wird so lange am Sessel gesägt, bis es durchgesetzt ist." Schon fünf Monate zuvor hatte die *Bild-Zeitung* getitelt „Jaguar will Lauda feuern". Grund sei der Sparkurs des Mutterkonzerns Ford. Denn dort fragte sich Ford-Boss Nick Scheele, „ob Laudas Erfolge als Teamchef ein Jahresgehalt von 2,5 Millionen Dollar rechtfertigen". Lauda hatte damals mit dem Hinweis auf seinen Fünfjahresvertrag die Geschichte heftig dementiert. Am 26. November 2002 wurde der Rausschmiss Laudas bei einer Pressekonferenz in der englischen Hauptstadt offiziell verkündet und der Nachfolger präsentiert. Parnell war nach Jackie Stewart, Neil Ressler, Bobbie Rahal und Niki Lauda der fünfte Jaguar-Chef seit Jänner 2000. Und auch der Letzte. Denn im Jahr 2004 kauft sich der österreichische Getränke-Multi Dietrich Mateschitz das Jaguar-Team. Der Einstieg von Red Bull in die Formel 1. Lauda trieb es nach dem Jaguar-Rauswurf weiter, zurück zur Fliegerei.

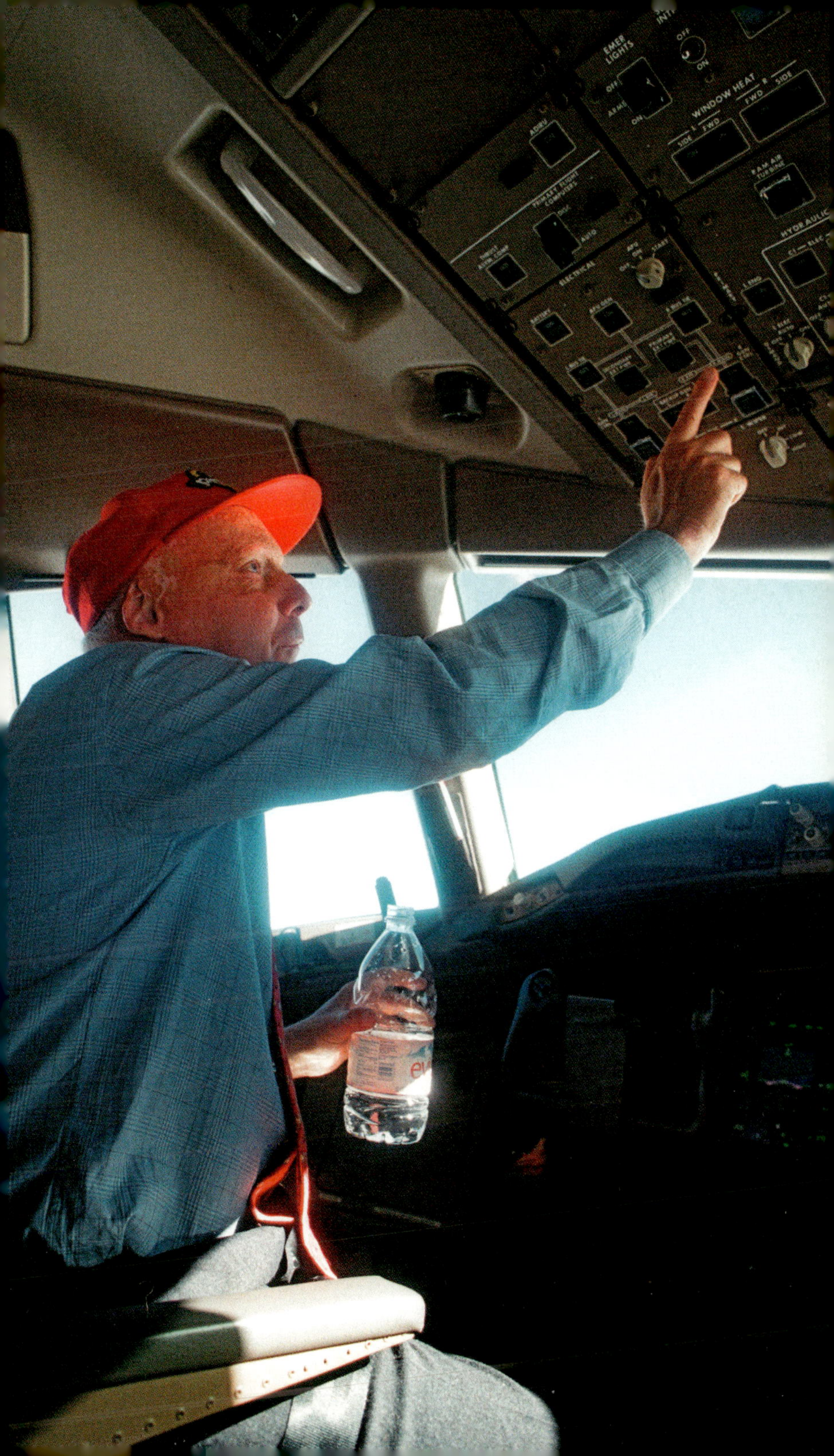
EMER LIGHTS
WINDOW HEAT
RAM AIR TURBINE

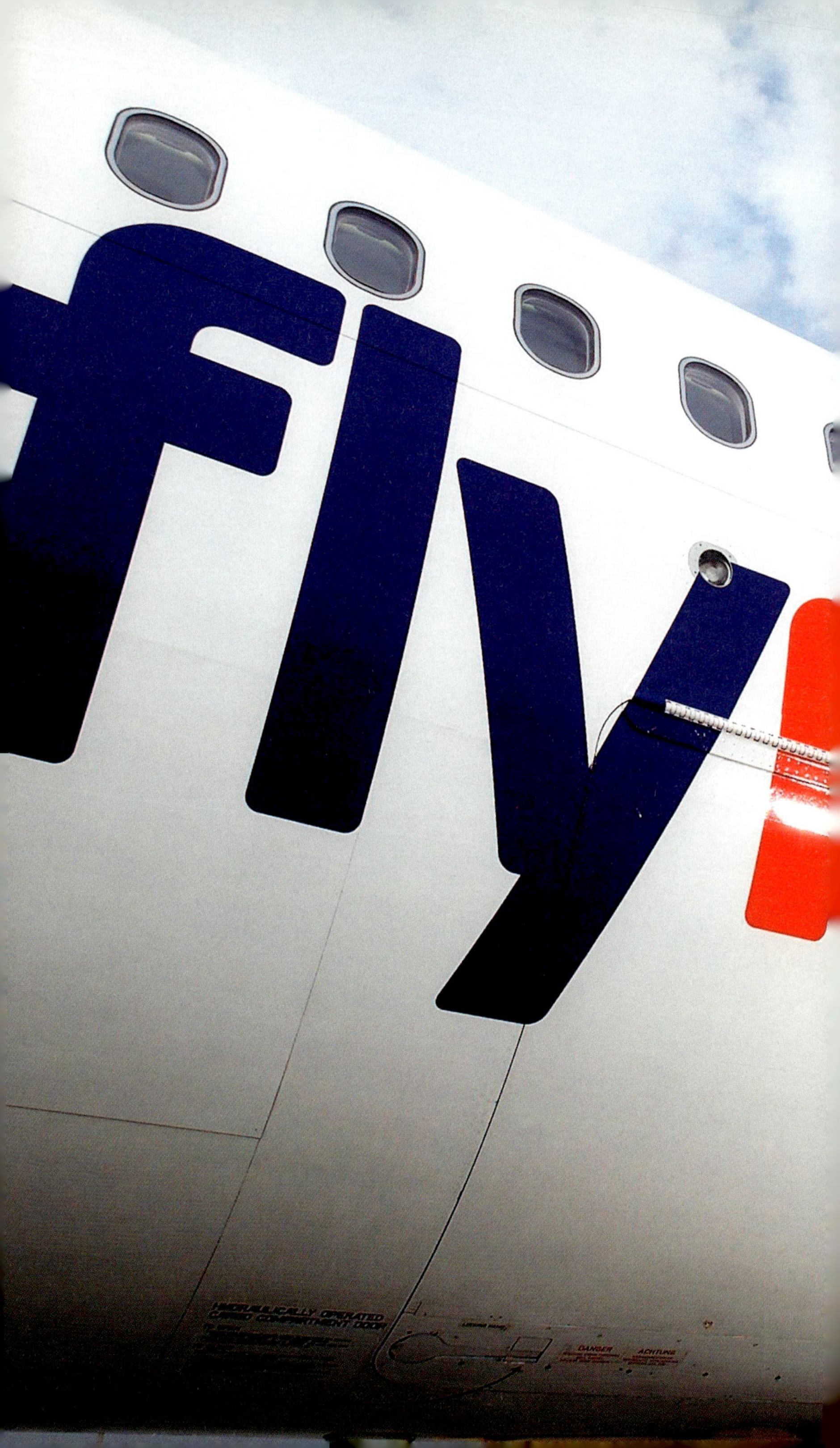
fly
DANGER
ACHTUNG

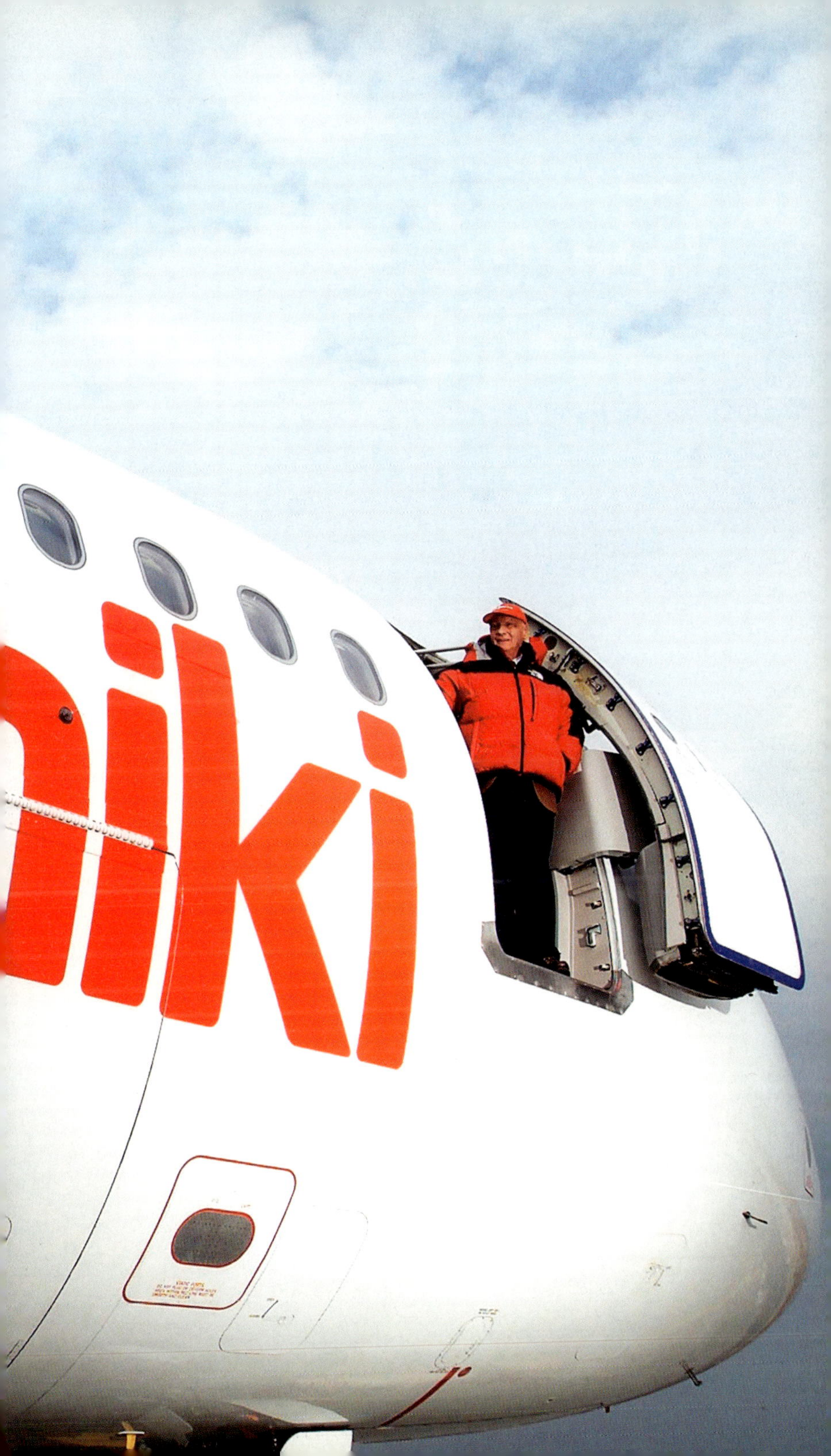

m November 2003 – drei Jahre nach seinem Rücktritt als Lauda-Air-Vorstand –
kehrte Niki Lauda als Gründer der ersten österreichischen Billig-Airline „flyniki"
in die Luftfahrt zurück. Als Partner nahm er die Air Berlin mit an Bord.
Für die Flugbegleiterinnen wählte Lauda „eine ganz spacige Bekleidung".
Sein Argument: „Die kann man schlecht finden, aber die Leute reden darüber."

„Ich versuche nur, die negativen Erfahrungen der Vergangenheit mitzunehmen"

Im November 2003 – drei Jahre nach seinem Rücktritt als Lauda-Air-Vorstand – wollte es Niki Lauda noch mal wissen und kehrte als Gründer der ersten österreichischen Billig-Airline „flyniki" in die Luftfahrt zurück. Er gehe „ohne Groll nach hinten und hoch motiviert" an diese Arbeit, betonte Lauda in ersten Interviews.

Und Motivation war gewiss nötig, war doch der erfolgsverwöhnte Ex-Formel-1-Star – anders als im Rennsport – in seiner bisherigen Luftfahrtkarriere wirtschaftlich nicht wirklich erfolgreich gewesen. Der Millionen-Crash seiner geliebten Lauda Air im Jahr 2000 nach der jahrelangen Streiterei mit der AUA saß Lauda noch in den Knochen. 2001 hatte die AUA alle Lauda-Air-Anteile gekauft und dem Gründer dafür 16,1 Millionen Euro bezahlt. Dennoch gab sich Lauda nicht geschlagen und meinte wacker: „Die negativen Erfahrungen aus der Vergangenheit werden mir bei meinem Neustart in der Flugbranche helfen."

Die dreijährige Pause als Flugunternehmer begründete Lauda beim „flyniki"-Launch mit einem allgemeinen Desinteresse am Fliegen in den letzten Jahren. Dann habe ihn aber die „Neuentwicklung der Luftfahrt" durch das Auftreten von Billig-Airlines wieder neugierig auf das Flug-Business gemacht. Lauda zu *Spiegel Online*: „Als mich Ford als Teamchef geparkt hatte, als ich ein Jahr nicht arbeiten durfte – da hab' ich mich wieder mit Fluglinien befasst. Ich hatte ein Konzept im Kopf, wie man billig fliegt. Mich reizen immer neue Konzepte." Das weitere Vorgehen beschrieb er in einem Interview mit dem Schweizer Wirtschaftsmagazin *Bilanz* folgendermaßen: „Ich wollte damals bei Sky Europe mitmachen und schaute mir das auch an, doch die Chemie mit den Chefs stimmte nicht. Und dann plötzlich ging die deutsche Aero Lloyd ein, die damals drei Airbusse besaß. Ich dachte, die nehme ich jetzt mal. Ich wusste, dass es sinnlos war, alles allein aufzubauen. Also fuhr ich zu Air-Berlin-Chef Joachim Hunold, den ich eigentlich nur oberflächlich kannte. Wir haben uns am Arlberg getroffen. Bingo. Es hat gleich funktioniert. Ich habe ihm 24 Prozent an flyniki überlassen und mir damit den Internetvertrieb, das Ticketing, die Preisgestaltung und vieles mehr eingekauft."

Die neu gegründete NIKI Luftfahrt GmbH entstand also aus der Aero Lloyd Austria GmbH, welche in Folge der Insolvenz der deutschen Muttergesellschaft Aero Lloyd von Niki Lauda im November 2003 mehrheitlich übernommen worden war. Im Januar 2004 übernahm die Air Berlin ihren Anteil an der Gesellschaft. Neben den schon bekannten Zusammenschlüssen großer Fluggesellschaften war dies der erste Zusammenschluss von Billigfliegern. Der Name „flyniki" wurde vom knappen „NIKI" abgelöst, das Design der Flieger ist nun silbern mit einer stilisierten Fliege am vorderen Flugzeugrumpf.

Von der Online-Ausgabe des deutschen *Spiegel* auf die nicht ganz neue Idee einer Billig-Airline angesprochen, gab der Neo-Flugunternehmer zu: „Jeden Tag poppt eine hoch. Es gibt eine Überflutung mit Flugzeugen. Aber, und das ist der springende Punkt – einen Flug zu vermitteln, der anders ist als die anderen." Und in seinem Fall habe er sich folgendes Konzept überlegt: „Sie müssen ein Paket schnüren, damit der Mensch sich wohl fühlt. Sie müssen den Flieger so anmalen, dass er sympathisch rüberkommt. Das heißt nicht, dass er jedem gefallen muss. Es reicht, wenn es 55 Prozent sind. Und für die Flugbegleiterinnen haben wir eine ganz spacige Bekleidung erfunden. Die kann man schlecht finden, aber die Leute reden darüber."

ANIKIDOTE

Millionenfrage: Wie nennt man jene imprägnierten faltbaren Stanitzel, in welchen – während eines unruhigen Fluges aus Gründen der umgekehrten Peristaltik (wienerisch: Retour-Hunger) – die „unhaltbare" Nahrung eines Passagiers entsorgt werden sollte? Nun, die von den Franken liebevoll „Bröggli-Lachsäcke" genannten Spucktüten (?) werden eigentlich bei keiner Fluglinie näher spezifiziert oder gar beschriftet. Auch Logo- oder Werbeaufdrucke sind dort, aus inhaltlich begreiflichen Gründen, eher selten. Nur Laudas (zweite) Fluglinie „flyniki" etikettiert diese Vorrichtung zweisprachig mit „Speibsackerl – Sickbag". Also auf österreichisch und auf englisch. Hochdeutsch fehlt. „Unnötig", meint Sparmeister Lauda, „im Falle eines Falles verstehen sogar Deutsche, was das bedeutet."

Expansion und solide Bilanz

Ein Konzept, das laut Lauda aufgegangen ist. Und so verkündete er via Aussendung im Juli 2008 eine massive Expansion. Neben den bestehenden neun Maschinen der Airbus A320-Familie und der Bestellung von zehn Flugzeugen desselben Typs im Februar 2008 bestellte NIKI nun zehn Embraer 190. Die ersten beiden Flugzeuge des für NIKI neuen Typs sollen im Frühsommer 2009 ausgeliefert werden. Niki Lauda: „Der Embraer 190 passt optimal zu unserer Wachstumsstrategie. Das Flugzeug ist für den Aufbau neuer Strecken ideal – es hält die Anlaufkosten gering und bietet dem Passagier den gewohnten Komfort eines Mittelstreckenjets."
Die Flotte soll bis zum Jahr 2015 auf eine Gesamtzahl von 30 Fluggeräten anwachsen. Zum ambitionierten Wachstum im aktuellen Umfeld meinte Lauda: „Ich sehe aktuell zwei bestimmende Themen in unserem Geschäft: die Treibstoffkosten und die Umweltproblematik. Auf beides ist mein neuer Embraer die geeignete Antwort. Das Flugzeug ist das mit Abstand sparsamste, weil modernste, in der Klasse der 100-Sitzer. Der CO_2-Ausstoß ist deutlich geringer als bei vergleichbaren Jets, es ist das umweltfreundlichste Gerät dieser Größe!"
Trotz schwieriger Marktsituation hat NIKI – so Lauda – im ersten Halbjahr 2008 massive Verkehrszuwächse verzeichnet. Im Linienbereich konnte das Passagiervolumen um 33 Prozent gesteigert werden. Niki Lauda: „Wir haben die Flüge nach Mailand und Stockholm im Frühjahr erfolgreich eingeführt. Wirtschaftlich schwierige Zeiten können einer Low-Cost-Airline auch helfen, da wir für kleinere Budgets die beste Alternative sind. Ich kann unsere Prognose, im Jahr 2008 einen ordentlichen Gewinn zu erwirtschaften, absolut bestätigen."
Außerdem versuche er seine Kosten gering zu halten. So erklärte er gegenüber der *Welt* im März 2008, dass seine Kunden das Reservierungssystem von Air Berlin nutzen müssen. „Das erspart uns neben hohen Ausgaben einen enormen Verwaltungsaufwand, wodurch wir in unserer Wiener Zentrale mit 20 Fachkräften auskommen", so Lauda. Neben diesem Büropersonal beschäftigte NIKI 80 Piloten, 160 Flugbegleiter und 43 Techniker.

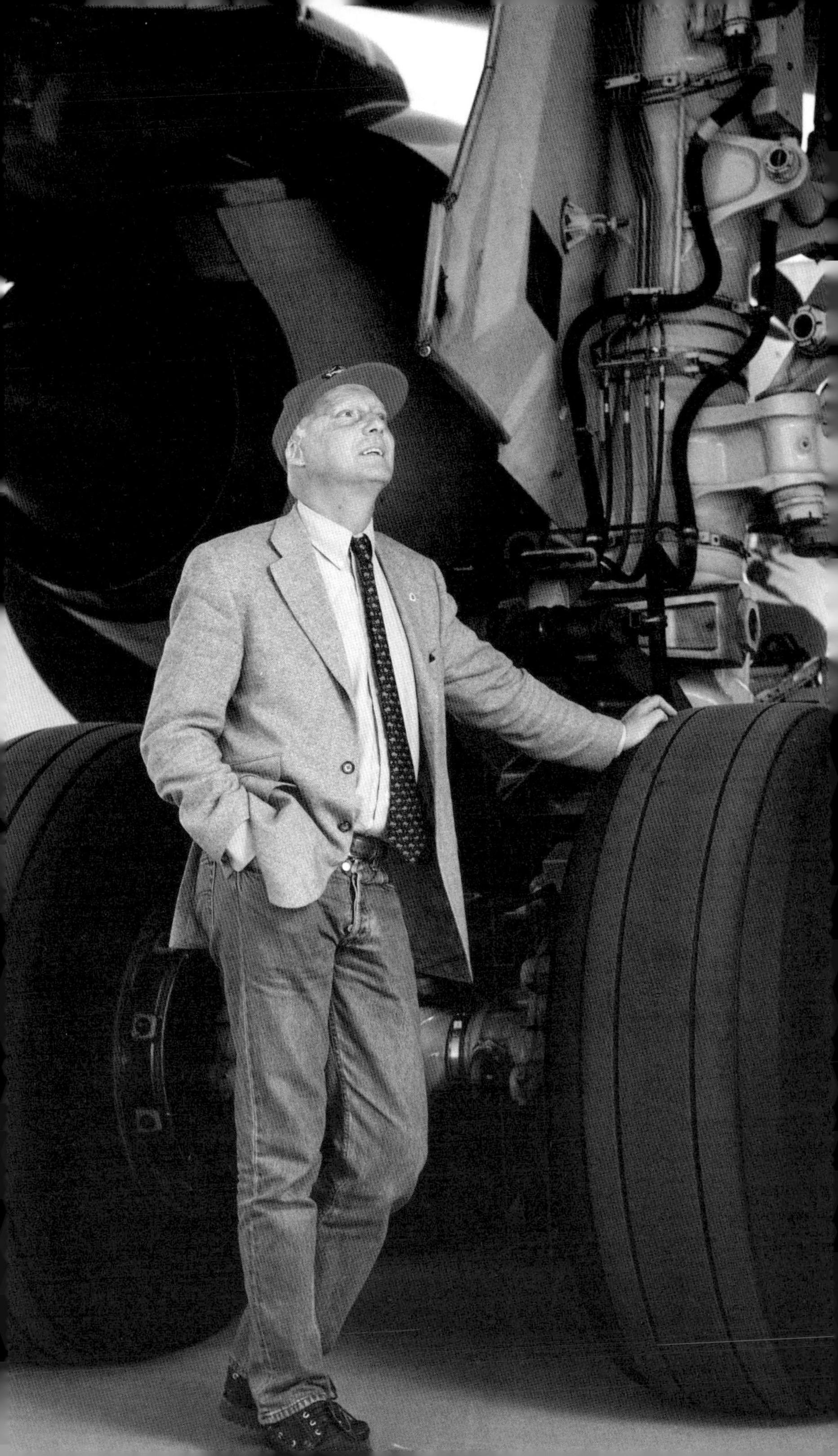

Im Spätherbst 2008 machte Lauda dann den nächsten Schritt in Richtung „neue Märkte". Er unterzeichnete in Moskau ein Abkommen mit Russlands größter Inlandsfluglinie S7. Konkret geht es dabei um das sogenannte Code-Sharing, also gemeinsame Flugnummern. Seit Dezember 2008 können nun Passagiere bei NIKI Tickets in alle russischen Städte buchen, die die S7 anfliegt. Genauso können S7-Passagiere Flüge aus Russland zu jedem NIKI-Ziel buchen. Gleiches gilt für das Air-Berlin-Netz. „Uns bringt das in Poleposition fürs Russland-Geschäft", freut sich Lauda, der den Deal eingefädelt hat und sich von der Kooperation 20 bis 30 Prozent mehr Passagiere erwartet.

Harte Zeiten für die Luftfahrtbranche

Ein kluger Schachzug in immens schweren Zeiten. Ist doch das Airline-Business im Jahr 2008 in ein echtes Tief gerutscht. So mussten mehr als 70 Airline-Marken aufgeben – sie scheiterten, wurden stillgelegt oder fusionierten als letzte Rettung. Zum Vergleich: Im Jahr davor waren es nur 30. Die Gründe dafür sind einerseits die zeitweilig extrem hohen Ölpreise sowie die abschwächende Konjunktur, die für weniger Nachfrage am Ticket-Markt sorgt. „Für die Luftfahrtbranche insgesamt ist das der schlimmste Sturm, den ich je gesehen habe", meint Herb Kelleher, der legendäre Gründer der US-Billig-Fluglinie „Southwest Airlines", 77, in der deutschen *Flug Revue*. Kelleher, der unter Brancheninsidern der „Pate der Billigflieger" genannt wird, ist sich sicher, dass man Stehvermögen brauche, um diese Krise durchzustehen. „Erfolg in der Luftfahrtindustrie ist kein Sprint, sondern ein Hindernislauf über Marathondistanz." Und die kommerzielle Luftfahrt „von ihrer Art her eine labile und verwundbare Industrie".

Dennoch sieht Veteran Kelleher nicht total schwarz. „Wenn die Wirtschaft leidet und die Leute weniger verfügbares Einkommen haben, ist das der beste Nährboden für Billigflieger, die ja geringere Preise verlangen. Wir sind das Schnäppchen der Luftfahrtbranche."

Also heißt es durchbeißen und dranbleiben. Denn, wie es Kelleher prägnant formuliert: „Die Luftfahrt ist kein Ort für Schwächlinge!" Und schwach zu sein – das hat Niki Lauda noch keiner nachgesagt ...

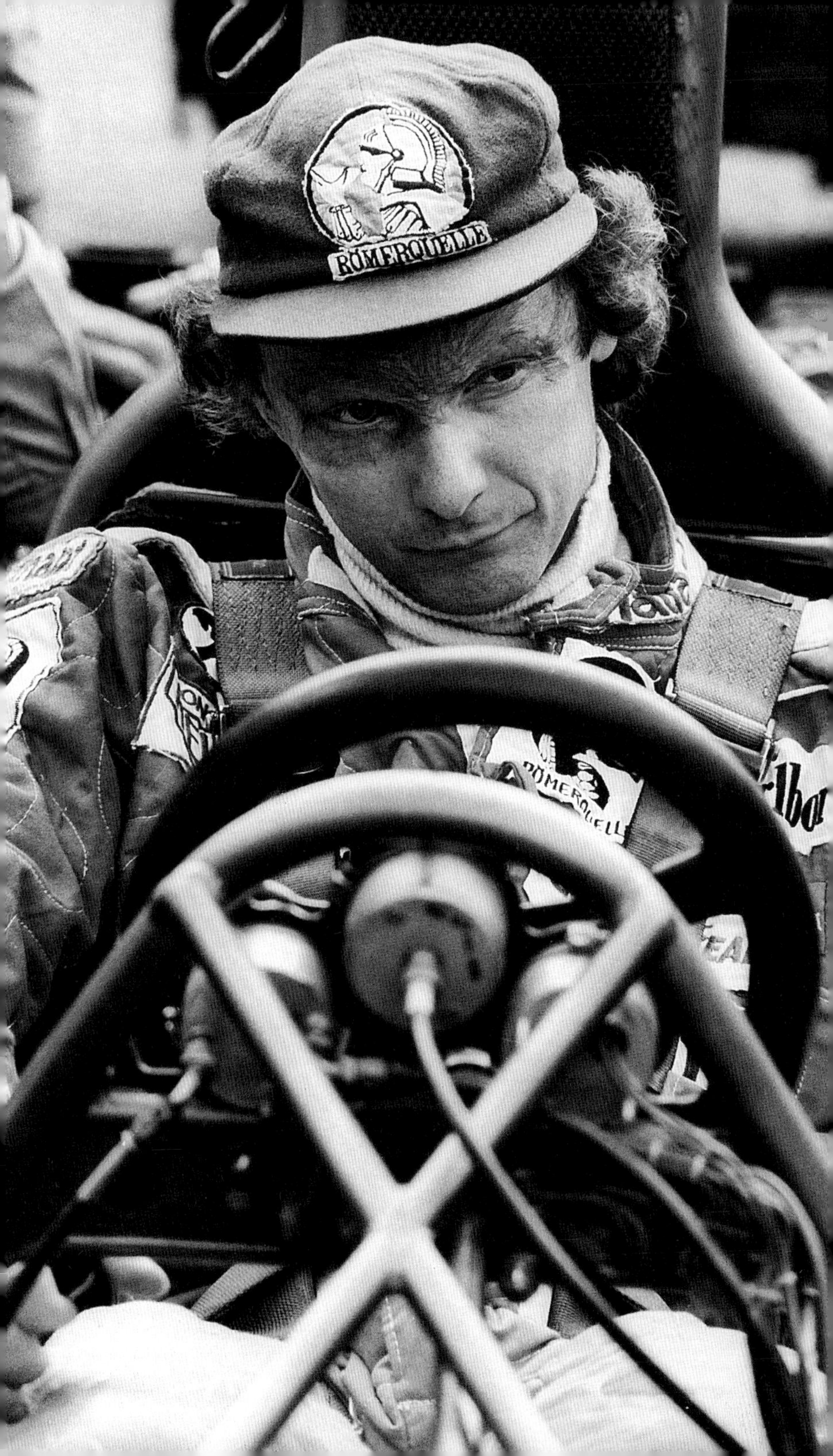
RÖMERQUELLE

4

Niki Nationale
Der Rennfahrer

Der Jaguar

13. Jänner 2002, Circuito Ricardo Tormo in Valencia, Spanien. Fast 17 Jahre, nachdem Niki Lauda beim Grand-Prix von Australien in Adelaide am 3. November 1985 zum letzten Mal aus einem Formel-1-Rennwagen gestiegen ist, gibt der mittlerweile beinahe 53-jährige Ex-Rennfahrer sein Comeback in einem Boliden. Der Chef des kränkelnden Jaguar-Teams – Lauda hatte diesen Posten im Jahr 2001 angetreten – hat schon im Vorfeld mit Sätzen wie „Jeder Affe kann heute ein Formel-1-Auto fahren" kräftig die Werbetrommel für seine außergewöhnliche Testfahrt gerührt. Zahlreiche Kamerateams und Journalisten wollen sehen, wie Lauda die Kappe wieder mit dem Helm tauscht. Schon beim Einsteigen in den Jaguar R 3 ist die Lage für Lauda offensichtlich etwas verzwickt. Der grüne Rennoverall spannt um die Mitte und es braucht seine Zeit, bis der dreifache Weltmeister im Boliden Platz genommen hat. Die Jaguar-Mitarbeiter stehen Spalier, als Lauda die grüne, 800 PS starke Raubkatze aus dem Käfig lässt. Zunächst auf leisen Sohlen schleicht er durch die Boxengasse, doch auf der Strecke angelangt, passiert, wie Lauda im Nachhinein schildern wird, Folgendes: Er legt seinen berühmten Knopf im Kopf um, vergisst die Angst und fährt Vollgas. An der langen Start-Ziel-Geraden geht es mit knapp 300 km/h an der Boxengasse vorbei. 4,051 Kilometer lang ist eine Runde, doch in der zweiten Links-Kurve nach Start und Ziel passiert der erste Dreher. Der Motor stirbt ab. An einem dicken gelben Seil werden Niki und seine Raubkatze von einem Pick-up zurückgeschleppt. Bitter. Im nächsten Versuch wiederholt sich die Szene in derselben Kurve – rettender Anker ist wieder der Pick-up. Selbstverständlich zeigt sich auch in diesem Moment die Kämpfernatur Niki Laudas. Trotz dieses eher unglücklichen Beginns der Testfahrten in Valencia absolviert der Mann aus Pötzleinsdorf weitere Runden. Nicht so viele wie geplant – ursprünglich wollte Lauda eine volle Grand-Prix-Distanz absolvieren –, dafür aber hat er über die restliche Distanz keine Mühe, die Raubkatze zu bändigen und so das Auto auf der Strecke zu halten.

Lauda wäre nicht Lauda, hätte er nicht unmittelbar nach seiner durchwachsenen Darbietung die Lage schnell wieder im Griff. Er bedient die wartende Reportermeute mit gewohnt launigen Erklärungen. Jenem Affen, den er schon im Vorfeld beschworen hatte, gibt er nun Zucker. Augenzwinkernd schiebt er seinem Piloten Pedro de la Rosa, der zu diesem Zeitpunkt mit Eddie Irvine das Fahrerduo bei Jaguar bildet, die Schuld zu: „Ich habe mich zweimal gedreht, nur weil Pedro mir vorher sagte, wo ich bremsen muss, obwohl ich eigentlich mutig genug bin, das auch selbst herauszufinden. So bin ich, wie mir meine Ingenieure gesagt haben, zwar gleich schnell wie Pedro in die Kurve hineingefahren, im Unterschied zu ihm aber nicht mehr aus dem Linksknick herausgekommen." Und dann zeigt der Jaguar-Teamchef zarte Selbstkritik: „Interessant, wie clever und alt man auch immer ist, man reagiert doch dumm."

In diesem Moment mag Lauda die Erinnerung an eine Episode mit Gilles Villeneuve gestreift haben. Lauda war einst bei einem Grand-Prix-Training hinter dem 1982 in Zolder tödlich verunglückten Kanadier aus der Boxengasse gebogen. Schon in der ersten Kurve wurde er bei dieser Gelegenheit Zeuge, wie Villeneuve, der 1977 Laudas Ferrari-Cockpit geerbt hatte, sein Auto mit kalten Reifen von der Strecke warf. Nach diesem Training stellt ein sichtlich irritierter Lauda Villeneuve die Frage, wie man so unvernünftig sein könne, sein Auto schon in der ersten Kurve zu verlieren. Villeneuve entgegnete schlicht: „Niki, I can't do it different" – es ging einfach nicht anders.

Schlusspunkt einer glanzvollen Karriere

Der für Lauda an diesem Sonntagnachmittag wohl bitterste Moment war der Blick auf seine Rundenzeiten. Die schnellste Runde absolvierte er in 1:29,481 Minuten. Sein Fahrer Eddie Irvine war ein halbes Jahr zuvor rund 15 Sekunden schneller gewesen. Nüchternes Fazit: Lauda hatte sein gesetztes Ziel, maximal vier Sekunden langsamer als der Ire zu sein, um ganze elf Sekunden verfehlt. Mit einem Schuss Selbstironie zog sich Lauda letztlich gewohnt souverän aus der Affäre: „Ich hatte ohnehin nicht vor, Eddie Irvine oder Pedro de la Rosa aus dem

Cockpit zu verdrängen. Ich wollte nur ein besseres Gefühl dafür entwickeln, wie das Auto arbeitet." Der 13. Jänner 2002 wird wohl der letzte Tag bleiben, an dem Niki Lauda ein Formel-1-Auto im Kreis gejagt hat. Kurz und knapp versprach Lauda: „Ich mache das nicht mehr. Würde ich das wollen, müsste ich trainieren. Als Vorbereitung auf diesen Test habe ich lediglich weniger geraucht."
Ein lustiger Schlusspunkt einer glanzvollen Formel-1-Karriere, der Karriere eines scheinbar Unsterblichen. Dieser Mythos des Unsterblichen resultiert aus jenem tragischen Moment in Laudas Leben, in dem er dem Tod, der am 1. August 1976 am Nürburgring auf der Lauer lag, seine Stirn bot, ihm sein Ohr nicht nur lieh, sondern gar überließ, um dieses *per se* aussichtslose Duell gegen den Sensenmann schließlich im Krankenhaus von Mannheim unter rührender wie auch unwürdiger Anteilnahme aus aller Welt eindrucksvoll für sich zu entscheiden.

Tod, Herz und Sicherheit

Traurig, aber wahr – seit dem Jahr 1954 haben 80 Formel-1-Fahrer bei der Ausübung ihres Sports das Duell gegen den Tod verloren. 27 während eines Grand-Prix-Wochenendes (Training oder Rennen), sieben im Rahmen von Testfahrten, 46 bei anderen Motorsportveranstaltungen. Nicht mitgerechnet sind Formel-1-Piloten, die etwa bei Flugzeugabstürzen ums Leben kamen, wie der zweifache Weltmeister Graham Hill, Tony Brise oder der Brasilianer Carlos Pace. In der „offiziellen" Statistik ebenfalls „nicht berücksichtigt" sind zwei Helden, die uns in der Retrospektive von Niki Laudas Rennfahrerkarriere stets mit Lebensfreude begegneten: James Hunt und Clay Regazzoni.
Der Schweizer Gianclaudio Giuseppe „Clay" Regazzoni, kurz „Rega", war vier Jahre lang der Teamkollege von Niki Lauda. 1973 schon bei BRM „aneinandergekettet", ging das ungleiche, aber wirkungsvolle Paar 1974 zu Ferrari und fand im damaligen Ferrari-Rennchef Luca di Montezemolo jenen dritten Musketier, der notwendig war, um den Titel 1975 nach einer Durststrecke von elf Jahren wieder nach Maranello, heim zu Enzo Ferrari zu holen. Auch wenn Lauda laut eigener Aussage keine Freunde hat, seine Beziehung zu Regazzoni trug

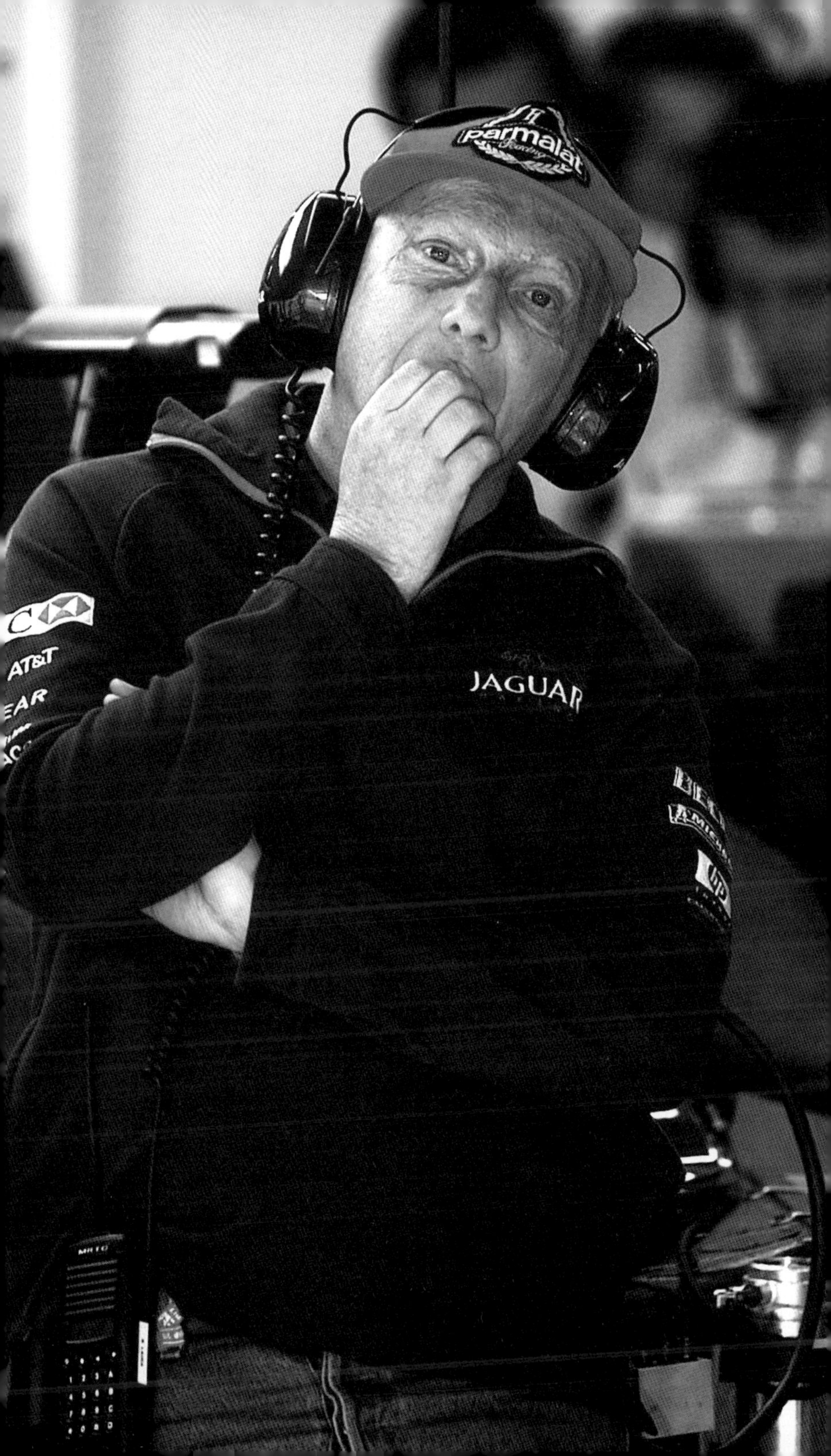
Parmalat
JAGUAR
AT&T

zumindest einen freundschaftlichen Anstrich. Was sicher auch darin seinen Ursprung hatte, dass Regazzoni klar war, Lauda auf der Strecke nicht das Wasser reichen zu können. Er fand sein Glücksgefühl in der herzlichen Bewunderung, die ihm die rennsportverrückten Italiener entgegenbrachten. Ihm flogen die Herzen der Tifosi zu, während Lauda sein Heil im Klischee des logisch denkenden Computers fand.

Eben jener Regazzoni und der Brite James Hunt besetzten in der ersten Periode von Lauda in der Formel 1 (1971 bis 1979) jene Nebenrollen, die in der zweiten Periode (1982 bis 1985) Alain Prost und Ayrton Senna innehatten; freilich unter anderen Vorzeichen. Im Gegensatz zu Regazzoni und Hunt repräsentierten Prost und Senna die ganze Verbissenheit der Formel 1 in den 1980er-Jahren. Das Lachen wurde bei Ayrton Senna erst durch seinen damaligen Teamkollegen und Freund Gerhard Berger ab 1991 frei – sein Herz ging sprichwörtlich durch diese Zuneigung, die weit über den Tod hinaus anhalten sollte, auf.

Ein ebenso großes Herz hatte der vierfache Weltmeister aus Saint-Chamond am Oberlauf der Loire, Alain Prost. Wenn auch der Konkurrenzkampf zuerst mit Lauda, dann mit Senna es dem im Formel-1-Zirkus als „Professor" gehandelten Franzosen wohl nicht erlaubte, zu viel seiner Güte zu zeigen. Auch wenn Niki Lauda gerne selbst das Computer-Image vor sich hertrug, ist seine Aussage aus dem Jahr 1979, wonach das Herz für einen Rennfahrer das wichtigste sei, unbestritten. Diesen bewegenden Satz sprach der damals kurz zuvor zurückgetretene zweifache Weltmeister (übrigens mit blauer Parmalat-Mütze am Kopf) in Venedig, in einer Gondel neben Journalisten-Legende Teddy Podgorski sitzend, in eine schaukelnde ORF-Kamera.

Wie Lauda und Berger ist Alain Prost eines der noch lebenden Formel-1-Denkmäler. Gemeinsam haben Prost, Lauda und Berger als Rennfahrer 586 Grand-Prix-Wochenenden überlebt, nicht zu reden von den zig-tausend Test- und Millionen Flugkilometern, während deren es mit dem Leben in einem Bruchteil von Sekunden vorbei sein kann. Lauda und Berger haben es am eigenen Leib verspürt. Beide saßen in einem brennenden Ferrari. Beim Absturz der Lauda-Air-Boeing 1991 über Thailand verloren 223 Menschen ihr Leben. Der Vater von Gerhard

Berger, Johann, starb 1997 bei einem Flugzeugabsturz nahe Kufstein, wenige Wochen vor Gerhard Bergers letztem Grand-Prix-Sieg in Hockenheim.

Regazzoni und Hunt scheinen in der „offiziellen" Liste der bislang 80 toten Formel-1-Fahrer nicht auf, obwohl sie ihr Leben ebenfalls bereits gelassen haben. Der am 5. September, dem Todestag von Jochen Rindt, geborene und stets dem Klischee des verwegenen Rennfahrers dienende Regazzoni aus dem Schweizer Tessin kam am 15. Dezember 2006 bei einem „normalen" Verkehrsunfall in Fontevivo nahe Parma ums Leben. Sein privater Chrysler Voyager „rutschte" unter einen Lastwagen. Wie seit einem Vierteljahrhundert fuhr er auch an diesem trüben Dezembertag mit Handgas. Regazzoni war seit 1980 an den Rollstuhl gefesselt. Damals beim Großen Preis der USA in Long Beach war sein Ensign wegen eines Bremsdefekts mit 280 Stundenkilometern in den stehenden Brabham des bereits ausgestiegenen Ricardo Zunino gekracht. Fortan war „der Unzerstörbare" querschnittgelähmt, was ihn nicht davon abbringen konnte, Autorennen wie etwa die Rallye Paris–Dakar zu fahren.

James Hunt, der hünenhafte Frauenheld aus Epsom in Südengland, schnappte Lauda in dessen persönlichem Horrorjahr 1976 den Weltmeistertitel in einem bemerkenswerten Showdown der anderen Art vor der Nase weg. Im letzten Rennen der Saison in Fuji hatte Lauda seinen Titel verloren, weil er aufgrund des starken Regens schon nach der zweiten Runde ausgestiegen war. Er hatte „Mut zur Angst" bewiesen, wie der *Corriere della Sera* am nächsten Tag titelte. Ärgerlich war nur,

ANIKIDOTE

Bei einem Ball des Sports in der Wiener Hofburg trat einmal der mit Abstand authentischste Lauda-Stimmenimitator Alex Kristan auf. Lauda wollte sich, wie stets, nach dem Buffet heimlich, still und leise davonmachen, aber seine Tischgesellschaft hatte ihn überredet, zu bleiben: „Das musst du erlebt haben, wie gut der dich kann." Lauda nahm kurz vor Kristans Auftritt seinen Sessel, stellte ihn unmittelbar vor die Bühne und nahm Platz. Der köstliche Kehlkopf-Künstler Kristan brachte unbeirrbar sein Programm über „Laudas" Sichtweise des ewigen Themas „Mann-Frau": „Also, entscheidend ist einmal der erste Eye-to-Eye-Contact, sozusagen das Qualifying. In diesen Sekunden fällt die Beziehungs-Decision über Sieg oder Niederlage." Lauda musterte ihn über die volle Länge ohne jede Regung und ohne jeden Lacher. Nach Kristans Abgang von der Bühne „stellte" er ihn aber, gratulierte und fragte: „Sag amal, wie machst du des?" – Angeblich sagte Kristan: „Mich fragst? Du musst des doch wissen!"

dass es bald nach Laudas Stehenbleiben aufhörte zu regnen. Hunt war weitergefahren und das Schicksal hatte ihn auf Platz drei und damit zum WM-Titel geschwemmt. 17 Jahre danach erlag Hunt 1993 einem Herzinfarkt, nachdem er den Gasfuß wohl zu spät von seinem exzessiven Lebensstil genommen hatte, der abgesehen von George Best konkurrenzlos war.

Es gibt kein Leben ohne Tod, nennt Konstantin Wecker eines seiner Bücher. Tröstlich.

Die Formel 1 dreht sich im Kreis

Gefahr und Tod haften am Typus des Automobil-Rennfahrers. Der Rausch ist die Geschwindigkeit; es gilt, Kräfte zu bändigen, welchen ansonsten nur Kampfpiloten und Astronauten ausgesetzt sind. Allein die physische Belastung, die es für den Menschen bedeutet, ein Auto mit diesen Geschwindigkeiten um einen Rundkurs zu jagen, setzt konsequentes körperliches Training voraus; Kraft wie Ausdauer sind notwendig. Es war Niki Lauda, der eine neue Einstellung in den Formel-1-Zirkus brachte: den unbedingten Willen, dem Rennsport, dem Erfolg darin, alles unterzuordnen. Ressourcen maximal auszubeuten, dafür hat Lauda offenbar seit je eine glückliche Hand. Das an sich langweilige Testen (keine euphorisierte Masse, kaum Frauen) war mit Laudas Übertritt zu Ferrari auch bei seinen trunksüchtigen Kollegen nicht mehr ganz verpönt, sondern wurde gerade wegen des ehrgeizigen Analytikers aus Pötzleinsdorf *en vogue.* Und so zu einem unverzichtbaren Baustein für alle Teams, die in der oft so beschriebenen „Königsklasse des Motorsports" vorne oder auch hinten mitmischen wollen. Seit 2009 sind Tests während der Saison verboten. In Zeiten der Wirtschaftskrise muss auch in der Königsklasse gespart werden, weil ein Testkilometer immerhin 800 Euro kostet. Wer behauptet, dass sich in der Formel 1 manches im Kreis dreht, hat nicht Unrecht.

Den Berg hinauf
oder Fahrt in die Hölle

Es beginnt mit einem Unfall. 1967 Wien-Pötzleinsdorf. Nikolaus Lauda, gerade 18 geworden, und sein Freund Peter Draxler holen den Mini Cooper aus der Garage. Dieser gehört dem damaligen Rapid-Präsidenten Josef Draxler, einem Geflügelhändler. Der Herr des Hauses ist nicht da, die Gelegenheit daher günstig. Der erste, der ins Auto klettert, ist Florian Lauda, Nikis um eineinhalb Jahre jüngerer Bruder, der auf der Rückbank Platz nehmen muss. 41 Jahre später erinnert sich dieser an den folgenschweren Ausflug auf die Höhenstraße: „Da gab es den Peter Draxler. Sein Vater hatte einen Mini Cooper und war irgendwo auf Geschäftsreise. Da haben wir zu dritt diesen Mini aus der Garage geholt und sind damit auf die Höhenstraße gefahren. Der Niki ist gefahren, neben ihm der Peter. Ich saß auf der Rückbank. Auf irgendeiner Brücke hatte es von unten angezogen, es war eisig, und wir sind aus der Kurve geflogen. Der Mini war vorne hin."
In Nikis Retrospektive, Anfang der 1980er-Jahre von Biograf Peter Lanz aufgezeichnet, verläuft dieser legendäre Ausritt – ob schon mit oder noch ohne Führerschein, stellt sich in den Erinnerungen der Brüder Lauda übrigens unterschiedlich dar – in etwa so: Von Pötzleinsdorf jagt Niki Lauda den Mini 1300 über Neuwaldegg in Richtung Höhenstraße. Es regnet, die Fahrbahn ist rutschig, die Räder donnern über das Kopfsteinpflaster. Das Autofahren macht richtig Spaß. Rechtskurve, Linkskurve, das Auto rutscht, Niki nützt seine mittlerweile zehnjährige Erfahrung hinter dem Steuer und lenkt wie selbstverständlich gegen, gibt Gas und bringt den Mini wieder auf Kurs. Für Draxler und Bruder Florian ist diese Art des Autofahrens offenbar neu. Sein Beifahrer ahnt Ungemach: „„Allmächtiger Gott, wenn das nur gut geht!", stöhnt Peter Draxler. Nervös klammert er sich an den Türgriff des Mini. Dritter Gang. Vierter Gang. 140 Stundenkilometer, selbst die Tachonadel zittert. Schon damals wird eine Linkskurve zum Verhängnis. Das Heck des

Niki Nationale | Der Rennfahrer

Wagens beginnt nach vorne zu drängen. Es splittert und kracht, der Mini rutscht in den Straßengraben. Nicht nur im sprichwörtlichen Regen standen die Jungs vor dem Blechhaufen. „‚Oh Gott!', sagt Peter Draxler wiederholt. ‚Was wird bloß mein alter Herr davon halten?'" Währenddessen findet Niki Lauda in gewohnt schneller Manier eine Lösung. Er sagt zu seinem Spezi: „Mach dir keine Sorgen, ich werde den Wagen deinem Vater einfach abkaufen."

Oma startet Laudas Karriere

Florian Lauda erzählt die Kurzversion: „Das Problem war natürlich, wie sagt man es dem Vater vom Peter. Und da wurde die Großmutter involviert. Der wurde gesagt, sie muss helfen, der Mini muss repariert werden. Das hat sie auch gemacht. Offensichtlich hat Niki mit dem Geld das Auto gekauft und bei Fritz Baumgartner für einen Rennwagen Cooper S in Zahlung gegeben. Damit ist er gleich Zweiter bei einem Bergrennen geworden. So hat die Oma, ohne es zu wissen, Nikis Karriere gestartet." Niki erinnert in seinen Memoiren an den Gang zur Großmutter: „Oma, ich hab da ein Problem. Wenn du mir nicht 38.000 Schilling leihst, muss ich vor Gericht." Um die Wichtigkeit seiner Bitte zu unterstreichen, sagt Niki: „Vielleicht komme ich sogar ins Gefängnis." Die alte Dame, die Niki sehr liebte, reagierte sofort, ging zur Bank und gab ihrem Enkel das geforderte Geld. Fortan besaß Lauda zwei Autos: das alte VW Cabrio und einen lädierten Mini. „Für Niki Lauda war es Mittel zum Zweck in den Rennsport einzusteigen. Alle möglichen Leute machten in den Jahren danach seiner Großmutter schreckliche Vorwürfe, dass sie ihm geholfen hatte, Rennfahrer zu werden. Wenn Niki Lauda zu einem Familienmitglied wirklich herzliche Beziehungen hatte, dann zu der alten Dame. Und als er, viele, viele Jahre später, beschloss, mit dem Rennfahren Schluss zu machen, da war es Marlene Lauda, seine Frau, die als erstes die Großmutter anrief und ihr von dem Entschluss erzählte", so Biograf Peter Lanz.

Die ersten Erfolge kamen schnell. Im 120 PS starken Cooper S, den Lauda dem damaligen österreichischen Tourenwagenmeister Fritz Baumgartner auf Pump abgekauft hatte (Baumgartner hatte die Villa

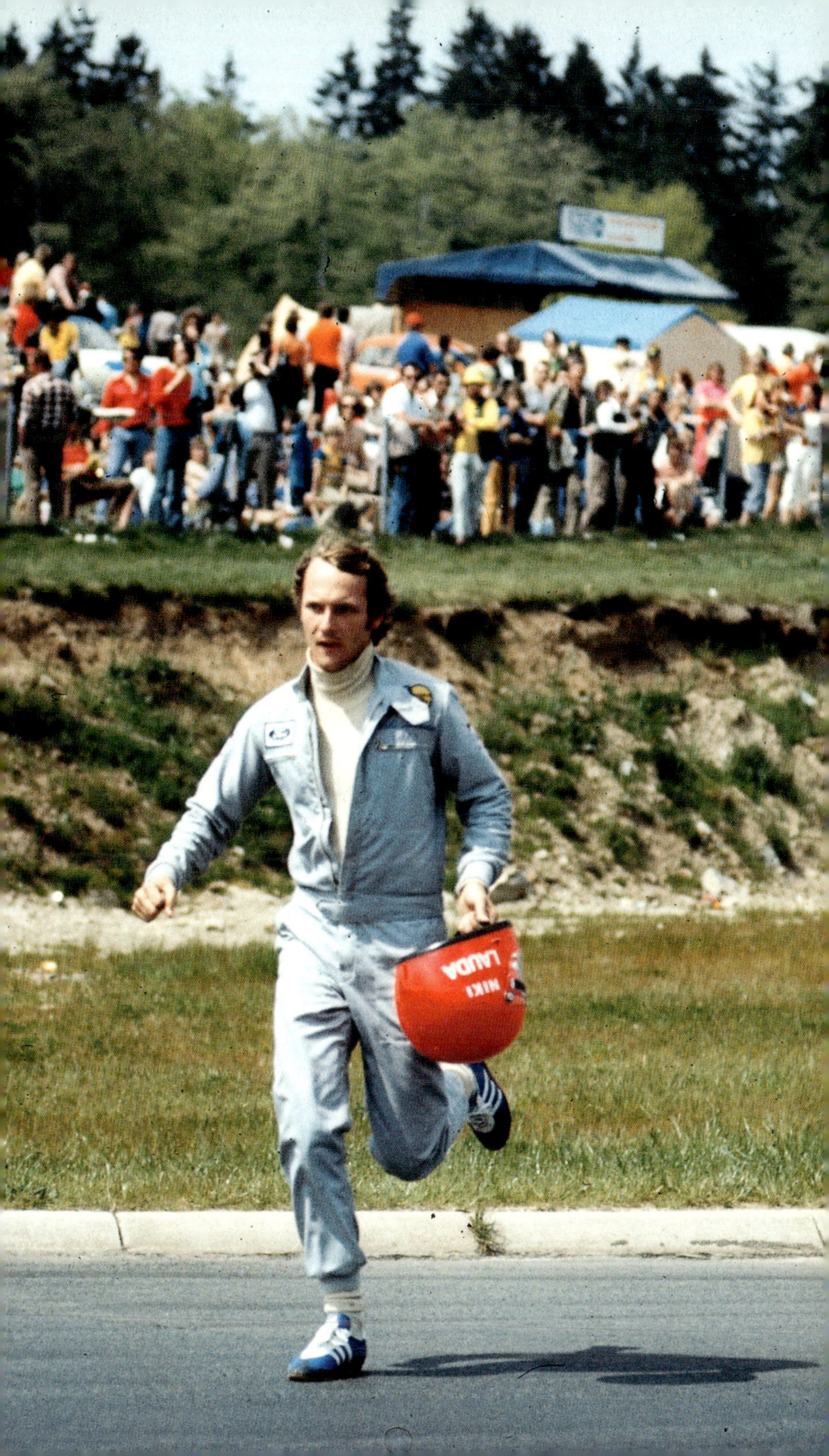
NIKI
LAUDA

Vorhergehende Seite: Die ersten (Lauf-)Schritte in der Formel 1. Niki Lauda läuft 1971 als Pilot für den Rennstall March-Ford über die Rennstrecke in Zeltweg.

Rechts: Lauda hatte sich für die Saison 1973 ins britische Marlboro-BRM-Team eingekauft. Seinem Teamchef Sir Louis Stanley versprach er, später zu zahlen. Berühmter Teamkollege damals war der Schweizer Clay Regazzoni. Hier driftet Lauda beim Grand Prix in Silverstone zu Platz 12.

Nächste Seite: Nach einem beeindruckenden Rennen auf BRM in Monte Carl, holte Enzo Ferrari Niki Lauda schon für die nächste Saison ins Team. Mit rotem Helm sitzt Lauda hier beim Grand Prix 1974 in Brands Hatch im Cockpit seines Ferrari.

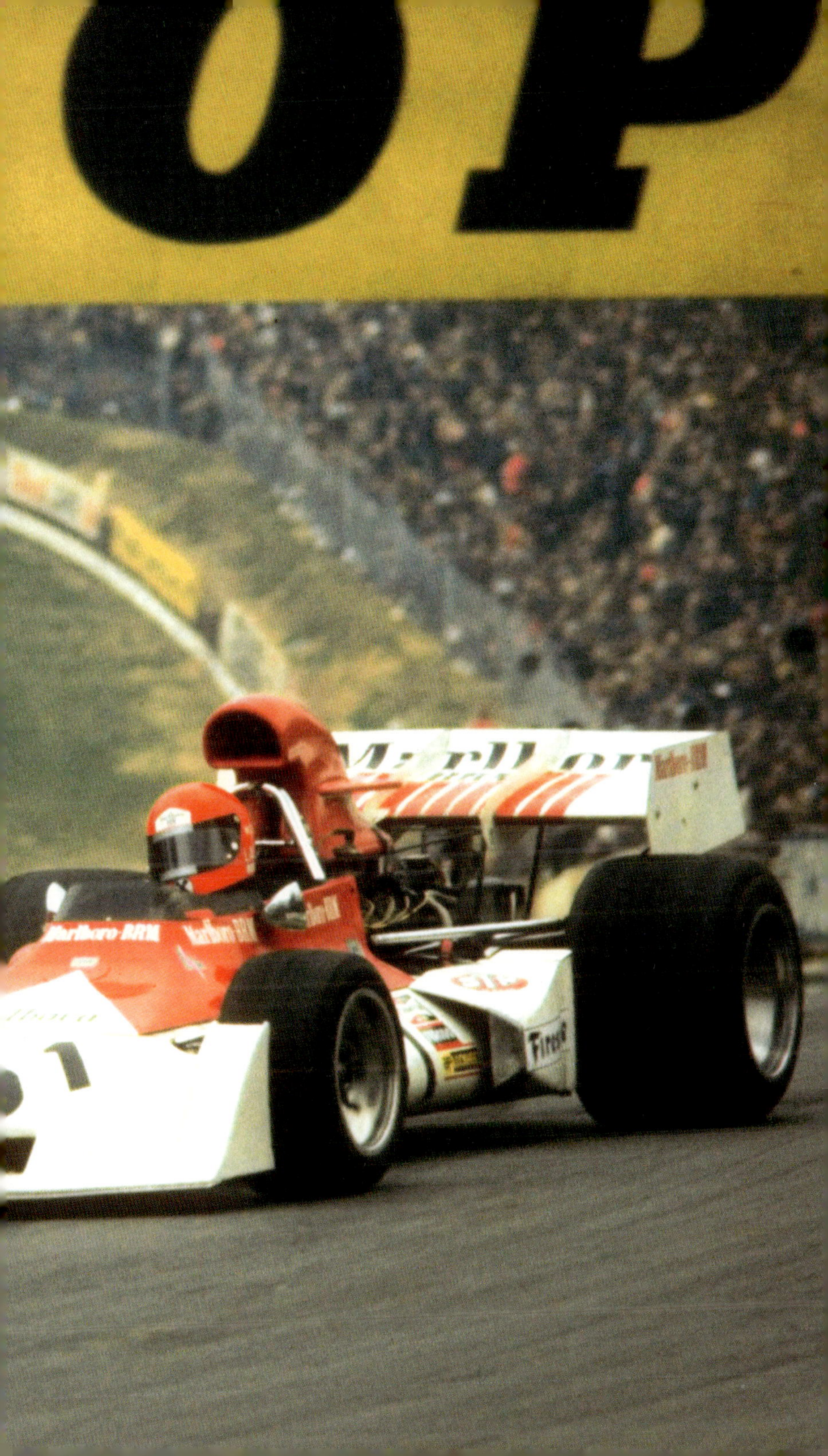
Marlboro-BRM

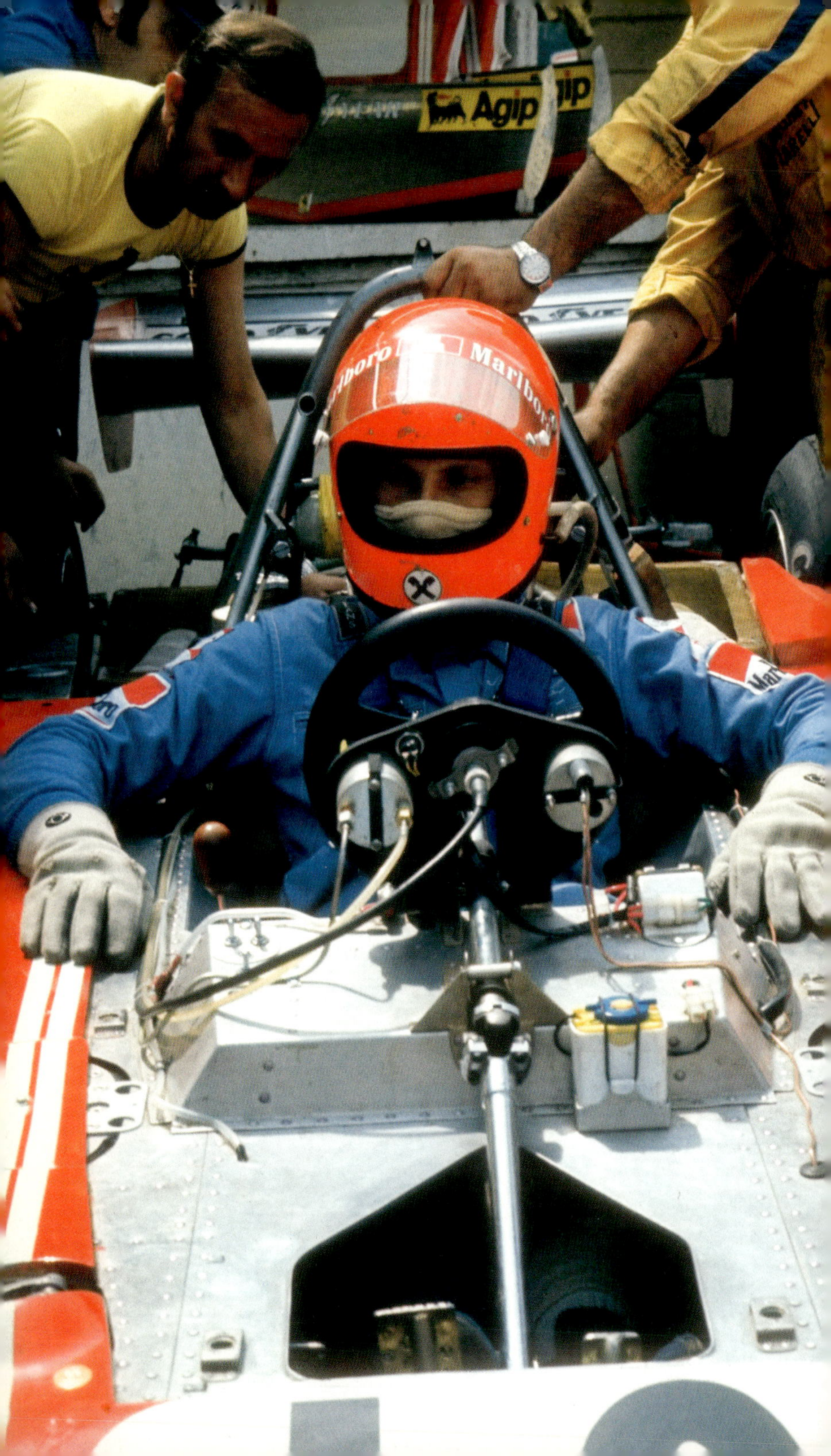
Agip
Marlboro

der Eltern in Pötzleinsdorf gesehen und willigte danach ein, Lauda 40.000 Schilling vorzustrecken), wurde er bei seinem ersten Rennen am 15. April 1968 in Bad Mühllacken in Oberösterreich in der Klasse Tourenwagen bis 1300 cm^3 Zweiter. 13 Tage später, beim Bergrennen am Dobratsch in Kärnten, sollte Niki Lauda der erste Sieg gelingen. Eine Woche später gewann er wieder, diesmal das Bergrennen am Alpl in der Steiermark. Der nächste Sieg kam am 26. Mai in Engelhartszell in Oberösterreich. Dr. Helmut Marko, in den Saisonen 1971 und 1972 österreichischer Formel-1-Rennfahrer, heute Hotelier in Graz und Motorsportbeauftragter beim Red Bull Racing Team, erinnert sich an den damals 19-jährigen Niki Lauda: „Es war bei einem völlig unbedeutenden Bergrennen, wir fuhren beide für das Kaimann-Team. Er war ein unbekanntes Bürscherl, aber wahnsinnig schnell im ersten Training, sogar Schnellster. Als ich mit ihm geredet habe, hat sich rausgestellt, dass er den Berg vorher nicht nur abgefahren, sondern abgekrochen ist. Er kannte jedes kleine Hupferl, hat jede Unebenheit registriert und so weiter. Damals war er noch nicht so vif wie heute, drum hat er mir verraten, wo er seine Zehntelsekunden holt, und da ist mir schon aufgefallen, dass er mehr denkt als alle anderen. Er hat sich bei diesem kleinen Rennen vorbereitet, als ginge es um das Finale der Berg-Europameisterschaft. Solcher Ernst war damals bei den jungen Fahrern eigentlich nicht üblich, wir haben grundsätzlich immer viel Hetz gehabt."

Die Schuldenspirale dreht sich

Hetz war für Lauda vorerst nebensächlich, er wollte, dass „etwas weitergeht". Nach nur sechs Wochen war Lauda der Mini Cooper langweilig geworden, ein neues Auto, eine neue Herausforderung mussten her. Er stieg in einen Porsche 911 S um. Der natürlich nicht bezahlt war. Er gehörte seinem Rennfahrer-Freund Peter Peter. Das System der Sicherstellung hatte sich bereits beim Cooper bewährt: Ein Blick auf die elterliche Villa genügte. Lambert Hofer, Lauda-Freund und selbst Kind aus gutem Wiener Haus, erzählt: „Typisch für diese Zeit war, dass das jeweilige Auto immer sein einziger Besitz war, und auch dieser

‚Besitz' war immer schwerstens schuldenbelastet. Ein einziger Unfall, und alles wäre aus gewesen. Versicherungen konnte sich damals natürlich keiner von den Jungen leisten. Es war aber selbstverständlich, dass Lauda seine Schulden irgendwann doch bezahlte, da gab es nie den geringsten Zweifel unter seinen Gläubigern, sicherlich auch nicht für ihn selbst. Irgendwann ist es sich immer ausgegangen."
Lauda nahm in der restlichen Saison 1968 an insgesamt neun Rennen im Porsche 911 teil. Er gewann fünfmal, wurde einmal Dritter, einmal Achter, nur in den beiden ersten Rennen schied er aus. Der Umstieg auf den Porsche hatte sich gelohnt, Lauda fiel Kurt Bergmann, dem Besitzer des Kaimann-Teams, auf. Schon 1969 bestritt er die gesamte Saison in einem offenen Formel-Rennwagen, einem so genannten Monoposto. Der Wiener Bergmann, bei dem auch der spätere Formel-1-Weltmeister Keke Rosberg seine Karriere startete, über Laudas Anfangsjahre und die damit verbundenen finanziellen Schwierigkeiten: „Es wurde ihm nichts geschenkt. Ja, er durfte in Finnland fahren – aber nur, wenn er das Auto selbst raufschleppte. Er war der erste, der am Nürburgring in der Formel Vau unter zehn Minuten fuhr, aber im Rennen drängte ihn Marko bei einem Sprunghügel ins Gras. Er war drauf und dran, in Hockenheim zu gewinnen, in den letzten paar Kurven wechselte dreimal die Führung zwischen ihm und Breinsberg, bis ihm Breinsberg in der letzten Kurve über die Schnauze fuhr und gewann. ‚So ein Rotzbua!', schimpfte Breinsberg nachher, ‚was sich der einbildet!' Lauda hatte technisch überhaupt keine Ahnung, aber er hatte Instinkt, ein sehr gutes Gefühl, das er aber nicht erklären und schon gar nicht theoretisch untermauern konnte. Sein Leben war total auf Motorsport ausgerichtet. Er fragte mich, ob er ein guter Fahrer sei oder ob ich glaube, dass er ein guter Rennfahrer werden würde. Ich hatte das Gefühl, er könnte zur österreichischen Spitze kommen und eventuell ein recht brauchbarer Formel-2-Fahrer werden. Für Größeres gab es damals keine Anzeichen. Vor allem aber hatte ich das Gefühl, er würde am Finanziellen scheitern, denn Geld war entscheidend für den Aufstieg. Er war ja ohnedies zu allen Tricks bereit und hatte eine unglaubliche Hartnäckigkeit gegenüber Leuten, von denen er sich irgendwas erhoffte, aber trotzdem: Ich sah einfach für ihn keine Chance,

so viel Geld aufzutreiben, wie damals nötig war, um wirklich rasch weiterkommen zu können, beispielsweise in die Formel 2. Da half auch nicht, dass er privat sehr bescheiden lebte, er hatte immer das gleiche Gewand an und leistete sich nichts außer dem Motorsport."
Über den Fahrstil sagte Bergmann im Jahr 1977, als Lauda schon zweifacher Weltmeister war: „Ich kam drauf, dass Lauda mit jeder nächst höheren PS-Klasse immer besser wurde. Wenn die heutigen Formel-1-Autos nur 200 PS hätten, wäre Lauda nicht Weltmeister, aber wenn alle Grand-Prix-Wagen 1000 PS hätten, wäre er noch überlegener, als er heute ist. Je mehr es darauf ankommt, viel Kraft mit subtilem Einfühlungsvermögen auf den Boden zu bringen, umso deutlicher wird die Klasse Laudas. Damit war er recht konträr zu Jochen Rindt, der sich mit Wildheit durchsetzte."

Der Tod zeigt seine Krallen

In seiner Formel-Vau-Saison holte Niki Lauda zwei Siege und eine Reihe zweiter und dritter Plätze. Sein Weg führte ihn konsequent in die nächsthöhere Klasse. 1970 fuhr Lauda auf der einen Seite Sportwagenrennen in einem Porsche 908, in erster Linie um ein bisschen Geld zu verdienen. Sportlich verbiss er sich in die Formel 3 und fand für wenig Geld ein Cockpit in einem McNamara Mk3B Ford des Bosch Racing Team Austria. Von der ersten Sekunde an jedoch zeigte sich Laudas Abneigung gegen die Formel 3. Sein erster Unfall passierte bereits nach fünf Minuten im Training von Nogaro in Frankreich. Lauda fuhr mit seinem linken Vorderrad ausgerechnet über das rechte Hinterrad des McNamara seines Teamkollegen Gerold Pankl, des damals zweiten Österreichers in der Formel 3. Laudas Wagen wurde durch die Luft geschleudert, flog über einen Streckenposten, schlitterte anschließend 100 Meter an der Leitschiene entlang. Das Pech blieb auch in der restlichen Saison an seinen Rädern haften. Am 6. September 1970 schließlich kam jenes Rennen im belgischen Zolder, das für Lauda zu einem Schlüsselerlebnis werden sollte. Am Tag zuvor war in Monza Jochen Rindt tödlich verunglückt. Sein Rennen – tausend Kilometer nördlich – schildert Lauda, sicher auch unter dem Schock des Todes jenes

Mannes, der posthum der erste österreichische Formel-1-Weltmeister werden sollte: „Es war der Gipfelpunkt des Verrückten. Dritte Runde: Ein Unfall – Hannelore Werner – irgendwo auf der Strecke. Wir kamen in Formation über die Kuppe, mit Tempo 210. Da war plötzlich der Ambulanzwagen mit Tempo 50 vor uns. Die ersten drei haben sich rechts vorbeigezwängt, Hunt war dabei und Birrell. Dann wollte noch einer rechts vorbei, der hat's aber nicht mehr geschafft, begann zu kreiseln. Daraufhin wollte ich links vorbei, inzwischen kreiselte der eine Wagen aber nach links, wir kollidierten, ich drehte mich, der nächste Wagen schoss mich volley ab. Alles spielte sich mitten auf der Fahrbahn ab, ich stand da mit meinem zerlemperten Auto, da kam die nächste Gruppe über den Hügel. Inzwischen waren schon die gelben Fahnen draußen, es gab jede Menge Signale, aber die Meute blieb voll am Gas. Ich konnte nur warten, auf welcher Seite sie mich abschießen würden. Einer flog über meine Schnauze, dann sprang ich raus und rannte einfach weg." Erstmals zeigte der Tod dem jungen Rennfahrer die Krallen. „Ich wollte nicht mehr ein Wahnsinniger in einem Feld von 20 Wahnsinnigen sein." Lauda zog die Konsequenz: Formel 1 um jeden Preis.

1985, in Laudas letzter Formel-1-Saison, spielt sich am Abend nach dem ersten Training in der Tip-Top-Bar zu Monaco folgende Szene ab: Keke Rosberg, der einst wie Lauda in Bergmanns-Team in der Formel Vau gefahren war, bestellt einen Whisky und sagt plötzlich zu Lauda: „Kommt dir das Ganze hier nicht blöd vor? Es ist pervers, wie wir mit unseren Schüsseln hier herumfahren, es ist zum Kotzen. Ich wäre heute am liebsten ausgestiegen." Lauda antwortete dem damals wohl „wildesten Hund" der Formel 1: „Ich war auch schon knapp dran." 15 Jahre nach dem Wahnsinns-Formel-3-Rennen in Zolder oder rund 250 Rennen später schloss sich hier für Lauda wieder ein Kreis.

Im Kreis
der Formel 1

Sonntag, 15. August 1971, Zeltweg, Großer Preis von Österreich. Es ist brütend heiß am Österreich-Ring, 120.000 Menschen fiebern auf den Tribünen dem Start entgegen. Unten in der letzten Startreihe in einem March-Ford schwitzend, geht der Bubentraum von Andreas Nikolaus Lauda in Erfüllung. Und zwar genau so, wie er es sich als Zwölfjähriger vorgestellt hatte. Damals waren er und sein Bruder Florian bei Onkel Heinz, dem Bruder ihres Vaters, eingeladen gewesen und hatten sich im Kreis der Familie ein Formel-1-Rennen im Fernsehen angeschaut. Florian Lauda erinnert sich: „Da ist der Niki hinten gesessen und hat gesagt: ‚Mein Gott, einmal möchte ich nur hinten in der letzten Startreihe stehen und auch mitfahren.'" Genau dort sitzt er jetzt, in der letzten Reihe.
Für Bubenträume hat der mittlerweile 22-jährige Formel-1-Debütant keinen Kopf mehr. Nach nur 20 Rennen in Monoposto-Autos hat es Lauda endlich in den Kreis der Formel 1 geschafft – er ist der jüngste Pilot im Feld, neben Debütant Helmut Marko der zweite österreichische Lokalmatador. Lauda hatte schon im Training Probleme, der March, in den er sich eingekauft hat, blieb nach wenigen Runden mit Motorschaden liegen. Lauda schimpfte wie ein Rohrspatz über seinen „unfahrbaren" Mietwagen. Das Rennen musste er mit einem Ersatzmotor bestreiten. 20 Runden lang kämpfte der Wiener wacker mit seiner „Fehlkonstruktion", um den March schließlich mit Lenkungsdefekt, so die offizielle Begründung, in der Box abzustellen. „Bevor ich noch rausgeflogen wäre", diktierte Lauda verärgert in die Notizblöcke der heimischen Reporter. Sein Resümee zum Debüt: „Man muss eben schauen, dass man ein Auto hinkriegt, mit einer Gurke kann man in der Formel 1 nichts anfangen." Die Geschichte des Rennens schrieb der Schweizer Jo Siffert mit einem Start-Ziel-Sieg. Jackie Stewart stand danach trotz Ausfalls nach 1969 bereits zum zweiten Mal als Welt-

meister fest, weil sein Verfolger Jacky Ickx im Ferrari mit Motorschaden liegen geblieben war. March-Teamchef Max Mosley hatte schon im Laufe des Jahres 1971 Laudas Akribie beim Abstimmen des Autos bemerkt. Deshalb holte er ihn im Herbst als Testpilot ins Team. Formel-1-Grand-Prix durfte er in diesem Jahr hingegen keinen mehr bestreiten.

Laudas Hauptbeschäftigung 1971 war die Formel 2. In deren Rahmen konnte sich Lauda erstmals mit den besten Fahrern der Welt messen. Sein Teamkollege war der Schwede Ronnie Peterson, über den Lauda schon 1971 sagte: „Er galt als Talent schlechthin. Seine Fähigkeit, mit schlecht liegenden Autos zu fahren, war enorm. Ronnie war hauptsächlich deswegen schneller, weil er einfach mehr riskierte und extremer fuhr. In einem Rennen erlebte ich aber zu meiner Überraschung, dass ich an Ronnie dranbleiben konnte. Mein zum damaligen Zeitpunkt verwegener Gedanke war: Warum fahre ich dem Kerl nicht einfach vor? Gesagt, getan. Im Laufe des Rennens bekam ich Signale aus der Box, dass ich Ronnie vorlassen solle. Obwohl ich ihn für die Dauer des Rennens sicher nicht hinter mir halten hätte können, weil er so viel risikofreudiger war als ich, entstand zu meinen Gunsten dennoch der Eindruck, ich hätte Peterson absichtlich wieder vorbeigelassen."

Für Lauda verlief dieses erste Abtasten mit der Weltklasse ohne zählbare Ergebnisse. Zwar lernte er gerade durch Peterson viel über die magischen Zehntelsekunden, die eine fliegende Runde von einer gewöhnlichen unterscheiden, doch das höchste der Gefühle blieben ein vierter Platz in Rouen (Frankreich, Sieger Peterson) am 27. Juni und zwei sechste Plätze. Ansonsten auch zweistellige Ergebnisse und eine Reihe von Ausfällen. Ein Blick auf den Kontostand am Ende der Saison zeigte ein Minus von zirka 333.000 Schilling. Verdienen konnte Lauda zu diesem Zeitpunkt nur bei Tourenwagenrennen. Das tat er auch.

Schulden und noch mehr Schulden

1972, Laudas erstes Jahr in der Formel 1, begann also mit einem kräftigen Minus. Nicht nur etwa die eben erwähnten 333.000, sondern er

Formel-Vau-Rennen am Flugfeld Wien-Aspern: Niki Lauda (Nr. 7) führt auf seinem Kaimann das Feld durch die Schikane.

hatte bei der Raiffeisenbank 2,5 Millionen Schilling Schulden. Wie das? Blenden wir zurück auf den Oktober 1971: Lauda ging zu seiner Hausbank, der Ersten Österreichischen Sparkasse, die ihm schon für die abgelaufene Saison eine halbe Million Schilling geborgt hatte, um den Kredit auf 2,5 Millionen aufstocken zu lassen. Als Sicherheit bot er seine Lebensversicherung bei der Allianz sowie das zu erwartende elterliche Erbe an. Der Kredit sollte über fünf Jahre laufen. Lauda glaubte den Kredit unter Dach und Fach gebracht zu haben, als er nach London flog, um bei March, damals das einzige Team der Formel 1, das ein Kauf-Cockpit anbot, den Vertrag zu unterzeichnen. Der Deal für das Cockpit in Max Mosleys Team kostete ihn 2,5 Millionen Schilling. Die er eigentlich noch nicht hatte. Als Lauda nach Wien zurückkehrte, passierte für ihn das Unfassbare. Der Vorstand der Ersten hatte das Kreditansuchen des jungen Lauda abgelehnt. Mautner-Markhof, ein guter Freund von Laudas Großvater, hatte als Vorstandsmitglied gegen einen positiven Bescheid gestimmt. Er wusste, dass Hans Lauda die Rennfahrer-Karriere seines Enkels ein Dorn im Auge war. Eine Welt war für Lauda zusammengestürzt. Es kommt zum endgültigen Bruch mit dem Familienoberhaupt der Lauda-Dynastie. Wie erwähnt, sollte Niki Lauda noch 1977 seinen, zu diesem Zeitpunkt bereits verstorbenen Großvater in einem *Newsweek*-Interview als *pompous bastard* beschimpfen.

Doch Lauda improvisierte, wand sich aus dem Werbevertrag mit der Ersten, der noch zwei Jahre gelaufen wäre, heraus und suchte sich eine andere Bank. Lauda wusste: „Wenn ich den Kontrakt mit March nicht einhalten kann, bin ich erledigt. Dann ist alles aus." Und tatsächlich gelang es ihm, einen neuen Geldgeber zu finden: Am 12. Oktober 1971 genehmigte die Raiffeisenbank in Wien das Kreditansuchen. Dr. Karlheinz Oertel, damals Werbeleiter der Raiffeisenbank, imponierte der junge Lauda, den er zuvor nur aus der Zeitung kannte: „Mich beeindruckten die fixen Vorstellungen, die er von seiner Karriere hatte." Dabei hatte Oertel beim ersten Kennenlernen nach Laudas einleitenden Worten: „Ich brauch' zweieinhalb Millionen Schilling", zuerst noch geantwortet: „Und wohin wollen'S das Schloss bauen?" Doch die beiden Geschäftsmänner sollten ein gutes Duo werden. Lauda schloss eine Lebensversicherung über 2,5 Millionen Schilling ab. „Die hätte die Bank kassiert, wenn ich mich im ersten Jahr erschlagen hätte", sagt Lauda, der den Kredit in Monatsraten zurückzahlen musste. Außerdem beinhaltete der Vertrag 300.000 Schilling Werbe-Anteil, die Lauda in den folgenden drei Jahren kassieren sollte. Oertel wollte mit dem jungen Formel-1-Neuling als Werbeträger einen neuen Stil der Raiffeisenbank vermitteln. „Wir müssen unseren Ruf als Bauernbank loswerden", argumentierte Oertel damals.

Das fahrende „Scheißhaus"

Die erste Formel-1-Saison war gesichert. Endlich Rennfahren. Niki Lauda erinnert sich in seiner Biografie aus dem Jahr 1977 an March-Testfahrten in Jarama, Spanien, im April 1972: „Ich hatte zwei Grand Prix hinter mir, Argentinien und Südafrika, einen elften und einen siebenten Platz, ich war der kleine Benjamin des Teams, schön leise und brav, selbst als Leutnant für Ronnie Peterson eine Nummer zu klein. March hatte das neue ‚Wunderauto' hervorgebracht, den 721 X (mit dem Getriebe vor dem Differenzial). Ronnie Peterson testet zwei Tage lang, ich darf brav zuschauen. Zur gleichen Zeit testet auch Jackie Stewart seinen Tyrrell. Beim Zeitvergleich stellt sich heraus, dass Peterson fast so schnell wie Stewart war, die March-Leute sind überglücklich und euphorisch: endlich haben wir das Wunderauto! Dass Stewart zwischendurch von der Strecke gerutscht ist, dass er während des gesamten Tests Probleme hatte, wird einfach unter den Teppich gekehrt. Die March-Leute sehen nur, dass Teamkollege Peterson fast so schnell wie Jackie Stewart, zu diesem Zeitpunkt zweifacher Weltmeister, ist. Wie gesagt, alle liegen sich in den Armen. Im Hotel wird gefeiert. Ich sitz' still dabei. Am letzten Testtag darf ich auch in das Auto einsteigen. Dass die Schaltung keine definierten Ebenen hat, wurde mir schon geflüstert. Die Ingenieure wollten mir eine Faustregel beibringen. In etwa: Wenn zwischen Schalthebel und Monocoque Platz für drei Finger war, dann war es der vierte Gang, bei zwei Fingern, der fünfte. Ich wollte losfahren, fand aber keinen Gang. Ich rührte um. Dauerndes Verschalten bleibt die prägende erste Erinnerung an diese March-Tests. Nach drei Runden drehte ich mich schon, obwohl ich damals wahnsinnig darauf bedacht war einen guten Eindruck zu machen. Der March 721 X: Das Ding lag fürchterlich. Mir war unbegreiflich, wie man mit so einem Scheißhaus Rennen fahren konnte."

Lauda fährt an diesem Testtag kaum mehr als 15 Runden, die Zeiten sind bescheiden, den Technikern gegenüber nimmt er sich kein Blatt vor den Mund – das Auto liege schlecht, sei aus seiner Sicht unfahrbar. March-Direktor und Designer Robin Herd tröstet ihn: „Wenn du einmal so viel Erfahrung hast und so gut fahren kannst wie Ronnie Peterson, dann wirst du das auch schaffen." Selbstzweifel quälen Lauda, der zusehen muss, wie „Zauberer" Peterson seine deprimierenden Erfahrungen mit dem March zu widerlegen scheint. Doch dann relativiert sich wieder alles – im GP von Spanien in Jarama fallen beide March früh aus, nach dem belgischen Grand Prix ist jedoch endgültig klar: Der March 721 X ist „eine Totgeburt, ein kompletter Versager, ein rundum schlecht konstruiertes Auto".

Teamkollege Ronnie Petersons Begabung, auch ein „Scheißhaus" wie den 721 X traumwandlerisch sicher am Limit zu bewegen, verhalf dem Schweden im Lauf der Saison 1972 zu spektakulär schnellen Rundenzeiten und respektablen Rennergebnissen, wie etwa dem dritten Platz beim Grand Prix von Deutschland am Nürburgring. Insgesamt sammelte Peterson in diesem Jahr 12 WM-Punkte. Die Lauda-Bilanz hingegen liest sich vernichtend: 11., 7., Ausfall, 16., 12., Ausfall, 9., Ausfall, 10., 13., Disqualifikation und – gleichsam als „krönender" Saisonabschluss in den USA beim Grand Prix von Watkins Glen, als Lauda mit 10 Runden Rückstand auf Sieger Jackie Stewart abgewunken wurde – *not classified*.

Selbstmordgedanken und absurdes Theater

Lauda stand am Ende seiner ersten Formel-1-Saison scheinbar auch schon wieder vor dem Ende seiner Formel-1-Karriere. Peter Lanz schmückt die Szenerie in seiner Niki-Lauda-Biografie blumig aus: „Es war einmal, und zwar im November 1972, ein magerer, brünetter Junge, der in einem Wiener Weinlokal begann, sich zu betrinken. Ein Glas Wein trank dieser junge Mann, der für gewöhnlich nur Apfelsaft und Milch zu sich nahm, nach dem anderen. Er hatte guten Grund dazu. Er war pleite. Er hatte Schulden und keinen Job. Der Junge war Niki Lauda. Er hatte hoch gepokert und verloren. Da stand er nun mit einem horrenden Kredit und ohne Rennwagen. Denn Max Mosley hatte ihn Ende der Saison 1972 auf die Straße gesetzt." Was war passiert? Niki Lauda war bei Testfahrten für March in Bicester von Max Mosley mit der vernichtenden Tatsache konfrontiert worden, dass er in der kommenden Saison nicht Formel 1 fahren könne – nur testen, Rennen aber nur in der Formel 2. Lauda spricht seinem Freund Herbert Völker 1977 in dramatischer Weise aufs Tonband: „Ich war niemals vorher und niemals nachher in meinem Leben so verzweifelt wie damals, als ich von Bicester nach Hause fuhr. Sogar der Gedanke, mit dem Wagen in irgendeine Mauer zu fahren, war gar nicht so absurd. Ich war am Ende: Ich hatte zwei Millionen Schilling Schulden (500.000 von der ursprünglichen Summe hatte ich inzwischen durch Startgelder und Tourenwagen-Preisgelder zurückbezahlt), also zwei Millionen Schul-

*Max Mosley setzte Niki Lauda Ende der Saison 1972 auf die Straße.
Für den verschuldeten Formel-1-Neuling brach eine Welt zusammen.*

den und kein Auto, keinen Vertrag fürs nächste Jahr. Die ganze Rechnung hatte ja nur dann eine Chance aufzugehen, wenn ich in meiner Karriere weiterkam – wie sollte ich je diese Summe mithilfe eines ‚normalen' Berufs zurückzahlen? Ich rechnete mir aus, wie lang ich zurückzahlen würde, hätte ich irgendeinen Schreibtischjob: Wenn man Zinsen und ein Existenzminimum als Eigenverbrauch berücksichtigte, ergab sich irgendetwas zwischen 40 und 70 Jahren, je nach Grad des Optimismus."

Vor den Augen Laudas leuchtete ein Name als letzte Hoffnung: Louis Stanley, Boss des britischen BRM-Teams. Der 1911 geborene englische Adelige, der 2004 im biblischen Alter von 92 Jahren gestorben ist, galt als Peter Ustinov der Formel 1. Stanley, bei jedem Wetter perfekt mit Anzug und Krawatte gekleidet, hatte für die anstehende Saison 1973 sein Team für *British Racing Motors* bereits aufgestellt: Clay Regazzoni, der Schweizer, den er zum Weltmeister machen wollte, als Nummer zwei den Franzosen Jean-Pierre Beltoise, der den Grand Prix von Monaco in einem spektakulären Regenrennen für BRM gewonnen hatte, und den

Australier Vern Schuppan. Lauda setzte alles auf eine Karte, er wusste, er muss Louis Stanley Geld anbieten. Was er auch tat. Im Gegenzug garantierte Stanley Testfahrten im BRM. Auf der Rennstrecke Paul Ricard in Frankreich schließlich setzte sich Lauda erstmals ins BRM-Cockpit und war auf Anhieb schnell. Sehr schnell. Stanley bot Lauda an, ihn gegen ein Eintrittsgeld zu verpflichten. Lauda versprach den Sponsor zu bringen, man vereinbarte einen Termin im Flughafen-Restaurant Wien-Schwechat. Das Treffen erinnert an absurdes Theater. Lauda setzt Raiffeisen-Werbechef Oertel unter dessen heftigen Protesten ins Auto und fährt mit ihm zum Flughafen. Lauda bearbeitet Oertel: „Du kannst ruhig sagen, dass du von einer Bank bist. Stanley muss nur glauben, dass du mein Sponsor bist. Du brauchst nichts unterschreiben, auch nichts sagen. Nur dabeisitzen." Oertel spielt mit. Das Schauspiel gelingt, Stanley lässt sich sogar erweichen, ein für ihn scheinbar unbedeutendes Detail im Vertrag zu ändern: nämlich den Termin, zu dem Lauda ihm das Geld zu überweisen hat. Möglichst spät, bittet Lauda und Stanley akzeptiert. Was der Brite zu diesem Zeitpunkt noch nicht weiß, vielleicht aber ahnt: Lauda sollte ihm aus den Start- und Preisgeldern, die er für sein Antreten im BRM-Team erhalten würde, direkt seine Schulden zurück überweisen. Nach dem Prinzip: Fahre heute, zahle morgen. Das Formel-1-Cockpit für das Jahr 1973 war gesichert.

Im diesem Jahr fiel dann am 3. Juni die Kugel der Fortuna beim Straßen-Roulette von Monaco auf Lauda. Nach dem Start fand sich der damals 24-jährige BRM-Pilot unter den Augen der Weltöffentlichkeit an dritter Position wieder. Vor ihm nur Jackie Stewart und Emerson Fittipaldi. 25 Runden lang hielt Lauda Jacky Ickx im Ferrari auf Distanz. Dann platzte das Getriebe beim BRM und Laudas Traum vom ersten Platz am Podium. Zur selben Zeit runzelte in Fiorano ein damals 75-jähriger Italiener mit klingendem Namen vor dem Fernsehapparat die Stirn – dieser junge Mann im BRM-Cockpit war ihm nicht mehr gleichgültig ...

Ferrari

Enzo Anselmo Ferrari hat Italien nie verlassen. Geboren zwischen dem 18., 19. und 20. Februar 1898 in Modena, gestorben ebenda am 14. August 1988. *Il Commendatore*. Feuerspeiender Drache. Liebender Vater. Mythos Ferrari oder ein Rennstallbesitzer wie jeder andere? Am 21. Juli 1976 sitzen im Hinterzimmer des Restaurants Cavallino, das gleich gegenüber dem Ferrari-Werk in Maranello liegt, Niki Lauda, Enzo Ferrari und dessen außerehelicher Sohn Piero Lardi. Die Stimmung ist aufgeheizt. Ferrari hatte seinem regierenden Weltmeister über den *Corriere della Sera* ausrichten lassen, dass dieser nur noch närrisch auf die Fliegerei sei, sich nicht mehr ums Auto kümmere, seine Arbeit vernachlässige und überdies die Schuld am Motorschaden beim Grand Prix von Frankreich zwei Wochen zuvor zu tragen habe. Lauda hatte Mitte dieser Saison 1976 bereits fünf Rennen gewonnen und zu jenem Zeitpunkt, als sich nachfolgende Szene mit dem Commendatore zutrug, in der Weltmeisterschaftswertung 31 Punkte Vorsprung auf seinen ersten Verfolger Jody Scheckter. 11 Tage vor seinem Feuerunfall am Nürburgring streitet Lauda im Hinterzimmer von Maranello mit Enzo Ferrari um den Vertrag für 1977. Wie Lauda in seinem Buch *Protokoll. Meine Jahre mit Ferrari* schreibt, lässt „der Alte" rasch keinen Zweifel daran, dass er auch die nächste Saison mit seinem Weltmeister fahren möchte. Nicht so sicher ist er bei Regazzoni, den er suspendieren möchte, Lauda will jedoch „Rega" wieder im Team haben. Das Gespräch spitzt sich dramatisch zu, als der Commendatore Lauda plötzlich nach seinen Gehaltsvorstellungen fragt: „Ich nenne die Summe in Schilling. So und so viel Millionen. Er sagt kein Wort, steht auf, geht zum Telefon, ruft den Buchhalter Della Casa an und fragt ihn, wie viel so und so viel Millionen Schilling in Lire seien. Ruhig wartet Ferrari die Antwort ab und setzt sich ohne ein Wort zu sagen gegenüber. Dann brüllt er los, Enzo Ferrari schreit wie am Spieß: Eine Frechheit, eine Schweinerei, was ich mir erlaube, ich sei verrückt geworden, wir brauchen nicht mehr miteinander zu reden, wir gingen ab sofort getrennte Wege. Wenn der Alte Atem holt, übersetzt Sohn Piero Lardi schnell den letzten Fluch. Für derlei Verhandlungen ist ein Dolmetsch ein brauchbares Zwischenstück, damit die Schimpfworte und Flüche so ein bisserl abstrakter werden. Ich bitte Piero dem Commendatore zu übersetzen, da wir nun getrennte Wege gingen, könne ich ja heimfliegen. Piero sagt, ich soll sitzen bleiben. Ich sage, Ferrari solle ein Gegenoffert machen. ‚Nein', sagt der Alte, das könne er nicht. Denn er will nur glückliche Fahrer in seinem Team und sein Gegenangebot könne mich mit Sicherheit nicht glücklich machen. Dennoch tut er es."

Als das Gegenangebot Ferraris ein Viertel unter Laudas Forderung liegt, gerät nun dieser in Wut, verweist darauf, dass ihm bereits Teammanager Audetto um ein paar Millionen Lire mehr geboten hätte. In die Enge getrieben, lässt der Commendatore Audetto kommen, der die Aussage Laudas bestätigt – brüllend vor Wut macht er ein „letztes Angebot", das jedoch noch immer deutlich unter der geforderten Summe liegt. Lauda zeigt „guten Willen" und kommt ihm um ein Prozent entgegen, verweist darauf, dass Ferrari ohne ihn nicht Weltmeister geworden wäre. Der „Alte" beginnt wieder zu toben, „ die Tiraden dauern eine volle Stunde, er geht auf und ab, brüllt, schimpft, holt das letzte aus sich heraus. Schließlich eine Frage, die mir bekannt vorkommt: ‚Wie viel?' Ich gehe um weitere vier Prozent herunter. ‚Mein letztes Angebot', sage ich.

‚O.K., Ebreo, du Jude!', sagt Ferrari. Mit diesem Augenblick ist dieser Mann wieder der angenehmste Gesprächspartner, den man sich wünschen kann."

Blenden wir zurück: Während des Großen Preises von Monaco im Jahr 1973, in dem es Lauda gelungen war, Jacky Ickx im Ferrari 25 Runden hinter sich zu halten, saß der Commendatore zu Hause in Modena vor dem Fernseher und fasste damals wohl den Entschluss, Lauda zu Ferrari zu hieven. Bis Lauda von diesem Ansinnen Enzo Ferraris Wind bekommen sollte, dauerte es noch Wochen. Der erste, den der „Alte" ins Vertrauen zog, war Luca Cordero di Montezemolo. Der am 31. August 1947 geborene di Montezemolo stammt aus einer alten Adelsfamilie im Piemont, die bereits seit mehreren Generationen sehr enge Beziehungen zum Agnelli-Clan pflegte. Im Jahre 1973 wurde er als

26-Jähriger persönlicher Assistent von Enzo Ferrari; seit 2004 ist er Vorstandsvorsitzender von FIAT. Gemeinsam mit Lauda und Regazzoni bildete Montezemolo in der Funktion des Ferrari-Formel-1-Rennleiters in den Jahren 1974 und 1975 jenes Dreigestirn, das den ersten Titel seit elf Jahren für die Scuderia überhaupt erst ermöglichen sollte.

Mit dem „Drachen" zur NASA

Lauda wusste von all den Vorgängen bei Ferrari nichts. Für ihn hatte sich der Gang ins Casino zu Monaco an jenem Sonntag, dem 3. Juli 1973, längst ausgezahlt. BRM-Teamchef Louis Stanley, dem Lauda bis zu diesem Zeitpunkt noch immer die vertraglich zugesagten Millionen schuldig geblieben war, offerierte seinem Bezahl-Fahrer direkt nach dem Rennen im Fürstentum einen Dreijahresvertrag. Stanley bot dem Formel-1-Neuling für die laufende Saison eine Million Schilling, damit war Laudas Schuldenberg nur noch ein überschaubarer Hügel. Mit einer noch in dieser Nacht hingekritzelten Unterschrift unter den BRM-Vertrag war Lauda ein Formel-1-Fahrer, der damit auch endlich Geld verdienen konnte. Beinahe aber hätte ihm diese Unterschrift seine sportliche Zukunft verbaut. Denn Ferrari sollte bald anrufen.
Zu jener Zeit pflegte Lauda regelmäßig mit seinem Cousin Eugen, den er damals Jenzy nannte, über einen Anruf von Ferrari zu scherzen. Jenzy hatte ihm sein Salzburger Büro als administrativen Stützpunkt zur Verfügung gestellt. Wenn Lauda dort nach einem Rennen eintrudelte, um seine Post durchzusehen, scherzte er: „Hat der Enzo schon angerufen?" Der Cousin antwortete für gewöhnlich augenzwinkernd mit „Heute noch nicht" oder „Die Telefonleitung war gestört". Doch als Lauda in diesen Wochen nach seinem großen Auftritt beim Grand Prix in Monte Carlo das Ritual beim Betreten des Salzburger Büros wiederholen wollte, kam ihm sein Cousin, noch bevor Lauda etwas sagen konnte, zuvor: „Ferrari hat angerufen." Lauda erinnert sich: „‚So, so', sagte ich, ‚hat er gesagt, er schmeißt jetzt alle raus und holt den großen Lauda?' Jenzy war aber zu aufgeregt zum Blödeln. Monte-sowieso-Video habe angerufen, um Vertraulichkeit und ein Rendezvous gebeten. Der Name stellte sich als Montezemolo raus, Ferrari-Rennleiter,

und ich traf ihn im August in London. Luca Montezemolo, eine wichtige Figur meiner Karriere: jung, groß, elegant, gebildet, ein ‚Avocato', aus dem Rand der Agnelli-Dynastie stammend. Er hatte eben seinen Fahrstuhl im Fiat-Konzern betreten, und es war klar, dass für ihn ein Knopf in der obersten Etage gedrückt war. Luca ist trotzdem gut, das macht alles viel leichter mit ihm."

„Ferrari nimmt sich gegen alle anderen Formel-1-Teams aus wie die NASA zu einem Verein zur Förderung des Drachensteigens", hat die Wiener *Kurier*-Edelfeder Helmut Zwickl einst formuliert. Und genauso erlebte Niki Lauda seinen ersten Kontakt mit der Ferrari-Teststrecke in Fiorano: „Ja, ich war noch bei den Drachensteigern unter Vertrag und sah plötzlich sozusagen alle Wunder der Technik: eine eigene Rennstrecke mit automatischer Zeitnahme, mit Fernsehüberwachung und Computern. Ein vergleichsweise riesiges Werk, jede Menge an Monteuren, Ingenieuren und Verwaltungspersonal. Mir war unvorstellbar, wie man in diesem Team keinen Erfolg haben konnte." Lauda unterschrieb sofort bei Ferrari, obwohl er wenige Wochen zuvor beim „Drachenflieger-Verein" BRM von Louis Stanley einen Dreijahresvertrag unterzeichnet hatte. Die Erklärung lieferte er kurz darauf in einem Interview mit der *Autorevue*: „Ich gehe konsequent meinen Weg, das ist keine Diskussion, finde ich. Wenn mir einer in den Weg kommt, oder es passt nicht, wird er praktisch weggeräumt. Ich nehm' nicht viel Rücksicht. Aber ich bemüh' mich, bei Nebensächlichkeiten, die in meinen Augen nicht so wichtig sind, niemandem etwas Böses zu tun, es ist ja kein Grund da. Aber wenn's um etwas Wichtiges geht ... anders kommst ja nicht weiter."

Zwei Unterschriften, ein Weg

Lauda betrachtete seinen Schriftzug unter dem Vertrag mit dem BRM-Boss als eine „Nebensächlichkeit". Und tatsächlich hatte Louis Stanley keine Chance, diese unterschiedliche Bedeutung zweier geleisteter Unterschriften (BRM und Ferrari) ein und derselben Person (Lauda) umzudrehen. Der Vertrag zwischen ihm und Lauda war rechtlich gesehen nicht einmal das Papier Wert, auf das er eilig geschrieben worden war. „In Monte Carlo aufgesetzt, von einem Briten und einem Österreicher unterzeichnet – ‚da streitet man schon zehn Jahre um den Gerichtsort' (Jurist und Grand-Prix-Kenner Helmut Marko) –, hatte das ominöse Stück Papier nicht viel Chancen, jemals zum entscheidenden Beweisstück zu werden", beschreibt Günther Effenberger 1975 in seinem Buch *Niki Lauda* eindrucksvoll die aussichtslose rechtliche Lage für BRM. Sir Stanley war sauer: „Stanley will heute von Lauda noch Geld, der Wiener musste sogar noch BRM-Rennwagen testen, als er schon im Ferrari-Sold stand. Wenn Lauda und Stanley damals einander an der Rennstrecke begegneten, schaute der Sir demonstrativ weg. Niki blieb kühl, ohne Emotionen."

Lauda gibt dem Journalisten Herbert Völker 1977 seinen Einstieg bei Ferrari zu „Protokoll": „Im Spätherbst 1973 begann ich mit meinem Job bei Ferrari. Testen, testen und wieder testen. Das Auto, anfangs unerhört schwer zu fahren, wurde Schritt für Schritt besser. Mit Konstrukteur Mauro Forghieri kam es menschlich nur zum Abtasten, Schwierigkeiten gab es vorerst keine. Auch mit meinem Kollegen Clay Regazzoni lief alles okay: Wir wurden zwar nie echte Freunde, aber ich habe ihn immer geschätzt. Er passt großartig ins Klischee des Rennsports: Weiber, brutal, klein, untersetzt, Schnurrbart. Er ist der Filmtyp des Champions. Die Leute verwechseln das manchmal mit der Realität und meinen: Er ist noch immer einer aus der alten Garde der Pulverdampf-Piloten. Blödsinn, nichts als Klischees. Clay schaut eben zufällig so aus und nicht anders."

Im ersten Rennen von Niki Lauda für die Scuderia am 13. Jänner 1974 in Argentinien katapultiert ihn sein Ferrari prompt zum ersten Mal aufs Podium. Lauda verpasst seinen ersten Sieg nur um 9 Sekunden und wird hinter dem Neuseeländer Denis Clive Hulme im McLaren-Ford Zweiter. Es war übrigens der letzte Formel-1-Sieg des Weltmeisters von 1967. Weitere 10 Sekunden dahinter Ferrari-Teamkollege Clay Regazzoni. Acht Tage später stirbt Laudas Großvater Hans. Am 27. Jänner 1974 erreicht Lauda beim beim Grand Prix von Brasilien in Interlagos nur den letzten Platz der Startaufstellung. Im Rennen fällt er nach drei Runden aus – Motorschaden, eine der 96 Ferrari-Ventilfedern war gebrochen. Lauda: „Die ganze Saison wurde zur Abschlussprüfung meiner

Lernjahre – und dabei lernte ich noch immer. Ich lernte verlieren, nicht das normale Verlieren, sondern die verschärfte Art." In Brands Hatch bei einem Formel-1-Rennen, das nicht zur WM zählte, verpasste Niki Lauda den ersten Sieg im Ferrari hauchdünn. Ein kaputtgegangener Gummiring am Stoßdämpfer ermöglichte im Finish das problemlose Vorbeiziehen von Jacky Ickx am in Führung liegenden Niki Lauda. Der Wiener war trotzdem von seinem zweiten Platz im Regenrennen begeistert: „Ich sage euch, mit dem Ferrari kann man alle schlagen." Ferrari-Konstrukteur und Brillenträger Mauro Forghieri hingegen war es nicht: „Ich möchte nicht noch einmal sehen, dass Lauda nur mit einer Hand am Volant voll fährt und mit der andern das Visier putzt." Zwei Monate später in Südafrika dominierte Lauda Training und Rennen. Erste Poleposition, Führung bis kurz vor Schluss, als Reutemann an Lauda vorbeigehen konnte. Ein rätselhafter Fehler in der Ferrari-Zündbox führte zu Zündaussetzern, bis der Wagen stand. Bitter.

Erster Sieg, erste Euphorie

Nächstes Rennen, erster Sieg. Beim Grand Prix von Spanien am 28. April 1974 in Jarama katapultierte Ferrari Lauda und Lauda Ferrari zum ersten Mal ganz nach oben (im Bild rechts die Siegerehrung). Der Pokal dieses Rennens diente Lauda lange als Kugelschreiberhalter auf seinem Schreibtisch im Haus in Hof bei Salzburg. Nun wussten es alle Journalisten, die es immer schon gewusst oder auch nicht gewusst hatten. Lauda war ein kommender Weltmeister. Beim Zuseher erwachten Erinnerungen an die souveränen Siege von Jacky Stewart. Teamkollege Regazzoni im zweiten roten Renner wurde zwar Zweiter, hatte aber auf Niki mehr als eine halbe Minute Verspätung.
Lauda gewann in seiner ersten Ferrari-Saison noch einen zweiten Großen Preis, nämlich jenen von Holland in Zandvoort. Über das Jahr gesehen sind das immerhin doppelt so viele wie sein Schweizer Teamkollege einfahren konnte. Regazzoni hatte seinen einzigen Sieg am Nürburgring gefeiert. Dennoch verlor der verwegene Held aus dem Tessin die Weltmeisterschaft erst im letzten Rennen an den Brasilianer Emerson Fittipaldi im McLaren. Lauda wurde in der WM-Wertung 1974

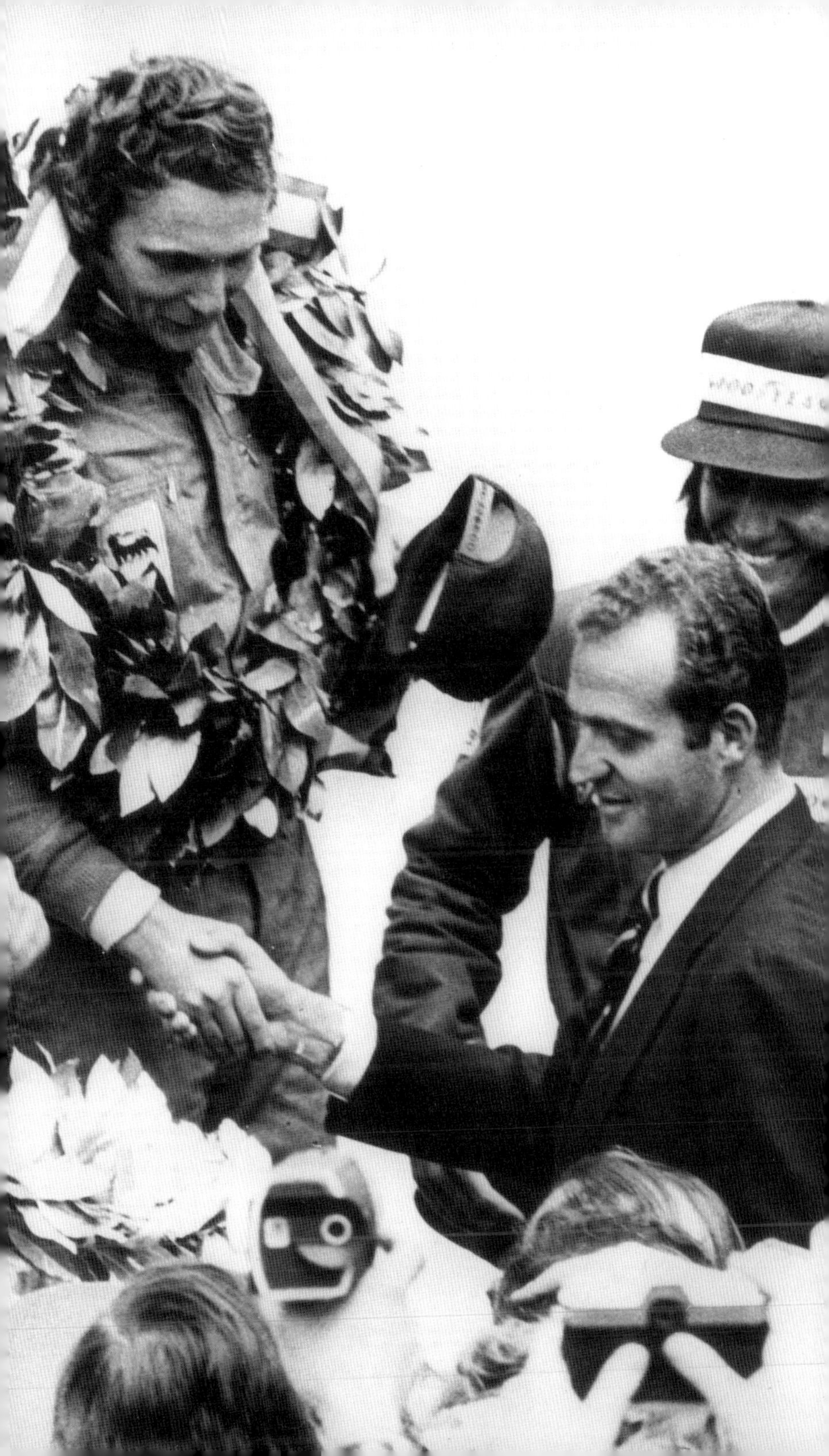

Gesamtvierter, in den letzten fünf Rennen ging Laudas *cavallino rampante*, das galoppierende Pferd als Symbol für Ferrari, regelmäßig mit ihm durch – sein Ferrari und er sahen in keinem dieser Grand Prix das Ziel.

Erster Weltmeistertitel, erstes Tafelservice

Am 31. Oktober 1975 schreibt Lauda mit der Hand: „Ich freu mich, jetzt als Weltmeister das Vorwort für Heinz Prüllers *Grand-Prix Story 75* schreiben zu dürfen. Für mich war es ein besonders hartes Jahr, aber ich bin sehr froh, es so abgeschlossen zu haben."
Der Formel-1-Universalgelehrte Heinz Prüller beschreibt darin, was sich aus seiner Sicht in den ersten Minuten in Monza um den Weltmeister abgespielt hat: „Niki Lauda ist ganz allein, einsam inmitten des totalen Chaos, das sich rund um ihn zusammenbraut ... Hunderte von Carabinieri kämpfen verzweifelt gegen die Tifosi – eine wildgewordene, vor Freude besinnungslose Masse, die sich, Meter für Meter, von drei Seiten näher schiebt. Es sieht aus wie Dammbruch. Oder, mehr noch, wie Krieg. 15 Minuten vorher ist Lauda im königlichen Park des Autodroms von Monza Weltmeister geworden: Als 14. in der Reihe der großen Namen, als zweitjüngster der Geschichte (nach Emerson Fittipaldi, 1972), als zweiter Österreicher (nach Jochen Rindt, 1970) und als sechster Ferrari-Pilot. Aber er hat bis jetzt kaum Zeit gefunden zu reden, noch sich zu freuen: Mariella [!] ist noch in der Box festgeklemmt, chancenlos, sich selbst zu befreien – und Ferrari-Rennleiter Luca Montezemolo von den Carabinieri abgedrängt, fast weggeprügelt worden. Berittene Polizei hat Lauda von der Box zur Siegerehrung durchgeschleust, von dort ins Fahrerlager. ‚Unterwegs hat eins der Pferde ausgeschlagen, nur zwei Zentimeter neben meinen dünnen Rennpatschen aufgestampft', berichtet Niki leise."
Lauda selbst gab über seinen ersten WM-Titel zu „Protokoll": „Sommer 1975, dieser unvergleichliche Spätsommer: Der Computer Lauda, der Techniker Lauda, der Rechner Lauda, der kalte Lauda ist schon fast Weltmeister. Vor allem aber ist der Computer verliebt. ‚Aktion Ibiza' läuft mehrmals in diesen Wochen, streng geheime Missionen, dazu

braucht's einen verschwiegenen Piloten, Marlene [!] und mich. Ich habe die Öffentlichkeit ausgebremst, kein Journalist weiß Bescheid. Es sind die schönsten Tage meines Lebens. Dann Monza und der endgültige Weltmeistertitel. Konsequenz: Das berufliche Jahresziel ist erfüllt, ich werde nächstes Jahr mehr Geld verdienen. Keine Feiern, höchstens die ganz-ganz kleinen zu zweit, ein paar kräftige Umfaller mit Freunden. Ehrungen öden mich an: DESWEGEN bin ich nicht Weltmeister geworden. Die offizielle Ehrengabe der Sportbehörde, ein sogenanntes Tafelservice für 12 Personen, findet bald irgendeinen Liebhaber, der mehr damit anfangen kann als ich: Was tu ich mit den riesigen Platten? Ich käme mir vor wie ein Oberkellner mit dem pompösen Zeug: Nehmen noch Fisch, Gnädigste?
Ich überdenke meinen Marktwert neu, natürlich. Jedes öffentliche Tier hat seinen Marktwert. Meiner wird um 30 Prozent nach oben korrigiert. Sonst ändert die gewonnene Weltmeisterschaft nichts in meinem Leben, absolut nichts. Ein Tag auf Ibiza gibt mir mehr als alle Ehrungen miteinander."

Niki Lauda mit seiner berühmten Parmalat-Kappe vor dem Ferrari-Symbol, dem cavallino rampante.

Niki Nationale | Der Rennfahrer

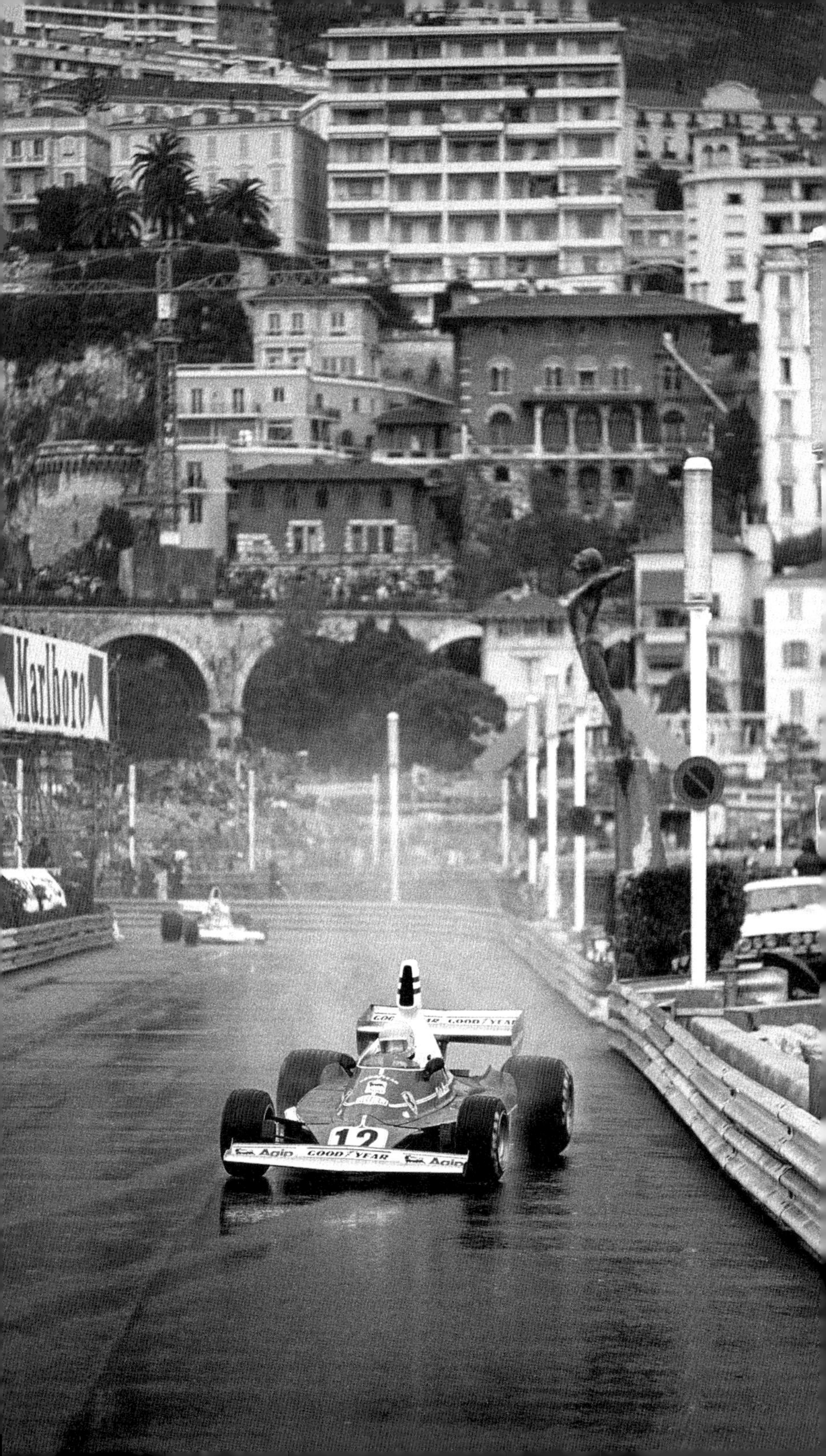
Marlboro
GOOD/YEAR
12
Agip
GOOD/YEAR
Agip

1. August 1976
und der Mut zur Angst

„Jetzt fahrst du hier im Vierten runter. Volles Rohr. Ich würd' sagen, 240 bis 250 Sachen. Schau, was da ist, wenn dir ein Reifen platzt! Oder ich fahr' da rauf ... da runter ... da rein. Da bist weg. Schau, was da ist ... nichts. Felsen. Böschung. Das ist eine Ecke, die geht gerade voll zum Beispiel. Schau, da ist nichts! Da köpfelst du – weißt du, wie weit es da runtergeht?" Das ist das Tonbandprotokoll von Niki Lauda, drei Tage vor seinem Feuerunfall am 1. August 1976 am Nürburgring. Aufgezeichnet hat es *Kurier*-Motorsportkenner Helmut Zwickl, als er mit Lauda im Privatwagen just an jener Stelle (Teilstück Bergwerk, Kilometer 10,7) vorbeikam, an welcher der Unfall 72 Stunden später passieren sollte. Eine Episode hat die beiden nachdenklich gemacht. Ein kleiner Bub hatte Lauda als Dank für ein Autogramm ein Bild vom Grabstein des Jochen Rindt in die Hand gedrückt. Lauda legte die Fotografie ins Handschuhfach.

Drei Tage nach dieser Streckenbesichtigung stürzt um 4.46 Uhr in Wien die Reichsbrücke ein. Nur wenige Stunden später verunglückt Lauda am Nürburgring bei Kilometer 10,7. Oliver Lemmerer, Radio-Legende, erinnert sich als Zeitzeuge an diesen denkwürdigen Tag in Österreich: „Die Familie war in der Küche in unserem Haus in Kainisch bei Bad Aussee versammelt. Drei Generationen, die Großmutter, die Eltern. Nachmittagsstimmung eben. Wir saßen alle ums Radio herum und plauderten gedämpft. Die Stimmung war wegen der Reichsbrücken-Meldung angeschlagen. Dann sagt die Oma plötzlich ruhig: ‚Da is was!' Und wir hörten augenblicklich auf zu reden. Die Küche war erfüllt von der Stimme eines aufgeregten Sportreporters. Niki Lauda verunglückt. Katastrophe. Feuer. Dann kamen die ersten Live-Einstiege,

Lauda dominierte beim Regen-Grand-Prix in Monte Carlo 1975, in seiner ersten Weltmeistersaison.

erste Details. Die Betroffenheit war riesig. Es war, als würde der Bundespräsident in Lebensgefahr schweben. Oder der Papst."
Peter Lanz schreibt über den Unfall: „Niki Lauda schrie gellend. Er saß zusammengesunken inmitten jenes Scheiterhaufens, der einmal sein Rennwagen gewesen war. Sein bloßer Kopf war nach vorne gekippt, ein Holzpflock, vielleicht auch der Drahtverhau der Streckenbegrenzung hatte ihm den Sturzhelm vom Schädel gerissen und dabei auch die Verbindung zu der Rettungskartusche unterbrochen, die im Notfall 50 Sekunden lang Atemluft in den Helm blasen sollte. Links und rechts unter dem Wagen züngelten Flammen hoch, loderten auf. Polyester, Reifengummi und die Magnesiumlegierung brannten. Es war 14 Uhr 13 Minuten und 59 Sekunden an einem kühlen, regnerischen Sonntag im August. Dann explodierte der Treibstoff."

Von Mannheim nach Monza

Niki Laudas Hirn hat den Unfall gelöscht. Doch durch den 8-Millimeter-Amateurfilm, von zwei Augenzeugen, Vater und Sohn, gedreht, haben sich die Bilder ins kollektive Gedächtnis aller Österreicher und aller Motorsportinteressierten rund um den Globus eingebrannt. Dieses Filmdokument würde es nicht geben, wenn sich nicht an diesem Tag Vater und Sohn exakt an dieser Stelle postiert hätten. Fernsehbilder gibt es nicht. Dafür war der 22,835-km-Kurs damals schlicht zu lang. Die „grüne Hölle", so taufte Jackie Stewart das Streckenungetüm in der Eifel, hatte 73 Kurven, Steigungen bis zu 18 Prozent (zwischen Caracciola-Karussell und der Hohen Acht), Gefälle bis 11 Prozent (Fuchsröhre). Die zittrigen Bilder vom 8-Milimeter-Streifen zeigen, wie Laudas Ferrari mit den linken Rädern beim Linksknick vor der scharfen Rechtskurve mit Namen Bergwerk den inneren Randstein berührt. Das Heck bricht aus, Lauda lenkt gegen, plötzlich biegt das Auto rechts ab und prallt in die Rettungszäune, gegen die Böschung. Mit etwas mehr als 200 Stundenkilometern gegen die Holzpflöcke, der Ferrari wird wieder auf die Strecke katapultiert. Brett Lungers Wagen rammt den Ferrari, der die Fahrbahn blockiert, schiebt ihn hundert Meter weiter. Merzario, Lunger, Edwards und Ertl, die Konkurrenten auf der Strecke, kämpfen um Laudas Leben. „Laudas Schreie waren entsetzlich. Ich verstand nicht, was er rief, aber ich kann es mir vorstellen", erzählte der drahtige Italiener Arturo Merzario, der „wie der liebe Gott" – so rief einst Niki Lauda aus, als er die Bilder der Rettungsaktion sah – in die Flammen sprang, um den Gurt zu lösen und Lauda mithilfe seiner Kollegen zu bergen. Peter Lanz beschreibt die dramatische Szene: „Merzario und Edwards bemühten sich um den Schwerverwundeten. (...) Sie betteten Lauda ins Gras neben der Piste. Brett Lunger, der 13 Monate lang als Marine-Infanterist in Vietnam gekämpft hatte, war bis über die Knöchel in der weichen, brodelnden Plastikmasse der brennenden Fronthaube gestanden, seine Schuhe waren ganz verkohlt. Am Tag zuvor war Lungers Vater in den USA gestorben. John Surtees, der Teamchef, hatte es ihm freigestellt, ob er starten wollte, und Brett antwortete: ‚Mein Job ist es, Autorennen zu fahren, ich werde meinen Vertrag erfüllen und starten. Dann werde ich meinen Vater begraben.' Lungers blauer Overall hatte Laudas Gesicht ge-

ANIKIDOTE

Laut seinen engsten Vertrauten verblüfft Lauda kleinere Runden gern mit Lauda-Witzen. Ungesichert ist, ob er sie nur kokett und selbstironisch bei passender Gelegenheit „parat" hat oder ob er sie sogar sammelt und archiviert. Der älteste Joke davon ist zweifellos: Warum hat Liza Minnelli Niki Lauda nicht geheiratet? – Na, wer will schon Lauda-Liza heißen *(auf wienerisch: lauter-leiser)?*

Aber auch die beiden folgenden, etwas deftigeren Späße soll Lauda bereits höchstpersönlich zum Besten gegeben haben:

1. Lauda im Restaurant. Der Ober kommt, Lauda sagt: „Ich hätt' gern irgendwas kleines Knuspriges!" – Darauf der Ober: „Warum nehmen S' dann nicht Ihr Ohrwaschl, Herr Lauda?"

2. Lauda sucht einen Flugzeugmechaniker. Auf die Annonce melden sich drei Burschen. Beim Vorstellungsgespräch stellt Lauda stets dieselben Fragen, als letzte jeweils: „Was fällt Ihnen an mir auf?" Der Erste sagt: „Ihnen fehlt ein Ohr." Lauda schmeißt ihn raus. Genauso läuft es beim Zweiten. Dann kommt der Dritte. „Was fällt Ihnen an mir auf?" – „Sie tragen Kontaktlinsen." Lauda ist angenehm überrascht: „Richtig! Verraten Sie mir nur, wie Sie da draufgekommen sind?" Darauf der Mechaniker: „Na ja – ohne Ohr – wo soll denn da eine Brille halten?!"

Niki Nationale | Der Rennfahrer

streift. An der Stelle bleibt ein Blutfleck zurück. (...) Der Ire John Watson, der sechs Jahre später Laudas Teamkollege bei McLaren wurde, kniete hinter ihm und hielt seinen Kopf. Lauda fragte: ‚Wie sehe ich aus?' ‚Nicht so schlimm!', log Watson. ‚Das Gesicht...?' ‚Ist okay, Niki.' Über die Wange rann ein dünner Blutfaden. Er atmete stoßweise. An seinen Händen klebte Plastikmasse."
Lauda wurde ins Krankenhaus in Adenau transportiert, wo einst auch Jochen Rindt nach einem Unfall mit seinem Formel-Junior-Rennwagen gelegen war. Nicht ohne Pannen. Der Fahrer des Rettungswagens wollte die Schleife am Nürburgring zu Ende drehen, statt ein Stück gegen die Fahrtrichtung zu machen. Der deutsche Rennfahrer Hans-Joachim Stuck, damals im Cockpit für March, trommelte gegen die Scheibe des Wagens: „Seid ihr verrückt? Der stirbt euch noch auf der Fahrt, wenn ihr nicht schneller macht!" Im Krankenhaus angekommen, lief es ähnlich kurios weiter. „Ein Arzt hielt Lauda einen Telefonhörer entgegen: ‚Ein Gespräch für Sie, Herr Lauda', sagte er. ‚Der brasilianische Rundfunk. Die wollen ein Interview mit Ihnen machen.' Es war völlig absurd. Lauda lag auf der Trage, bekam einen Telefonhörer in die Hand gedrückt und sprach live mit einem Reporter. Das Gespräch wurde in Brasilien im Rundfunk gesendet. Aber Lauda weiß bis heute nicht, was er damals gesagt hat."
Lauda wird zuerst nach Ludwigshafen in eine Spezialklinik für Brandopfer gebracht, später geht es, wieder mit dem Krankenwagen, weiter nach Mannheim in die Intensivstation. Er schwebt in Lebensgefahr, erhält die Letzte Ölung. Nach vier Tagen wird der Tubus entfernt. Lauda kann wieder sprechen. Und was viel wichtiger ist, Lauda wird leben. Ein Stück vom rechten Oberschenkel wird ins Gesicht transplantiert. Die *Bild-Zeitung* schüttet Geschmacklosigkeiten über den prominenten Verunglückten aus. Zur Schlagzeile „Niki Lauda kommt durch ... aber wie lebt ein Mann ohne Gesicht" wurde damals düster orakelt: „So grauenhaft es klingt: Auch wenn sein Körper wieder ganz gesund ist, wird er sich ein halbes Jahr lang nicht unter Menschen trauen. Erst Anfang 1979 wird sein neu geformtes Gesicht fertig sein. Nase, Augenlider, Lippen sind dann geformt. Nur an seiner Mimik und an seiner Sprache werden Freunde den Rennfahrer erkennen."

Laudationes
Schwarzer Humor

„I wouldn't worry about your face Niki, you were ugly in the first place!" (Mach dir keine Sorgen wegen deines Aussehens – du warst ja vorher schon hässlich!")
James Hunt, britischer Formel-1-Weltmeister 1976, in einem seiner stundenlangen Telefonate mit Niki Lauda nach dessen Feuerunfall.

„Was passiert, wenn der Niki Lauda stirbt? – Dann ist der Ambros der schiachste Österreicher."
Alexander Bisenz, Killer-Kauz („Herr Wurbala") in einem seiner frühen Kabarettprogramme.

„Ich hab meinen Buben g'sagt, dass es auch Menschen mit zwei Ohren gibt!"
Niki Lauda als feinfühliger Vater.

„Wenn ich heute daran denke, wird mir ganz warm ums Ohr."
Niki Lauda, zum zehnten Jahrestag seines Unfalls.

„Was wünscht man Niki Lauda zu den Feiertagen? – Merry Christmas and a Happy New EAR!"
Mad Schuh, Rock 'n' Roll-Musiker und Rabiat-Entertainer.

„Ferngespräche führe ich nur über das verbrannte Ohr, da lässt sich der Telefonhörer besser drauflegen."
Niki Lauda weiß stets, Vorteile zu nützen.

„Diesmal gibt's die Grillparty wirklich."
Niki Lauda im „kicker"-Interview zur „Feier" seines Unfall-Jahrestages.

„Wie nennt man das, wenn zwei einarmige Menschen miteinander Karten spielen? – Mischen impossible!"
Ö3-Promi-Witz von Niki Lauda.

„Niki Lauda ist bei Jaguar rausgeflogen – oder wie man bei Niki besser sagt: Er wurde gefeuert."
Harald Schmidt, stets Feuer und Flamme für zündende Pointen.

Niki Nationale | Der Rennfahrer

„38 Tage nach dem Unfall meldete ich mich bei Ferrari zurück, und alle erkannten mich", schreibt Lauda in seiner jüngsten Autobiografie von 1996 triumphierend. Wie war dieses schnelle Comeback (die Reichsbrücke, die am selben Tag eingestürzt war, benötigte für ihres mit einer Behelfskonstruktion für die Straßenbahn 35 Tage länger) möglich? Die Antwort lautet: Willi Dungl. Der Gesundheits-Experte und gelernte Masseur verließ sofort das Trainingslager der österreichischen Skispringer und zog zu Lauda nach Hof bei Salzburg. Die beiden hatten sich wenige Monate vor dem Unglück kennen gelernt. Ein Journalist hatte Lauda nach dessen Traktorunfall am Ostermontag, bei dem er sich unter der 1,8-Tonnen-Last mehrere Rippen gebrochen hatte, Willi Dungl empfohlen. Der Wiener hatte sich Lauda damals scheinbar widerwillig angeschaut und gesagt: „Wenn S' was von mir wollen, müssen S' Ihna nach Wien bemühen." Lauda bemühte sich, der Heilungsprozess ging voran in Jarama fuhr er trotz Schmerzen beim Grand Prix von Spanien am 2. Mai auf Rang zwei hinter Hunt. Lauda betonte immer wieder: „Seit dieser Zeit glaube ich an Dungl." Und auch nach dem Nürburgring konnte der Gesundheits-Guru helfen. Lauda erzählt: „Die Ohren oder was von ihnen übrig geblieben war, bestanden aus rohem Fleisch und taten unglaublich weh. Willi rief den Chirurgen an, der sagte: ,Wahrscheinlich wird ihm der Rest auch noch abfaulen, dann sind die Schmerzen weg.' Willi marschierte runter zum Fuschlsee und grub irgendwelche Wurzeln aus, dazu sagte er Dinge wie: ,Das hat schon den Kreuzrittern geholfen.' Daraufhin konnte ich zum ersten Mal seit drei Tagen wieder schlafen, und gleich 15 Stunden lang. Zwei Wochen später hatte ich wieder Haut über dem, was von den Ohren übrig geblieben war."

1985, ein Jahr nach Laudas drittem WM-Titel, bekam Dungl den Professorentitel verliehen. Bis zu seinem Tod am 1. Mai 2002 kümmerte sich der Fitness-Papst in seinem 1986 gegründeten Biotrainingszentrum in Gars am Kamp um Hobby- und Spitzensportler. Dungl starb an einem Nierenversagen. Niki Lauda erinnerte sich in einem *Kronen-Zeitungs*-Interview nach seiner zweiten Nierentransplantation an seinen Freund und Helfer: „An Willi musste ich in den vergangenen Tagen sehr oft denken. Er hat mir damals nach der ersten Nierentransplan-

Der Mann, dem Lauda seine Gesundheit anvertraute: Fitness-Papst Willi Dungl

tation etwas gesagt, was ich nie vergessen werde: ‚Niki, mach alles so, wie du's vorher auch g'macht hast. Dann wirst du bald wieder der Alte sein!'"

Der große alte Herr, nämlich Enzo Ferrari, reagierte nach Laudas Unfall am Nürburgring emotional. „Aus einem inneren Chaos und Ratlosigkeit heraus", wie Lauda im *Protokoll* vermutet, „gab Enzo Ferrari den Rückzug seines Teams aus dem Formel-1-Sport bekannt, womit niemandem gedient war. Mir am allerwenigsten." Ironie der Geschichte, dass Ferrari letztendlich nur den Grand Prix von Österreich ausließ. Der damalige Ferrari-Rennleiter Daniele Audetto war sich nicht zu blöd, im Vorfeld des Großen Preises am 15. August 1976 mehrere Journalisten anzurufen, sie sollten eine Absage des Rennens in Zeltweg bewirken. Man müsse verhindern, dass die Gegner von Niki Lauda in seiner Abwesenheit WM-Punkte bekämen. Natürlich kreisten die Boliden auch ohne den klingenden italienischen Namen um den steirischen Rundkurs, Laudas späterer Teamkollege bei Brabham und McLaren, John Watson, feierte seinen ersten von insgesamt fünf Grand-Prix-Siegen. Ferrari schickte beim nächsten Rennen in Holland nur Clay Regazzoni an den Start. Beim übernächsten in Monza, dem Comebackrennen Niki Laudas, gleich drei Fahrer. Der Argentinier Carlos Reutemann saß erstmals im roten Renner aus Maranello. Düstere

Gewitterwolken brauten sich im übertragenen Sinn zu dieser Zeit über dem Ferrari-Team zusammen.

„Jene Tage wurden für mich zu einem negativen Schlüsselerlebnis bei Ferrari – wie üblich nicht durch ehrliche Rede, sondern im Untergrund, im ‚Wasserballspiel' (nach Lauda eine Methode bei Ferrari, den Gegner unter der Gürtellinie zu treten, während der Schiedsrichter nichts davon mitbekommt, Anm.). Der Alte sagte mir nicht offen ins Gesicht, dass er meinen Start in Monza nicht wünsche, aber er hielt es mir später als meinen größten Fehler vor. Ohne mein frühes Comeback hätten wir die WM ‚mit Stil' verloren, wären sozusagen die moralischen Sieger gewesen", gibt Lauda 1977 Herbert Völker zu „Protokoll". „Was die Treuebeweise des Ferrari-Teams in meiner Krankenhauszeit betraf, reichten sie von Versicherungen wie ‚Dein Wagen bleibt ewig dein' bis zu Blitzverhandlungen mit Fittipaldi und Peterson, die mich ersetzen hätten sollen."

Die Regenhölle von Fuji

Bei seinem Comebackrennen im Ferrari am 12. September 1976 in Monza wurde Lauda hinter Peterson, Regazzoni und Jacques Laffite im Ligier-Matra Vierter. In der WM-Wertung lag er weiter in Führung. Bis zum letzten Rennen in Fuji. Dorthin kam der Ferrari-Pilot mit drei Punkten Vorsprung auf den späteren Weltmeister James Hunt im McLaren-Ford. Lauda erinnert sich: „Regen, Regen, Regen. Erstes Aufwärm-Training, nur versuchsweise. Ich komme gleich zur Box, weil es Wahnsinn ist, hier zu fahren. Alle Fahrer außer dreien sind gegen einen Start. Reden, Verhandeln, Streiten, hin und her und her und hin: Rennleitung, Teamchefs, Fahrer. Zweites Aufwärmtraining, da fahren nur einige Leute, ich nicht. Es ist der reine Irrsinn, bei soviel Wasser zu fahren: Du verlierst jeden Orientierungssinn, weil du nichts siehst, bekommst Aquaplaning, es dreht dich um und du weißt nicht warum. Du kannst mit deinen Händen und deinem Kopf das Auto nicht mehr beherrschen, weil du in Situationen kommst, in denen nichts mehr geht. Du fährst auf der Geraden und biegst plötzlich ab, links, rechts, verkehrt zurück, du kannst gar nicht sagen, wohin."

Das denkwürdige Regen-Rennen in Fuji, Japan, 1976. Lauda fuhr nach zwei Runden in die Box und verlor den WM-Titel an Hunt.

Das Rennen am Fuß des heiligen Berges Fujisan wurde um halb drei gestartet. Trotz Regen. Lauda fährt aus der dritten Startposition los, die Gischt spritzt hoch, Sicht gleich null. „Ich fahre langsam, halte mich aus den Pulks raus, damit mir keiner reinfährt, stelle die Sinnlosigkeit dieses Fahrens fest. Ich will nicht einmal langsam weiterfahren, selbst beim Langsamfahren kann es dich wegspülen. Ich komme nach der zweiten Runde zur Box, Forghieri beugt sich über mich und fragt, was los sei. Ich fahre nicht, sage ich, weil das Wahnsinn ist, so geht das nicht. Er schlägt blitzartig vor: Wir geben an, du hast Motorschaden."

Lauda lehnt Forghieris Angebot ab, seine persönliche Sicherheit ist ihm zu diesem Zeitpunkt wichtiger als der zweite Titel. Der *Corriere della Sera* erkannte Laudas vernünftige Entscheidung an und titelte am nächsten Tag mit „Mut zur Angst". Damit hatte der Weltmeister von 1975 die Sicherheitsdiskussion in der Formel 1 gleichsam angezettelt. Fortan bekam dieses Thema mehr medialen Raum.

Mut zur Angst hatten in Japan auch noch andere. Vor Lauda gab der Australier Larry Perkins (Brabham-Alfa) schon in der ersten Runde das Lenkrad aus der Hand, nach Lauda in der siebenten Runde der Brasilianer Carlos Pace (Brabham-Alfa) sowie in der neunten Runde Paces

Landsmann, der zweifache Formel-1-Weltmeister Emerson Fittipaldi im Fittipaldi-Ford. Gar nicht an den Start ging Laudas Teamkollege aus dem Jahr 1972 bei March, Ronnie Peterson. Der Schwede hatte Motorprobleme bei seinem March festgestellt.

„Starten und stehen bleiben, das war der Deal. Hunt hätte nie Weltmeister werden sollen." Mit dieser Version, was 1976 in Fuji bei der Japan-Premiere der Königsklasse passierte, ging Daniele Audetto im Jahr 2007 an die Öffentlichkeit. Als Super-Auguri-Chef schilderte er 31 Jahre nach diesem denkwürdigen Rennen gegenüber *motorsporttotal.com,* dass es ein Gentlemen's Agreement gegeben habe, das besagte, dass alle, die bei diesem Regen und Nebel nicht fahren wollten, nach ein bis zwei Runden an die Box kommen sollten. Es sei ausschließlich darum gegangen, genug Autos an den Start zu bringen, um die Veranstalter zufrieden zu stellen. „Fittipaldi hielt an, Lauda hielt an und Pace hielt an. Aber Hunt hörte auf den MacLaren-Boss, der ihm sagte: ‚Scheiß auf Ferrari, fahr weiter!'", erinnerte sich Audetto. Ferrari und Lauda jedenfalls hatten den Titel verloren. Unmittelbar nach dem Rennen riefen Forghieri und Lauda Enzo Ferrari daheim in Maranello an. „Ich erzählte ihm meine Gefühle, meine Gründe, sagte ihm, dass es Wahnsinn gewesen wäre, weiterzufahren. Er sagte aha, ja ja, soso, hmm, ja ja, addio, er sagte nichts gegen mich oder gegen meine Entscheidung, aber er gab mir auch nicht die kleinste Hilfe oder den kleinsten Trost." Offiziell stellte sich der Commendatore hinter Laudas Entscheidung. Aber teamintern näherte sich die Stimmung dem Gefrierpunkt. Die Trennung war programmiert, daran sollte auch die Rückeroberung des WM-Titels im darauf folgenden Jahr nichts ändern.

Ferrari wollte Lauda nicht mehr im Cockpit sehen. Luca Montezemolo, der verlängerte Arm Enzo Ferraris, gab Lauda einen Hinweis, wohin die Reise gehen sollte: „Die wollen dich zum Teamchef machen." Ferrari hatte den Glauben an Lauda verloren. Er sollte elegant nach oben weggelobt werden. Diese Nachricht ereilte Lauda gerade in der Zeit, als er am Lid des rechten Auges operiert wurde, er musste danach lange eine Augenbinde tragen. Auch dem Wunsch Laudas, Regazzoni als Teamkollegen zu behalten, machte der Commendatore einen Strich durch

1. August 1976, Grand Prix
von Deutschland, Nürburg-
ring. Um 14 Uhr 13 Minuten
und 59 Sekunden verlor
Lauda auf dem 22,835 Kilometer langen Kurs bei Kilometer 10,7 (Teilstück Bergwerk)
die Kontrolle über seinen
Ferrari. Mit etwas mehr als
200 Stundenkilometer prallte
er gegen die Streckenbegrenzung und wieder zurück auf
die Piste, dabei wurde Lauda
der Helm vom Kopf geschlagen. Brett Lungers Wagen
rammte den Ferrari, der die
Fahrbahn blockierte. Das
Auto fing Feuer. Merzario,
Lunger, Edwards und Ertl, die
Konkurrenten auf der Strecke,
kämpften um Laudas Leben.
Der Schwerverletzte wurde mit
dem Rettungswagen abtrans-
portiert und danach
per Hubschrauber vorerst ins
Krankenhaus nach Adenau
geflogen.

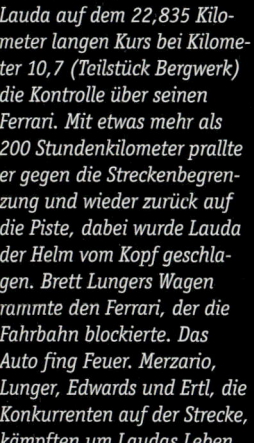

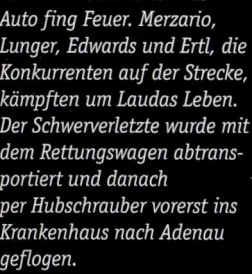

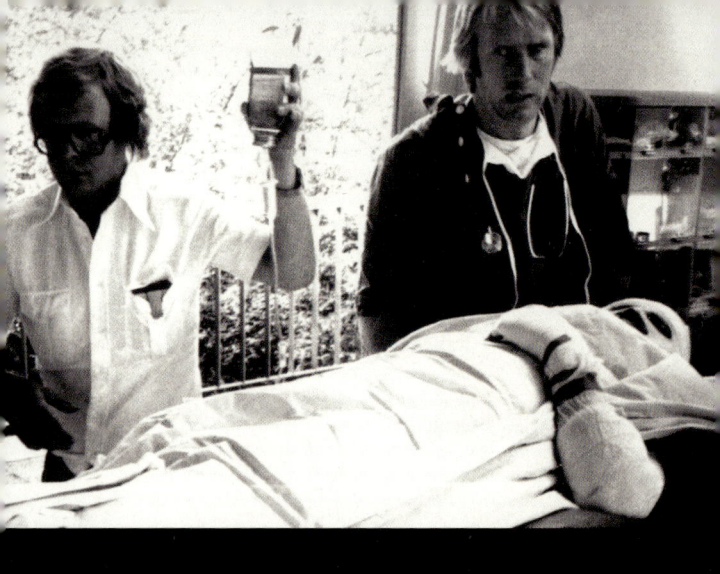

Oben: Lauda schwer bandagiert im Krankenhaus in Ludwigshafen (Deutschland).
Unten: Das Wrack des völlig ausgebrannten Ferrari von Niki Lauda.

Rechts: Das Medien-Echo auf Laudas Feuerunfall war enorm. So erschien zum Beispiel der „Stern" am 12. August 1976 damit als Cover Story.

stern
magazin

HEFT NR. **34** HAMBURG, 12. AUGUST 1976 · 2,50 DM / 20 öS C 8041 CX

Wo 138 Menschen ums Leben kamen

Grüne Hölle Nürburgring

Die Sekunde voller Panik: Weltmeister Niki Lauda sitzt eingeklemmt in seinem brennenden Ferrari, der Amerikaner Brett Lunger rast auf ihn zu. War es der letzte Grand Prix in Deutschland?

**STERN-UMFRAGE
Beliebt, aber gefürchtet
Wie uns Briten und
Franzosen sehen**

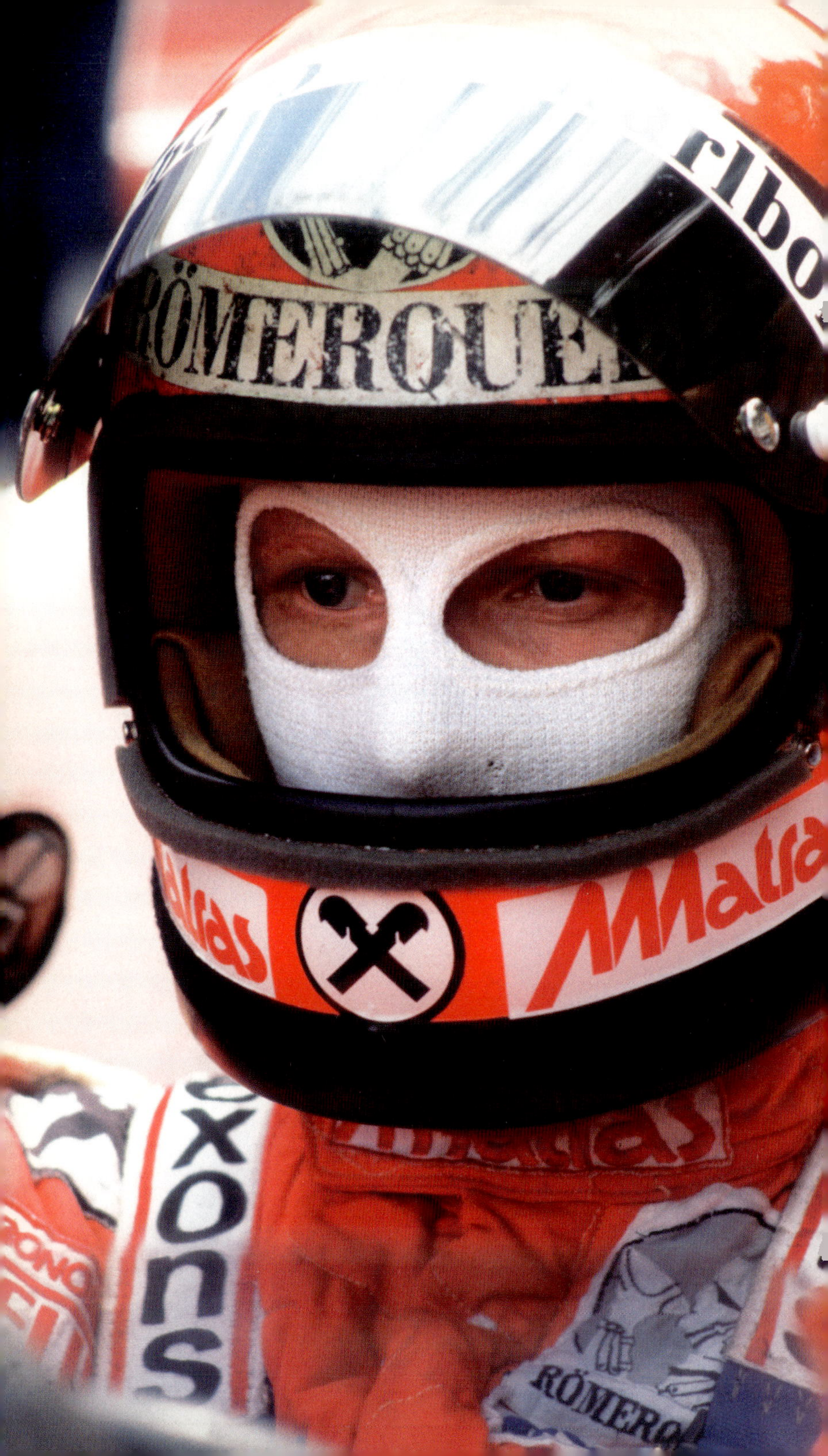
RÖMERQUEL
Matra

die Rechnung. Den Argentinier Carlos Reutemann, der von Brabham gekommen war und bereits 1976 ein Rennen (Monza) für Ferrari bestritten hatte, konnte Lauda nicht leiden. Daraus machte der Österreicher nie ein Hehl.

Ferrari hatte Lauda per Fernschreiben auf subtile Weise klargemacht, dass er, der österreichische Ex-Weltmeister, fortan hinter dem Argentinier die Nummer zwei im Ferrari-Team sei. Lauda schäumte vor Wut und griff zum Telefon: „Ich rief Enzo Ferrari an und hatte das entscheidende Telefonat während all meiner vier Jahre bei Ferrari. Was das zu bedeuten habe, fragte ich ihn. Ja, sagte er, seit ich – Lauda – die falsche Entscheidung getroffen hätte, kämen jetzt alle Beschlüsse direkt von ihm, er nehme das selbst in die Hand. Falsche Entscheidung, wie er das meine?

Monza, sagte er, ich hätte in Monza nicht starten dürfen. Wenn ich aus gesundheitlichen Gründen nicht am Start gewesen wäre, hätten wir die Weltmeisterschaft optisch anders verloren. Ich war unendlich wütend und schrie hinein, dass es vielleicht für einen Italiener guter Stil sei, sich ins Bett zu legen und im Bett zu verlieren, optisch hervorragend, aber wenn ich kämpfen kann, dann kämpfe ich und leg mich nicht ins Bett. Wenn ich die Weltmeisterschaft auf der Straße verliere, dann stehe ich auch dazu. Danke, Wiederhören, und ich knallte den Hörer hin."

Und tatsächlich schien in der Saison 1977 zunächst alles für Reutemann zu laufen. Bei seinem Heim-Grand-Prix in Argentinien startete er mit Rang drei, Lauda blieb mit Defekt an der Einspritzung in Runde 20 liegen. Der Sieg ging trotzdem an einen Österreicher. Das Team des in Graz geborenen Milliardärs Walter Wolf feierte seinen ersten Triumph in der Formel 1. Jener Mann, der den Wagen Wolfs zum Sieg pilotierte, war der Südafrikaner Jody Scheckter, der zwei Jahre später im Ferrari Weltmeister werden sollte. Das zweite Rennen, den Grand Prix von Brasilien in São Paulo, gewann Reutemann aus der Poleposition startend sogar – der erste Ferrari-Sieg nach einer langen Durststrecke. Lauda, nur Dreizehnter im Qualifying –, bis zu diesem Zeitpunkt sein schlechtester Startplatz bei Ferrari überhaupt – immerhin als Dritter am Podest mit 1:47,51 Minuten Rückstand auf seinen verhassten Teamkollegen. Aber schon beim nächsten Grand Prix in Kyalami in Südafrika begann sich das Blatt zu wenden, Lauda gewinnt, Reutemann bleibt als Achter ohne Punkte.

Überschattet wurde Laudas elfter Grand-Prix-Sieg, damals im roten Auto mit der Nummer elf, vom tragischen Zusammenprall eines Streckenpostens mit dem Ambrosio-Shadow-Ford-Piloten Tom Pryce: Teamkollege Renzo Zorzi war stehen geblieben und sein Shadow hatte Feuer gefangen. Zwei heraneilende Streckenposten wollten die Flammen mit ihren Feuerlöschern bekämpfen. Die Unfallstelle lag genau hinter einer Bergkuppe auf der Start-Ziel-Geraden. Hans-Joachim Stuck konnte den beiden gerade noch ausweichen. Tom Pryce hatte keine Möglichkeit zu reagieren und erfasste den 19-jährigen Frederick Jansen Van Vuuren mit zirka 280 Stundenkilometern. Der Feuerlöscher traf Pryce am Kopf. Beide waren sofort tot. Das Rennen wurde trotz dieser schrecklichen Tragödie fortgesetzt. Lauda hatte gewonnen, obwohl der Überrollbügel des Pryce-Wagens im Wasserkühler seines Ferrari steckte. Daheim wartete ein Telegramm von Enzo Ferrari auf Lauda: „Du bist immer du – so wie vorher, mehr als vorher!"

Doch auch diese Telegramme und die folgenden Siege Laudas am Hockenheimring und in Zandvoort ändern nichts an der vergifteten Atmosphäre zwischen dem alten Ferrari und seinem Fahrer. Lauda legte sich zu diesem Zeitpunkt noch mit anderen Schwergewichten an. Zum Beispiel mit Cassius Clay, dem damals regierenden Box-Weltmeister im Schwergewicht. Die Deutsche Illustrierte *Bunte* hatte ein Treffen der beiden Weltmeister organisiert. Der schwarze, 35-jährige Kämpfer aus Louisville, der zwei Tage vor seinem Titelverteidigungskampf gegen Ernie Shavers stand, traf den weißen, 28-jährigen Rennfahrer aus Wien, dem beim bevorstehenden Großen Preis der USA in Watkins Glen ein Punkt für seinen zweiten Formel-1-WM-Titel reichen würde. In seiner Biografie aus dem Jahr 1977 sagt Lauda: „Für die Zeitungsleute war es als Foto-Gag geplant, mir gefiel die Sache, weil mich Clay interessierte. Er empfing mich in seiner Suite im New Yorker Statler Hilton. Ich muss eine Viertelstunde vor der Tür warten. Dann komme ich einen Raum weiter, jetzt stehe ich schon vor dem Schlafzimmer, warte wieder. Ich darf rein: Das Zimmer ist fast verdunkelt, Clay liegt im Bett, die Decke bis zu den Schultern. Eine Frau sitzt bei ihm am Bett, er presst

Niki Lauda mit dem britischen Rennfahrer James Hunt (Mitte) am Swimmingpool des Sheraton Hotels in Buenos Aires, 1977.

in meine Richtung ‚Wait a second' heraus, ganz langsam. Nach ein paar Minuten bekommt die Frau einen Wink, sich zu entfernen, ich werde zum Bett gewunken, setz mich neben ihn. Kein Lächeln, er verzieht keine Miene, starrt nur stumpf und redet ganz langsam. Es werden Fotos gemacht, wir reden Phrasen, er spricht ganz langsam, mit Mühe und Fadesse. ‚You are the greatest of racing', quetscht er sich raus, ‚I am the greatest of the boxing', und dann leiert er lustlos runter ‚but I am greater, I am the greatest of the whole wide world'. Es ist ärger als im Kino: Was ist gespielt, was ist echt? Ist er in Trance? Da liegt ein stumpf glotzender Mann im Bett und presst die dümmsten Plattheiten heraus. Gehört's zur Show oder – ein elektrisierender Gedanke – ist alles echt? Die Audienz dauerte rund eine Viertelstunde, ich blieb ratlos: Ich konnte mit soviel Dummheit, soviel Arroganz und einem solchen Maß an Ausgeflipptheit nichts anfangen. Einem anderen Sportler gegenüber Lieber-Gott-Spielen, das ist doch grotesk. Wir kennen alle die Regeln des Profi-Jobs, wir kennen auch die Schwierigkeiten, beispielsweise: Keine-Zeit-Haben oder Jetzt-in-Ruhe-gelassen-werden-Wollen. Es hat ja jeder die gleichen Probleme. Wenn ich dem Franz Klammer sage, du, jetzt habe ich keine Zeit für dich, weiß der ganz exakt, was los ist, er hat auch seine Minuten, in denen ich störend für ihn wäre."

Lauda zieht 1977 den voreiligen Schluss: „Von allen Größen, die ich je kennen gelernt habe, war Ali der einzige, der voll in seiner Scheinwelt blieb und mir was vorspielte, sozusagen ‚von drüben'. Das ist aber noch immer tröstlicher als die Vorstellung, dass alles echt sein könnte, dass Ali tatsächlich so dumm, so arrogant, so apathisch sein könnte." 1999 wurde Muhammad Ali, alias Cassius Clay, der Träger der Amerikanischen Friedensmedaille, vom Internationalen Olympischen Komitee zum Sportler des Jahrhunderts gekürt. Als Träger der Otto-Hahn-Friedensmedaille steht Ali heute in einer Reihe mit Michail Gorbatschow, Simon Wiesenthal und Sir Karl Popper.

Während Weltmeister Ali am 29. September 1977 seinen Titel verteidigte, holte sich Niki Lauda am 2. Oktober die verlorene Krone des Weltmeisters zurück. Platz vier beim Grand Prix in den USA reichte ihm zum zweiten Weltmeistertitel. „Der übliche Trubel", vermerkt Lauda im *Protokoll*. „Die Mechaniker gratulieren mir, Cuoghi ist auch da, wir umarmen einander – er (der Chefmechaniker, Anm.) war mein Mann, nur in diesem Jahr. (…) Ich fühle mich leer, weil das Ferrari-Problem über mir hängt, der Fall Cuoghi (Ferrari hatte ihn kurz vor dem Grand Prix gekündigt, Anm.), diese immer feindseligere Haltung von drüben. Mir ist völlig unklar, was in den nächsten Wochen passieren soll. Cuoghi sagt, er will sofort heim fliegen, den Commendatore um eine Unterredung bitten und erreichen, dass er in Kanada und Japan mein Auto noch betreuen darf. Er redet sich ein, dass ihm der Alte das erlauben würde. Ich widerspreche ihm nicht, aber im Grunde wissen wir eigentlich alle, dass da nichts mehr zu machen ist, Cuoghi ist erledigt für Ferrari. Nach dem ersten Trubel renne ich zum Hubschrauber, der bringt uns rüber ins Glen Motor Inn. Die Feier des Weltmeistertitels erfolgt, wie man so schön sagt, im kleinsten Kreis. Der besteht aus Marlene und mir."

Es war Laudas letztes Rennen im Ferrari. Die übrigen beiden Rennen der Saison bestritt Gilles Villeneuve in Laudas Cockpit neben Carlos Reutemann. Lauda hatte sich vor dem Grand Prix in Kanada mit einer Darmgrippe krank gemeldet. Am 31. Oktober 1977 lief Laudas Ferrari-Vertrag aus.

Nie mehr im Kreis

Niki Lauda war auf der Suche nach einer neuen Herausforderung. Bereits im Herbst 1977 hatte er sich für einen Wechsel zu Brabham-Alfa entschieden. In seiner letzten Ferrari-Saison waren vier Teams für Lauda in die engere Auswahl gekommen: Lotus, McLaren, Wolf und eben Brabham. Zu Lotus passte Lauda nach eigenen Angaben nicht, McLaren kam deshalb für ihn nicht in Frage, weil dort James Hunt als Teamkollege auf ihn gewartet hätte.

Die Spiegel-Cover-Story vom 26. September 1977

Und obwohl er sich mit dem Austro-Kanadier Walter Wolf persönlich gut verstand und Wolf ihn auch unbedingt haben wollte, gab er letztlich dem Team von Bernie Ecclestone den Vorzug. Seinen Chefmechaniker Ermanno Cuoghi von Ferrari nahm er mit.

Schon beim ersten Rennen in der Saison 1978 in Argentinien schienen sich alle Erwartungen, die er in das Brabham-Team gesetzt hatte, zu erfüllen. Lauda wurde im Rennen Zweiter hinter dem Italo-Amerikaner Mario Andretti, dem späteren Weltmeister in dieser Saison, im Lotus-Ford. Der regierende Weltmeister hatte eine diebische Freude daran, die Ferrari hinter sich gelassen zu haben. Lokalmatador Reutemann

Lauda siegte mit dieser Brabham-BT-46-Konstruktion 1978 in Schweden. Danach wurde der umstrittene „Staubsauger" sofort verboten.

und Villeneuve landeten auf den punktelosen Rängen sieben und acht. Es ist die Saison des Lotus-Ford, überschattet vom tragischen Unfalltod des Ronnie Peterson, dessen Lotus in Monza bei einer Startrempelei, die ein inkompetenter Starter ausgelöst hatte, in Flammen aufging. Der Schwede starb nach einer sechsstündigen Operation. Lauda, der seinen zweiten Grand Prix Sieg nach Anderstorp (in Schweden gewann er mit dem sofort danach von der FIA verbotenen Staubsauger-Motor des Konstrukteurs Gordon Murray) feierte, ging nicht zur Siegerehrung. Peterson war sein ehemaliger Teamkollege bei March gewesen. In der WM-Wertung wurde Lauda im Jahr eins nach Ferrari Vierter.

Die Saison 1979 war dann in erster Linie von Ausfällen gekennzeichnet. Laudas Liste war lang: Buenos Aires, Long Beach, Jarama, Zolder, Monte Carlo, Dijon, Silverstone, Hockenheim und Zeltweg. Meistens streikte der Alfa-Motor. Laudas neuem Teamkollegen Nelson Piquet, dem späteren dreifachen Weltmeister, ging es noch schlechter. Der Brasilianer fiel insgesamt elfmal aus. Teamchef Ecclestone wollte deshalb auf Ford Cosworth umrüsten, testete den neuen Motor schon in Kanada. Obwohl Lauda ein Angebot von McLaren hatte, stieg er beim Grand Prix in Montreal nach dem ersten Training endgültig aus dem

Brabham. Es war der 29. September 1979. Sein Rücktritt war damit beschlossene Sache. Weil Heinz Prüller nicht verstehen wollte, warum Lauda plötzlich aufhörte, warf dieser ihm genervt vom Insistieren den legendären Satz hin: „Es gibt Wichtigeres, als im Kreis herumzufahren". Bis zu diesem Zeitpunkt hatte Lauda 113 Grand Prixs bestritten, hatte 17 Große Preise gewonnen, war zweimal Weltmeister geworden und hatte damit auch ein unglaubliches Comeback nach seinem Unfall am Nürburgring geschafft. Immerhin: Was Lauda in diesen Brabham-Jahren gefunden hatte, war sein legendäres Branding. Die rote Parmalat-Kappe des italienischen Teamsponsors war von nun an sein treuer Wegbegleiter geworden. Und diese Marke wollte Lauda vor allem mit seiner neu gegründeten Airline in diesen Jahren ausbauen.

Schon am 15. Oktober 1979 gab Niki Lauda dem heimischen öffentlichen Rundfunk ORF ein großes exklusives Fernseh-Interview zu seinem Rücktritt aus der Formel 1. Es ging einerseits darum, einer enttäuschten österreichischen Öffentlichkeit zu erklären, warum er, Lauda, der zweimalige Weltmeister, plötzlich keine Lust mehr dazu verspüre, „sinnlos im Kreis herum zu fahren". Andererseits wollte Lauda zeigen, dass er eine neue Aufgabe und eine neue Herausforderung für sich gefunden hatte – die Fliegerei. Gleichsam als Beweis, wie ernst es ihm damit war, hatte der prominente frischgebackene Ex-Sportler die gesamte ORF-Sportredaktion mit seinem Flugzeug nach Venedig geflogen. In der Einmoderation vor der Silhouette der romantischen Lagunenstadt ließ ORF-Reporter Sigi Bergmann dies auch das Fernsehpublikum wissen. Der Weltmeister habe sie alle persönlich als Flugkapitän und Chef der neuen Lauda Air in die Geburtsstadt so berühmter Söhne wie Titian, Marco Polo und Casanova geflogen.

Das denkwürdige Gespräch mit Lauda führte ORF-Titan Thaddäus Podgorski in einer ganz Venedig-typischen Kulisse: Nämlich in einer schaukelnden Gondel neben Lauda, der eine blaue Parmalat-Kappe trug, sitzend vor der lustig mitschunkelnden ORF-Kamera. Zum Einstieg benützte Podgorski die Rache jedes versierten Journalisten, das Archiv. So fragte Podgorski Lauda auf ein früheres Interview hinweisend: „‚Rennfahrerei ist der Sinn in meinem Leben' hast du vor einem Jahr in einer gemeinsamen Sendung mit mir gesagt, jetzt, nach dem

Rücktritt, hast du gesagt ‚es ist sinnlos im Kreis herumzufahren'. Heißt das, dass du zehn Jahre lang sinnlos gelebt hast?"
Eine Frage auf die Lauda nur mit seinem typischen „Das ist natürlich ein Blödsinn, die Dinge werden immer so interpretiert, wie es die Herren Journalisten selber gerne lesen wollen" reagieren konnte. Er erklärte seinem Gegenüber, dass er wohl zehn Jahre im Motorsport das Optimum gesehen habe, dies seine Aufgabe gewesen sei und er auch versucht habe, das Beste daraus zu machen. Bloß sei er eben irgendwann – eben beim Rennen in Kanada – draufgekommen, dass er etwas anderes machen wolle. Lauda: „Ich habe mir herausgeholt, was ich mir herausholen wollte und werde jetzt andere Dinge tun."
Podgorski, der oft und lauthals den legendären Sparsamkeitssinn seines berühmten Interviewpartners kritisierte, hakte nach: „Was hast du dir herausgeholt, außer Geld?"
Lauda konterte: „Geld – das klingt immer alles so brutal. Ich hab sicher am Schluss viel Geld verdient, dafür war der Einsatz aber auch sehr hoch. Aber was für mich viel wichtiger war: dass ich das tun konnte, was ich tun wollte. Und das war, diese Autos zu beherrschen. Das andere was ich gelernt habe, war das Kennenlernen von anderen Menschen. Weil ich jeden Tag mit jemandem anderen was zu tun hatte. Das fängt beim Sponsor an und hört beim Reifenmonteur auf. In der Formel 1 geht alles so rasch vorbei. Das heißt, zehn Jahre dort sind wie 40 Jahre im normalen Leben."
Während die ORF-Kamera immer wieder den Gondoliere zeigte, der mit stoischer Ruhe gleichmäßig das Ruder auf und ab bewegte, betonte Lauda mit erhobener Stimme die Tatsache, dass Rennfahrer kein normaler Beruf sei und dass er seine Spezies durchaus als eine Art „Künstler" sehe. Als die Gondel langsam unter einer der Brücken Venedigs durch glitt, argumentierte er: „Man kann ja einen Maler auch nicht dazu zwingen, dass er malen soll, wenn er nicht mehr malen will. Das geht nicht. Bei uns gehört eben das Herz dazu. Ein Buchhalter braucht nicht sein Herz, der braucht seinen Kopf und seinen Kalkulator, damit er sich ausrechnen kann, was man sich ausrechnen will. Bei uns ist Kopf und Freude bei der Sache dabei." Und würde sich das verändern, dann könne man diesen Beruf eben nicht mehr fortsetzen. Das sei zu

akzeptieren, auch wenn so eine Entscheidung über Nacht fallen könne. Als Podgorski nachfragte, wie genau denn der Tag der Entscheidung in Kanada gewesen sei, beschrieb Lauda anschaulich das Gefühl des Aufwachens mit dem Gedanken nicht mehr fahren zu wollen. Trotz neuem Auto, neuem Motor und tollem Vertrag für die nächste WM-Saison. Dann erzählte er von seinem eigenen Unverständnis diesem Gefühl gegenüber, und der Versuch sich dieses auszureden und trotzdem zum Training zu gehen, in der Hoffnung dass sich diese Gedanken und Emotionen verflüchtigen würden, wenn man nur erst einmal im Auto sitze. Also sei er eingestiegen in das Auto und habe seinen neuen Motor, einen Achtzylinder, angelassen.

„Das hat nicht so scharf geklungen wie der Zwölfzylinder, so scharf und laut. Komisch hat das geklungen so: wääääää, wääää. Und so wääääää, wääää bin ich dann los gefahren", äffte Lauda in der Gondel das wenig überzeugende Motorgeräusch seines Brabham nach. Dabei sei er gut unterwegs gewesen, Zweitschnellster, als plötzlich eine Art geistiger Mauer vor ihm erschienen sei. Und die unausweichliche Frage, warum er bloß Rennen fahre.

ANIKIDOTE
Lauda ist in den frühen 1980ern unterwegs mit dem damaligen ORF-Sportchef Thaddäus („Teddy") Podgorski. Man reist zu Dreharbeiten an einem Lauda-Porträt nach Venedig. Besprechung im Flugzeug. Podgorski: „Das große Interview mach ma dann in einer Gondel." – Darauf Lauda: „Des hab i gar net gwusst, dass in Venedig a Seilbahn gibt."

Und dieses Unverständnis habe sich für ihn wohl auch mit der Abnutzung einer Leidenschaft nach zehn Jahren erklären lassen. Und mit dem steigenden Alter – und dem Denken an andere Dinge. Und wohl auch dem Wunsch etwas anderes zu tun. Lauda im O-Ton: „Da war ein komplettes Unverständnis, warum fahr ich jetzt mit meinen 25 Kollegen im Kreis – nicht im Kreis, der Spruch wird mir ja immer vorgeworfen – also warum fahr ich Rennen? Mach was anderes. Es gibt auf der Welt so und so viele Dinge. Mach irgendetwas anderes. Weil das kann dich genauso erfüllen wie das hier, vielleicht sogar noch mehr?"

Ein nachdenklicher Lauda. Und Podgorski fasste mit einer etwas flapsig formulierten Frage nach: „Und du bist an die Box gekommen und hast g'sagt i marschier?" Lauda antwortete fast ohne Luft zu holen, dass das natürlich nicht so einfach gewesen sei. Schließlich hätte es

Verträge zu erfüllen gegeben. Und dann sei da das nicht unwesentliche Thema Geld gewesen. Es mache einen gewaltigen Unterschied, ob man zwei Millionen Dollar habe oder nicht. Dennoch hätte Geld ihm nicht mehr die für diesen Sport notwendige Leidenschaft einhauchen können. Lauda: „Mein Herz war nicht mehr für diese Rennautos. Und das Herz ist das wichtigste."

Also hätte er beschlossen „darauf zu pfeifen". Auf alles zu verzichten, das Geld und das Auto und einen Neuanfang ins einem Leben zu wagen. Gedacht, getan. Und der nächste Schritt wäre ein Gespräch mit Brabham-Teamchef Bernie Ecclestone gewesen, in dem er sich bei diesem für die Zusammenarbeit bedankte und erklärte, nicht mehr weiter fahren zu können und auch nicht mehr zu wollen. Laut Lauda soll Ecclestone nur nachgefragt haben, ob diese Entscheidung sein voller Ernst sei, um dann zu sagen: „Gut, ich versteh dich hundertprozentig. Wenn ich einmal so weit bin, werde ich es genauso machen. Ich danke dir für die Zusammenarbeit, pfiat di Gott!"

An diesem Punkt des Gesprächs, wollte Podgorski wissen, was Lauda denn nun nach all den Jahren so am Formel-1-Zirkus störe. Die Entwicklung in Richtung Kommerz, antwortete dieser spontan. Und die Tatsache, dass es oft Entscheidungen gäbe, die gegen die Fahrer sind. Sowohl in punkto Sicherheitsvorkehrungen als auch beim Thema Streckendiskussionen. Lauda: „So wird aus politischen Gründen auf schlechteren Strecken gefahren. Zum Beispiel in São Paulo, nur weil dort mehr Zuschauer zum Rennen kommen. Und die Leute, die den Kopf hinhalten, müssen ihn hinhalten, weil die anderen es so wollen."

Wie stark bei seinem Entschluss mit dem Rennsport aufzuhören, der Gedanke an seine verunglückten Kollegen mitgespielt habe, wollte Podgorski noch wissen.

Eine Frage, die Lauda an den tragischen Unfall von Ronnie Peterson in Monza denken ließ, der nicht nur ein „lieber Kerl", sondern auch ein Spitzenpilot gewesen sei. „Ich war zu Hause, die Marlene war da, und auf einmal ruft mich in der Früh einer aus Italien an und sagt, der Peterson liegt im Koma. Du rechnest nicht damit, du denkst dir immer wieder, irgendwie geht das schon. Eine Viertelstunde später ruft wieder einer aus Italien an. Der Peterson ist gestorben."

In dem Moment sei es zu einer automatischen Abwehrreaktion des Körpers, gekommen. Eine Reaktion, die einen dazu veranlasse, nicht nur über die Tatsache des Verlustes drüber zu spielen, sondern sogar zu sagen, dass man jetzt erst recht weiterfahre, weil man sich doch nicht durch den Tod von einem anderen davon abhalten lasse.

Die Reaktion anderer Menschen – wie in seinem Fall die seiner damaligen Frau Marlene, die meinte das sei verrückt und Wahnsinn – lasse man nicht zu. Auch wenn diese völlig normal sei. „Das heißt, man redet sich Dinge ein, um sich über gewisse Probleme des Rennsports hinweg zu setzen", so Lauda.

Das habe er zwar schon vorher gewusst, aber erst mit dem nötigen Abstand könne man dieses Wissen auch zulassen. Wie er das meint, versuchte er mit einem kuriosen, ja geradezu „erkenntnisphilosophischen" Beispiel zu untermauern. „Wenn ich hier in der Gondel sitze, dann kann ich auch nur so denken, wie ich aus der Gondel heraus denke." Und er sei schließlich sein Leben lang im Rennauto gesessen und hätte deshalb sein Leben nur subjektiv aus dem Cockpit eines Rennautos heraus denken können. Erst jetzt – nach seinem Rücktritt – könne er die anderen Menschen langsam verstehen.

Doch der Abschied aus der Formel 1 konfrontiere ihn nun auch mit einer neuen Herausforderung. Nämlich jene, etwas Neues zu finden, mit dem er seinen Lebensunterhalt verdienen könne und für Frau und Kind sorgen. Wichtig sei für ihn vor allem, noch einmal in einem ganz anderen Bereich von Null anzufangen. Deshalb habe er sich auch für die Fliegerei entschieden. Lauda: „Die Fliegerei besteht aus ganz verschiedenen Faktoren, die man sehr schlecht beeinflussen kann. Das ist nicht wie ein Rennauto: Gasgeben und schalten und das ist alles – also relativ einfach. Bei der Fliegerei ist es ein wesentlich größeres Problem." Da gehe es etwa um Verkehrsrechte, Stewardessen, Piloten. Und das fasziniere ihn. Eben auch weil es sehr schwer sei, sich im Luftfahrtgeschäft zu etablieren und Geld damit zu verdienen. „Ich habe mein ganzes Geld, dass ich jetzt verdient habe, in die Fliegerei investiert und fang jetzt wieder von vorne. Reden wir in zehn Jahren weiter, dann werden wir sehen, was herausgekommen ist …", so Lauda zu Podgorski.

Seit diesem legendären Interview sind mittlerweile fast 30 Jahre vergangen. 30 Jahre, in denen der heute 60-jährige Lauda in unvergleichlicher Weise eine weltweite Marke namens Niki Lauda aufgebaut hat. Markenaufbau ist eine Spezialdisziplin von **Herwig Straka.** In einer Seilschaft mit Edwin Weindorfer ist er Gründer und Geschäftsführer von „e | motion", einer der führenden europäischen Agenturen für Sportevents und Sportler mit Sitz in Graz und Satelliten in Wien, Stuttgart und New York. e | motion betreut klingende Namen wie NHL-Allstar Thomas Vanek, die frühere Nummer 1 der Tenniswelt Thomas Muster oder die Schwimmstars Mirna und Dinko Jukic. Straka, geboren 1966, war als Schwimmer einmal österreichischer und rund 60-mal steirischer Meister. Straka ist ausgebildeter AUA-Pilot, hat den Beruf aber nie ausgeübt. Der Einstieg ins Lauda-Gespräch liegt auf Grund der Krise in der Luftfahrtbranche nahe.

Ist die Lufthansa der richtige Partner für die AUA?
Herwig Straka: Wissend, wie die Leute denken, ja. Wir haben mit unserer Firma beruflich sehr viel mit anderen Flugunternehmen zu tun. Und wenn ich mir die anschaue, dann passen Lufthansa und AUA sicher am besten zusammen. Ob es wirtschaftlich die beste Lösung ist, bezweifle ich, weil die Lufthansa natürlich mangels Konkurrenz die AUA ausnimmt. Andererseits ist es die einzige Chance, dass die AUA als AUA weiterbestehen kann.
Retrospektiv betrachtet: Ist es für Sie als Unternehmer nicht schmerzlich, wie viel Geld in all den Jahren verpuffte, als Lauda-Air und das staatliche Unternehmen AUA ihre Hahnenkämpfe austrugen?
Straka: Absolut. Es war widersinnig, was da an Geld verpulvert wurde. Daher ist es wichtig, dass der Staat zumindest ein bisschen, aber sinnvoll regulierend eingreift.

Niki Lauda hat mit NIKI seinen dritten Anlauf als Flugunternehmer genommen. Im Jahr 2000 stand die Lauda-Air eine Milliarde Schilling in der Kreide und wurde von der AUA übernommen. Doch seit November 2003 ist Lauda mit seiner neuen Billigfluglinie NIKI wieder ins Fluggeschäft eingestiegen. Was sagt uns das?

Straka: Es sagt etwas über die Person Niki Lauda aus. Er hat im Sport gelernt zu kämpfen und nicht aufzugeben. Das hat er dort oft genug bewiesen, zum Beispiel mit seinem Comeback und dem dritten WM-Titel nach seiner zweijährigen Formel-1-Pause. Das funktioniert für ihn auch in der Luftfahrtbranche. Dort zeigt er, dass er aus Fehlern gelernt hat und weiß, dass es so oder so eben nicht mehr geht und er es deshalb jetzt anders macht. Außerdem zeigt es uns, dass man, wenn man das richtige Netzwerk hat, auch mit einer Milliarde Schilling Verlust überleben und neu anfangen kann. Das wäre für jeden anderen Menschen wohl nicht so leicht möglich. Aber Lauda mit seinen Kontakten hat das Beste daraus gemacht. Und daraus gelernt. Sein LaudaMotion-Modell mit den Autos ist ein komplett neuer Zugang und er hat den Mut, dass er solche Dinge einfach durchzieht. Ohne zu wissen ob das hundertprozentig funktioniert. Das weiß man auch im Sport am Anfang nicht. Man trainiert eben als Sportler auf ein Ziel hin.

Wie erinnern Sie sich an die Lauda-Air in ihrer Blütezeit? Was war das Neue, was hat Lauda mit seiner Fluglinie bewirkt?
Straka: Es war eine Art von Bewunderung. Die Art und Weise, wie Lauda das angegangen ist. Vom Do-&-Co-Essen angefangen, bis zum Outfit der Stewardessen mit den Jeans und den roten Kapperln. Es war alles neu und es war eine willkommene Abwechslung zu den anderen staatlichen Fluglinien. Das habe ich als absolut positiv miterlebt. Wenn du irgendwo auf einem Charter-Flughafen in Mexiko gestanden bist und die Leute haben gesehen, die Lauda Air fliegt dorthin und daneben steht United, dann ist man schon ein bisschen stolz. Lauda verbindet seinen Namen eben direkt mit der Marke. Ihm ist bewusst, dass sein Name ein sehr guter ist. Deshalb kann er darauf stolz sein und du als Österreicher darfst darauf auch stolz sein.

Markenpolitik ist doch genau Ihre Sache. Sie beraten mit Ihrer Agentur klingende Namen wie Vanek, Muster, Jukic. Warum hat bei Lauda der Markenaufbau für den Betrachter so reibungslos funktioniert?
Straka: Lauda ist ein weltweites Markenzeichen, das du überall herzeigen kannst. Da sind wir in Österreich leider durch den Skisport ge-

blendet. Aber wer ist bekannt? Schwarzenegger, Lauda, Muster, als Skifahrer hast du noch Klammer und Maier. Die Deutschen lieben oder hassen Lauda ja auch als Showmoderator auf RTL. Sie hören ihm einfach gerne zu.

Ich unterstelle Lauda nicht, dass er alles bewusst gesteuert hat (lacht). Vieles ist einfach passiert. So wie die Geschichte mit dem roten Kapperl. Da hat er irgendwann einmal gemerkt, hoppla, das ist mein Markenzeichen. Also ist aus dem Verdecken nach dem Unfall ein Markenzeichen geworden. Und er ist der Meister der Selbstinszenierung, aber nicht auf unangenehme Art und Weise, sondern sehr professionell. Der Markenaufbau Niki Lauda als solcher hat super funktioniert. Wie viel definitives Kalkül war und wie viel Bauchgefühl, das weiß ich nicht.

Er hat aber immer genau gewusst, was er wann tun muss. Er ist sich immer treu geblieben, und das ist für den Markenaufbau extrem wichtig. Eine Marke funktioniert nur dann, wenn du sie konsequent lebst. Wenn du den Markenkern nicht verlässt. Er ist eben sehr konsequent in seinem Tun. Auch mit seinen nicht sehr positiven Eigenschaften. Sein sprichwörtlicher Geiz und seine Konsequenz an Buffets, die er gerne selbst eröffnet, wann immer er Hunger hat. Auch da ist er konsequent. Eine Marke ist eben nicht nur positiv, sondern sie ist so, wie sie ist. Das lebt er und das ist das Wichtigste für eine Marke: Konsequenz.

Welche ist Ihre erste Erinnerung an Lauda?
Straka: Als Kind habe ich, als Grazer ist das irgendwie logisch, schon Jochen Rindt, besser gesagt seinen Geist, intensiv miterlebt. 1970 war ich vier Jahre alt. Ich war schon früh motorsportaffin. Und dann kam – gleichsam als Ersatz für Rindt – Niki Lauda. Ich habe miterlebt, wie er gewonnen hat, Weltmeister wurde, dann der Unfall am Nürburgring. Dann war der Tod Ronnie Petersons. Das war für mich als Kind schon sehr einprägsam. Da habe ich zum ersten Mal kapiert, dass es nicht nur ein Spiel mit dem Feuer ist. Nach Laudas Unfall habe ich gedacht, es stehen eh alle wieder auf. Dann war das Peterson-Unglück. Das war tragisch, zum ersten Mal war für mich der Tod lebendig.

Als Unternehmer bekam Niki Lauda stets bessere Zeugnisse ausgestellt als in seiner Schulzeit.

Ist Niki Lauda ein Gefühlsmensch?
Straka: Frühere Lauda-Interviews waren fast immer emotional. Wenn der Prüller etwa gefragt hat: „Was hast du gedacht?", hat Lauda gesagt: „Scheiße!" Er hat nicht versucht, das zu umschreiben, sondern das waren typisch emotionale Interviews. Er hat wirklich das gesagt, was er sich gedacht hat. Das hat mir immer imponiert.
In nächster Folge schaltete Lauda als Kopfmensch dann wieder auf Analyse um. Das ist zu bewundern. Er hat in der Formel 1 dadurch viel bewegt. Und wenn man sieht, wer heute in der Formel 1 das Sagen hat, sind das lauter ehemalige Weggefährten von Lauda: Ecclestone und Dennis an der Front und im Hintergrund Montezemolo.

Woher dann das kühle Computer-Image?
Straka: Weil es Lauda angreifbar gemacht hat, dass er so emotionale Interviews gegeben hat. Im Fall des Todes von Roger Williamson war das so. Lauda stand mit seiner unglücklichen Bemerkung: „Er werde bezahlt um zu fahren, nicht um zu helfen" am Ende in der Öffentlichkeit als Depp da, obwohl ihm nichts vorzuwerfen war.

Ist Lauda für Sie ein erfolgreicher oder ein nicht erfolgreicher Unternehmer?

Straka: Ich glaube, es gibt wenige, die das Wort Unternehmer besser verkörpern als der Niki Lauda. Ob jetzt erfolgreich oder weniger erfolgreich, da müssten wir jetzt lange über die Bedeutung des Wortes „Erfolg" diskutieren. Ist Erfolg nur monetär, ist Erfolg, dass man bekannt ist, dass man viel bewegt hat. Aber das Wort „Unternehmer" per se ist Niki Lauda. Der hat immer wieder unternommen, immer wieder gestartet, immer wieder initialisiert. Das sage ich oft zu meinen Mitarbeitern, das Wort „Unternehmen" kommt nicht von „Warten", sondern davon, dass man Dinge in die Hand nimmt, steuert, gestaltet und das hat er gemacht wie kein Zweiter. In diesem Sinn ist er für mich der Unternehmer schlechthin. Wobei ich nicht beurteilen kann, ob das erfolgreich war, das muss er für sich entscheiden, ob er seine Ziele erreicht hat. Weil der finanzielle Erfolg kommt meiner Meinung nach erst an dritter oder vierter Stelle. Du brauchst diesen natürlich, um als Unternehmen weiterbestehen zu können. Aber ob es für dich als Person wichtig ist … das muss jeder für sich entscheiden.

„The full motivation is the wednesday!"

Niki Lauda erinnert sich in seiner Biografie aus dem Jahr 1985 an seine Vorbereitung zum Comeback nach zweijähriger Pause: „16. September 1981, ein schöner Tag in Donington. Ron Dennis ist da, John Watson, ein paar Mechaniker, Ambulanz, Feuerwehr, keine Journalisten. Die Geheimhaltung hat tatsächlich gut geklappt. Watson hilft mir, das Auto halbwegs abzustimmen, es ist ja alles völlig neu für mich. In den zwei Jahren hat sich unheimlich viel geändert, wir sind jetzt schon mitten in der wing-car-Epoche, in dieser technischen Sackgasse, in der sich alles um den Anpressdruck und irrwitzige Kurvengeschwindigkeiten dreht. Wegen der Saugwirkung des Autos sind die Lenkkräfte unglaublich hoch, und die Federn sind beinharte Trümmer. Es war grotesk, in welchen Blödsinn sich die Formel 1 damals hineinmanövrieren hatte lassen. Als erstes stellte ich fest, dass ich nicht einmal in der Lage war, drei Runden hintereinander zu fahren, ich hatte einfach nicht die Kraft dazu. So kam ich halt schon nach zwei Runden an die Box und ließ irgendwas am Auto neu einstellen. Ich genierte mich für meine miese Verfassung, aber ich machte mir deswegen keine Sorgen, weil ich wusste, dass mich Willi Dungl innerhalb weniger Monate so fit kriegen würde, wie ein Rennfahrer nur sein kann. Es ging jetzt nur darum, diesen einen Tag zu überstehen und langsam in Geschwindigkeitsbereiche vorzudringen, wo man eine ernsthafte Aussage machen konnte. Am Nachmittag bekam ich das Auto besser in den Griff, probierte ein paar schnelle Runden und blieb nur eine Zehntelsekunde über Watsons bester Zeit. Damit war klar: Ich würde wieder schnell genug sein."
Am 16. September 1981 gibt Lauda nach den ersten „geheimen" Testfahrten das erste Fernseh-Interview; hier im Original-Wortlaut:

Reporter: *Was ist an den Gerüchten dran, dass Sie möglicherweise von Parmalat gesponsert in den Grand-Prix-Sport zurückkehren?*
Niki Lauda: So wie die Sonntagsfahrer eben am Sonntag fahren – und heute ist Mittwoch, also mag ich es, an einem Mittwoch zu fahren. Das ist es auch schon."

Reporter: *Also sind Sie hier, um ein bisschen Formel-1-Erfahrung zu sammeln, und Sie haben keinerlei Absichten, in die Formel-1-Szene zurückzukehren?*
Lauda: Ich bin 10 Jahre lang in der Formel 1 gewesen, ich habe Ron Dennis gefragt, ob er ein Auto frei hätte, um es einfach zu fahren. Das da ist das Auto (Lauda deutet mit dem Kopf Richtung McLaren, der im Fernsehbild neben ihm zu sehen ist), das an einem Mittwoch verfügbar war, und deshalb bin ich damit gefahren. Und von nun an werde ich sehen, was die Zukunft bringen wird.

Reporter: *Ihr Test hier in Donington findet trotz des großen Publikumsinteresses praktisch unter Ausschluss der Öffentlichkeit statt. Offenbar weil viele Leute Niki Lauda wieder bei Grand-Prix-Rennen sehen wollen. Mal ganz ehrlich, können Sie mir direkt in die Kamera sagen, dass sie noch keine Entscheidung getroffen haben, in den Formel-1-Zirkus zurückzukehren?*
Lauda: Ich kann Ihnen direkt in die Kamera sagen, dass ich bisher nichts entschieden habe. *(I can tell you straight into camera, that I have decided nothing yet.)*

Reporter: *Wenn Sie in die Formel 1 zurückkehren würden, dann für McLaren?*
Lauda: Ich habe nichts entschieden, daher weiß ich es nicht (grinst verschmitzt).

Reporter: *Lassen Sie mich noch eine letzte Sache klären: Würden Sie selbst gerne zurückkommen und was kann Sie motivieren, in den Sport zurückzukehren?*
Lauda: Ich habe Ihnen vorher schon erklärt, dass ich momentan keine

Ahnung habe, ob ich zurückkehren werde. Ich bin ein Mittwoch-Fahrer, es gefällt mir hier in Donington, auch weil die Sonne so schön scheint, das Wetter angenehm ist. Das wär's dann auch schon.

Reporter: *Aber es muss doch irgendeine Motivation für Sie geben, wieder in ein Formel-1-Auto einzusteigen?*
Lauda: Die volle Motivation ist der Mittwoch.

Probleme mit dem Finanzamt

Im Dezember 1980 traf Peter Lanz Niki Lauda im Flughafenrestaurant von Salzburg. Lauda erzählte dem Journalisten und Biografen von seinen Problemen mit der Fluglizenz und den Troubles mit dem Verkehrsministerium. Außerdem hatte der damals 31-Jährige Schwierigkeiten mit dem Bundesheer, weil er nur zwei Tage Wehrdienst abgeleistet hatte, und überdies saß Niki Lauda das Finanzamt im Genick. Lauda sagte damals zu Lanz: „Wenn ich ein Rennen fahre und gut bin, dann gewinne ich und keiner kann mir an den Karren, egal, ob er mich leiden mag oder nicht. Der Erste im Rennen ist der Erste. Heute bin ich dabei, mir von Null eine neue Existenz aufzubauen." Im Spätherbst 1981 schließlich hatte Lauda einen Vertrag mit McLaren unterschrieben. Vor diesem Hintergrund beauftragte das *Penthouse*-Magazin Peter Lanz, ein Interview mit Lauda zu führen, das dieser mit der Frage eröffnete: „Haben Sie noch Angst vor dem Finanzamt?"
Lauda antwortete: „Ich hatte nie Angst, jetzt schon gar nicht. Als mein Vertrag mit McLaren unterschriftsreif war, bin ich zum Finanzamt gegangen und habe gesagt, so, das wäre der Vertrag, bitte, darf ich den so unterschreiben?" Die Finanzbeamten haben freundlich ja gesagt, also hat Lauda seine Unterschrift unter den mit 1,115 Millionen Dollar dotierten Vertrag gesetzt.
„Wäre es jetzt nicht klüger, nach Monaco zu gehen und Steuern zu sparen?", fragt Lanz. Lauda: „Mir gefällt's da. Früher habe ich aus dem Koffer gelebt, aber heute brauche ich etwas, wohin ich zurückkommen kann. Ich würd' das Haus in Salzburg nie hergeben."
„Wie viel Schulden haben Sie?"

„Acht Millionen Schilling, die stottere ich ab." Anfang des Jahres 1982 belastete er sein Haus mit einem 3,5-Millionen-Schilling-Kredit. Die Summe ging sofort ans Finanzamt, die Restschuld sollte Lauda im Laufe der Saison aus seinen Honoraren als wiederauferstandener Rennfahrer begleichen.

Zurück im Kreis der Formel 1

Lauda war jetzt ein Ü-30-Fahrer, kein junger Hupfer mehr. Er war genau das, was McLaren gesucht hatte. Die perfekte Mischung aus Erfahrung und Feinfühligkeit beim Beherrschen von immer mehr PS. Anfang der 1980er-Jahre hatte sich Ron Dennis in das McLaren-Team eingekauft. Der ehemalige Mechaniker von Weltmeister Jochen Rindt bei Cooper und Brabham hatte sich später mit eigenen Rennteams in der Formel 2 und Formel 3 profiliert und sich gleichsam von ganz unten nach ganz oben gearbeitet. Als Chef von McLaren hatte er einen Plan. Seine Idee, die aus der Formel 2 herrührte, nannte er „Projekt Four", finanziert wurde die Sache von der Philipp-Morris-Gruppe unter dem Dach der Marke Marlboro und die Autos baute der legendäre Londoner Konstrukteur John Barnard. Noch vor Laudas Comeback, also im Jahr 1981, hatte Ron Dennis die beiden bisherigen Teilhaber Teddy Mayer und Tyler Alexander ausbezahlt. Somit war er alleiniger Herr über McLaren International. Aus heutiger Sicht kann man sagen, perfekter hätte man die Übernahme nicht timen können.

McLaren war sportlich gesehen nicht konkurrenzfähig, das letzte Rennen für den Rennstall hatte James Hunt im Jahr 1977 gewonnen. In der Konstrukteurswertung 1980 war das englische Team nur Siebenter geworden. An den Fahrern kann es 1980 nicht gelegen haben, es waren mit John Watson und Alain Prost absolute Könner. Dennis hatte schon damals das Potenzial des kleinen Franzosen erkannt, musste ihn aber für die Saison 1981 schweren Herzens zu Renault ziehen lassen, weil er ihm noch kein konkurrenzfähiges Auto zur Verfügung stellen konnte. Ersatz musste her. In dieser Phase waren Dennis aber noch die Hände gebunden, Sponsor Marlboro reklamierte den damals 22-jährigen Formel-1-Neuling Andrea de Cesaris aufgrund familiärer Verbindungen

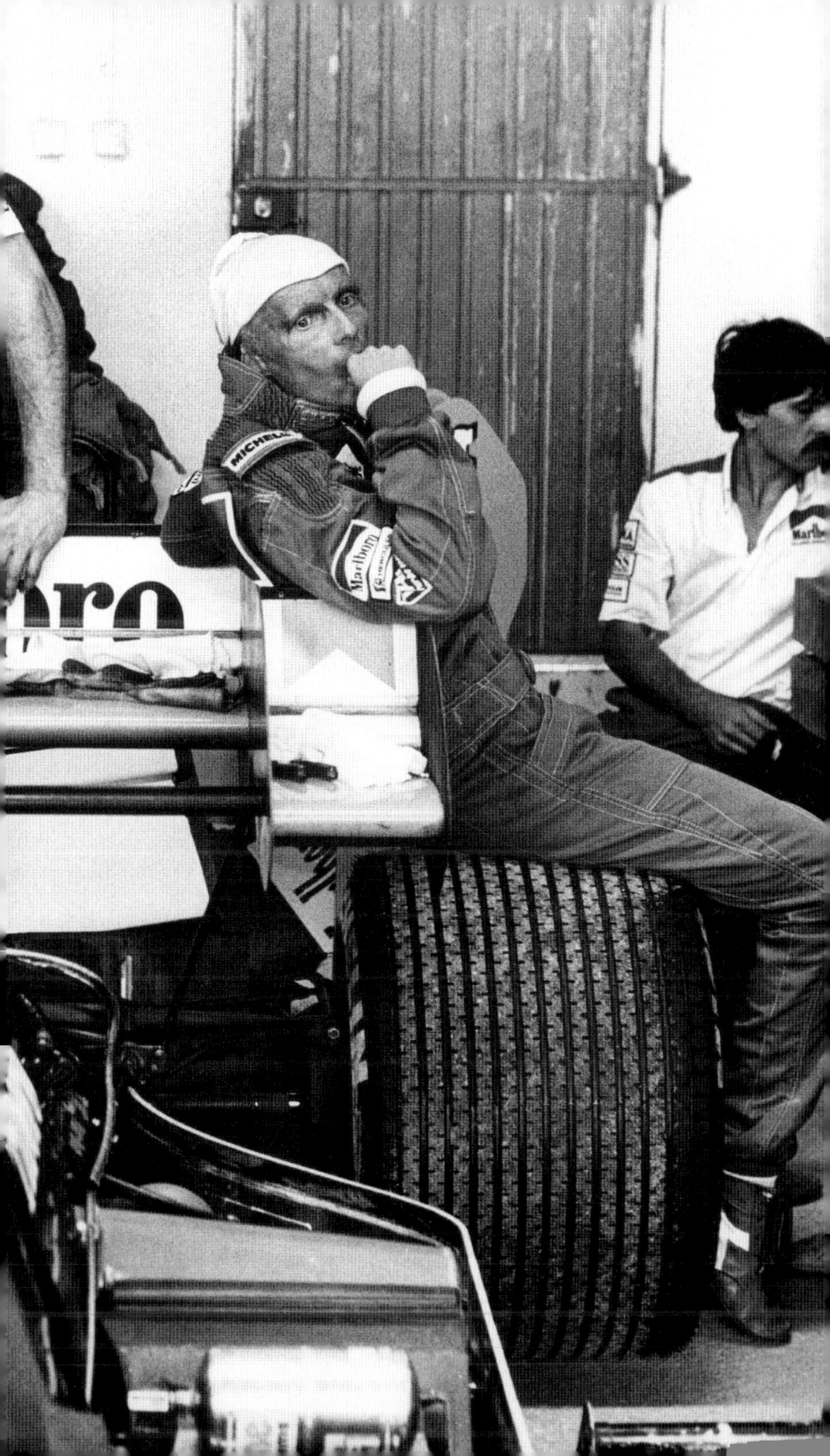
Marlboro

ins Team. Doch schnell war klar, dass de Cesaris die Anforderungen, die Ron Dennis an seine Fahrer stellte, nicht erfüllen konnte. Dass John Watson in dieser Phase optimal zu McLaren passte, bewies er endgültig am 18. Juli 1981 beim britischen Grand Prix in Silverstone. Der Nordire beendete nach vier Jahren die Durststrecke von McLaren und gewann mit über 40 Sekunden Vorsprung vor Reutemann im Williams. De Cesaris dagegen schaffte nur einen einzigen Punkt in der gesamten Saison 1981.

So reifte beim 34-jährigen Ron Dennis der Plan, den fast gleichaltrigen Niki Lauda zu einem Comeback auf den Rennstrecken zu überreden. Lauda absolvierte geheime Testfahrten in Donington, der mittlerweile 32-Jährige hatte Lunte gerochen, die Rückkehr war bald beschlossene Sache. Fitnessmäßig musste Lauda von Willi Dungl neu programmiert werden. Der Gesundheits-Guru führte damals seinem langjährigen Schützling dessen schlechte körperliche Verfassung eindrucksvoll vor Augen. In Bad Tatzmannsdorf ließ er Niki Lauda eine 35-km Radrunde mit Dungl-Kursteilnehmerinnen drehen. Lauda erinnert sich: „Willi fragte mich, obwohl er die Antwort genau wusste, es war bloß zur Vertiefung der Erinnerung: ‚Host g'segn, wia di' die Weiber abstaubn?' Ich hatte es gesehen." Doch innerhalb weniger Wochen war Lauda, umgestellt auf Vollwertnahrung, wieder bei Kräften.

Das Herz von Ron Dennis dürfte sich nach den ersten beiden Rennen zusammengekrampft haben, denn Alain Prost, den er in der Saison zuvor hatte ziehen lassen müssen, gewann jeweils – mit einem Renault Turbo. Für Dennis doppelt bitter, weil er noch auf Ford-Cosworth-Motoren angewiesen war. Doch der Master-Plan des großen Strategen Ron Dennis sollte aufgehen. Schon Ende 1981 gelang es ihm, den saudi-arabischen Geschäftsmann und Teilhaber der Investmentfirma Techniques d'Avant Garde (TAG), Mansour Ojjeh, auf seine Seite zu ziehen. Keine einfache Angelegenheit, weil Ojjeh für die Saison 1982 schon als Hauptsponsor beim Team von Frank Williams in Erscheinung trat. Gleichzeitig hatten Dennis und Ojjeh vereinbart, gemeinsam mit Porsche einen Turbo-Motor zu entwickeln, der der Konkurrenz in den Jahren 1984 und 1985 überlegen sein sollte. 1982 spielte das Schicksal Ojjeh und Dennis in die Hände. Denn das von TAG gesponserte

Williams-Team holte in diesem Jahr zum zweiten Mal den Fahrer-Titel, 1982 in Person des Keke Rosberg. Dem egozentrischen Finnen gelang das Kunststück, mit nur einem Saisonsieg die Gesamtwertung für sich zu entscheiden.

Auftakt zur McLaren-Ära

Das erste kräftige Lebenszeichen von Niki Lauda gab es 1982 schon im dritten Saisonrennen. Der zweifache Weltmeister gewann am 4. April den Großen Preis der USA in Long Beach. Es war der 18. Grand-Prix-Sieg des Österreichers, für ihn der erste seit Monza 1978, dem Todesrennen von Ronnie Peterson, sein zweiter Sieg bei einem Grand Prix in den USA (1975 Watkins Glen) und sein erster für McLaren. Insgesamt gesehen war es dennoch eine durchwachsene Saison für den zurückgekehrten Champion. Mit einem weiteren Höhepunkt beim Grand Prix von Großbritannien am 18. Juli in Brands Hatch. Lauda gewann in eindrucksvoller Manier vor zwei Ferrari, damals gelenkt von den beiden Franzosen Didier Pironi und Patrick Tambay.

Tambay war erst Mitte der Saison ins Ferrari-Cockpit gekommen, nachdem der charismatische Gilles Villeneuve beim Training zum Grand Prix von Belgien wegen eines fatalen Missverständnisses tödlich verunglückt war. Der Kanadier hatte versucht, in einer Qualifying-Runde Jochen Mass zu überholen, der Deutsche wollte Villeneuve Platz machen. Das linke Vorderrad von Villeneuve berührte bei einer Geschwindigkeit von 270 Stundenkilometern das rechte Hinterrad des March von Mass, was den Ferrari regelrecht abheben ließ. Das Auto drehte in der Luft, bevor es mit der Nase voran ins Gras neben der Strecke einschlug. Die frei gewordenen Kräfte rissen den Sitz von Villeneuve aus der Verankerung im Monocoque, der Kanadier, dem es bereits den Helm vom Kopf gerissen hatte, wurde meterhoch über die Strecke geschleudert und blieb schließlich in einem Sicherheitszaun hängen. John Watson, der Teamkollege von Niki Lauda, und der Brite Derek Warwick befreiten Villeneuve aus dem Sitz und dem Zaun und legten ihn auf den Boden. Genau zu diesem Zeitpunkt hatten auch die Ärzte die Unfallstelle erreicht und versuchten Villeneuve wiederzubeleben – vergeblich.

Schon im übernächsten Rennen, dem Grand Prix von Kanada, passierte der nächste tödliche Unfall. Die Strecke war nach dem fünf Wochen zuvor in Belgien verunglückten Gilles Villeneuve benannt worden. Es war erst der zweite Formel-1-Start des jungen italienischen Judo-Jugend-Champions und äußerst talentierten Skifahrers Riccardo Paletti. Aus der vorletzten Startreihe stieg Paletti aufs Gas seines Osella-Ford. Was er nicht wissen konnte: in der ersten Reihe war der Motor von Didier Pironis Wagen abgestorben. Der Osella beschleunigte auf über 200 Stundenkilometer, jene zehn Fahrer, die in einer Linie zwischen Pironi und Paletti lagen, konnten dem stehengebliebenen Ferrari ausweichen; Paletti bezahlte die wilde Beschleunigung seines Osella mit dem Leben, als er in den Ferrari von Didier Pironi krachte. Pironi selbst blieb bei diesem Unfall unverletzt. Nur acht Wochen später sollte in Hockenheim beim Grand Prix von Deutschland auch die Formel-1-Karriere des Didier Pironi ein jähes Ende finden. Der damals in der WM-Wertung überlegen Führende krachte bei strömendem Regen in den Renault von Alain Prost. Das Unglück erinnerte an jenes von Villeneuve in Zolder. Auch Pironis Ferrari überschlug sich mehrmals und krachte dann in die Leitplanken. Pironis Beine waren unzählige Male gebrochen, er konnte nie wieder in die Formel 1 zurück. 1987 kam er bei einem Bootsrennen vor der Isle of Wight ums Leben, als sein Offshore-Rennboot von einer Welle erfasst wurde und sich überschlug.

Am Ende dieser von tragischen Unfällen überschatteten Weltmeisterschaft 1982 wird Lauda Fünfter in der WM-Wertung. Zusätzlicher Ansporn für ihn ist, dass Teamkollege John Watson neun Punkte mehr als er sammeln konnte.

Die Saison 1983 steht dann ganz im Zeichen der Entwicklung der neuen Turbo-Motoren. Für Niki Lauda wird es ein siegloses Jahr. McLaren gewinnt 1983 nur ein Rennen – dafür feiert man einen Doppelsieg: John Watson gewinnt 27 Sekunden vor Niki Lauda. Aber das noch mit den alten Drei-Liter-Ford-Cosworth-Motoren.

Sportlich verlief die Saison für Lauda sehr enttäuschend, am Ende standen für den kommenden dreifachen Weltmeister nur magere 12 Punkte und Platz zehn in der Fahrerwertung zu Buche. Nichtsdestotrotz war klar, dass die kommende Saison zu einem Alleingang für den neuen

McLaren-TAG-Porsche werden würde. Gemeinsam mit Porsche-Motorsportchef Hans Mezger hatten Ojjeh und Dennis ganze Arbeit geleistet. Der TAG-Porsche hatte am 28. August 1983 in Zandvoort beim Grand Prix von Holland seine Premiere gefeiert. Bezeichnend, dass bei Niki Lauda bei diesem Rennen in der 25. Runde die Bremsen versagten, John Watson, noch mit dem alten Ford-Motor am Start, landete hinter den beiden Ferrari auf Rang 3. Die Zündung des Wunder-Motors sollte noch auf sich warten lassen, vor allem Elektronik-Probleme hatten Lauda und Watson am Ende der Saison 1983 in die Knie gezwungen. Lauda kam mit seinem McLaren-TAG-Porsche nur beim letzten Rennen ins Klassement, aber selbst dort in Südafrika versagte sechs Runden vor Schluss die Elektrik – Rang elf. Damit war klar, Winterschlaf wird es bei McLaren keinen geben.

Die Rakete zündet

Die harte Arbeit in der Vorbereitung zahlte sich aus – schon beim ersten Rennen der Saison 1984, dem Grand Prix von Brasilien, distanzierte der zu McLaren heimgekehrte Alain Prost die gesamte Konkurrenz. Bis auf Keke Rosberg und Elio de Angelis überrundete er das gesamte Feld. Die Sorgenfalten auf Laudas Stirn waren nicht zu übersehen, er selbst war in der 38. Runde wieder mit Elektronik-Problemen liegen geblieben. Schon im zweiten Rennen in Südafrika konnte jedoch Lauda zurückschlagen. Er distanzierte seinen Teamkollegen um mehr als eine Minute. Die beiden McLaren-TAG-Porsche überrundeten das gesamte Feld – eine Entwicklung, die selbst Hans Mezger in seinen kühnsten Träumen nicht vorhergesagt hätte. Das Duell Prost gegen Lauda begann sich zuzuspitzen. Prost gewann in Imola, Lauda in Dijon.
Mit sechs Punkten Vorsprung auf Niki Lauda kommt Alain Prost Anfang Juni zum Großen Preis von Monaco. Die Motorsportwelt steht im Bann der Überlegenheit des McLaren-TAG-Turbo-Porsche. Am freien Freitag vor dem Rennen im Fürstentum sitzt ein damals junger deutscher Motorsportjournalist gemeinsam mit Alain Prost gemütlich beim Kaffee. Der „Auto, Motor und Sport"-Journalist ist Norbert Haug, der 1990 Motorsportchef der Daimler-Benz AG werden wird. Haug wird den

Wiedereinstieg von Mercedes in die Formel 1 vorbereiten, ab 1995 wird Mercedes McLaren mit Motoren beliefern. Weltmeister dieser Kombination werden Mika Häkkinen 1998 und 1999 sowie Lewis Hamilton im Jahr 2008 sein. Aber springen wir wieder ein Vierteljahrhundert zurück zum Gespräch zwischen Haug und Prost:

Haug: *Herr Prost, man hört, zwischen Ihnen und Ihrem Teamkollegen Niki Lauda gäbe es Spannungen und Sie beide seien mittlerweile bereits regelrecht verfeindet. Wie sieht die Wahrheit aus?*
Alain Prost: Es kann natürlich in einem Team mit zwei starken Fahrern immer Spannungen geben. Es ist möglich, dass ich in Zukunft mit

Lauda Riesenprobleme bekommen werde, noch habe ich sie jedenfalls nicht. Im Übrigen bin ich keineswegs der Ansicht, dass ich mit Lauda einen Streitsüchtigen zum Partner habe. Niki ist ausgesprochen intelligent und hat eine Riesenerfahrung in der Formel 1.

Haug: *Sie und Lauda sind der restlichen Formel 1 ja bisher regelrecht um die Ohren gefahren?*
Prost: Ja, das hat auch einen ganz einfachen Grund: Unsere Autos waren einfach viel besser als alles, was die Formel 1 momentan zu bieten hat. Deshalb wurde auch behauptet, Lauda und ich würden uns gegenseitig zerfleischen. Vielleicht ist der McLaren bei den folgenden

Niki Nationale | Der Rennfahrer

Rennen nicht mehr so überlegen, dann stehen auch Lauda und Prost nicht mehr so im Blickpunkt und die Leute kommen nicht mehr auf die Idee, dass wir beide aufeinander losgehen könnten.

Haug: *Sie und Lauda liegen in der Weltmeisterschaft vorne, einer muss den Kürzeren ziehen, wer wird das sein?*
Prost: Ich möchte die Sache auf folgenden Nenner bringen: Lauda und ich verfügen 1984 bestimmt über ein Auto, das beste Chancen für die Weltmeisterschaft hat. Beide Fahrer können dieses Ziel erreichen. Wir stehen beide vor einer sehr schweren Saison, wir müssen beide kämpfen wie verrückt, auch gegeneinander. Mein Teampartner Lauda entwickelt sich womöglich zu meinem härtesten Rivalen in diesem Jahr, und ich werde vielleicht zum größten Gegner für Lauda. Bei aller Kampfbereitschaft haben wir uns aber beide vorgenommen, dabei nie eine Dummheit zu machen.

Haug: *Ist die Situation Prost kontra Lauda mit dem Kampf zwischen Arnoux und Prost 1982 bei Renault zu vergleichen?*
Prost: Nein, ganz und gar nicht. Schließlich arbeite ich konstruktiv mit Niki, wir helfen uns gegenseitig, das war nie der Fall, als ich bei Renault war.

Haug: *Ist Lauda der stärkste Teampartner, den Sie bislang hatten?*
Prost: Ja, auf jeden Fall. Aber dieser Zustand ist für uns beide durchaus positiv, denn wir haben die gleichen Ansichten beim Abstimmen eines Formel-1-Autos. Ich kann problemlos Laudas Auto fahren und er genauso in meines steigen, ohne damit langsamer zu sein. Die Rivalität hat, wie Sie sehen, also durchaus ihre praktischen Seiten. Wenn ich beim nächsten McLaren-Test krank sein sollte, kann ich getrost zuhause liegen und mich pflegen, denn der Niki wird's schon richten. Dieses Gefühl hatte ich bisher bei meinen Teamkollegen beileibe nicht, auch nicht im letzten Jahr bei Renault.

Haug: *Aber nicht deshalb haben Sie Renault verlassen?*
Prost: Jeder bei Renault war nach Kyalami 1983 enttäuscht, weil wir

die Weltmeisterschaft verloren hatten. Ich war ebenfalls enttäuscht, aber im Gegensatz zu den Renault-Leuten hatte ich keineswegs das Gefühl, dass der Titelgewinn durch meine Schuld verfehlt wurde. In dieser Lage war es für beide Partner schwer, ein weiteres Formel-1-Jahr in Angriff zu nehmen. Ich habe das ganze Jahr über viele Probleme mit vielen Leuten im Renault-Team gehabt, es ging oftmals mehr um Firmenpolitik als um Formel-1-Siege. Es war einfach klüger, einen Schlussstrich zu ziehen und zu gehen. Ich kontaktierte McLaren, weil sich das Auto mit dem TAG-Porsche-Motor am Ende der Saison als sehr vielversprechend erwiesen hatte. Ich war der Ansicht, dass McLaren-TAG für 1984 ein riesiges Potenzial haben würde.

Haug: *Waren Sie Ende 1983 zu der Erkenntnis gekommen, mit Renault niemals Formel-1-Weltmeister werden zu können?*
Prost: Nein, nicht unbedingt. Ich dachte nach dem Sieg beim Grand Prix Österreich in Zeltweg, dass wir es 1983 endlich schaffen könnten. Ich wusste aber gleichzeitig, dass unser Motor nur gut, nicht aber der beste war. Ich befürchtete, obwohl ich WM-Spitzenreiter war, dass wir ein sehr schwieriges Saisonfinale vor uns haben würden.

Haug: *Vier Siege der gleichen Marke bei den ersten fünf Rennen, so etwas hat die Formel 1 schon lange nicht mehr erlebt?*
Prost: Ich glaube, wir haben einen sehr guten Kompromiss gefunden. Der Motor ist gut, äußerst zuverlässig und hat einen ausgezeichneten Benzinverbrauch, was ja 1984 durch die 220-Liter-Limitierung ganz besonders wichtig ist. Das Chassis ist sehr gut, die Aerodynamik ausgezeichnet und die Balance funktioniert optimal. Wir können deshalb weichere Reifen als alle anderen fahren, haben mehr Haftung und sind deshalb schneller. Gemeinsam mit Niki entwickeln und verbessern wir das Auto immer mehr. Die Konkurrenz-Situation der beiden Fahrer beschleunigt all unsere Fortschritte.

Haug: *Sind Sie zu besseren Leistungen fähig, wenn Sie einen stärkeren Partner im Team haben?*
Prost: Ja, ganz sicherlich. Ich glaube, wir haben für die Grand-Prix-

Saison 1984 die beste Besetzung, die man sich vorstellen kann. Um allen Gerüchten vorzubeugen: Ich will keinen anderen Partner als Niki Lauda und schon gar keinen schwächeren. Hätte ich einen jungen, unerfahrenen Kollegen, dann wäre vielleicht einiges in der Formel 1 leichter für mich. Ganz sicherlich würde ich dann aber auch nicht über ein so optimales Rennauto verfügen, das sich immer auf dem bestmöglichen Stand befindet.

Haug: *Für wie gefährlich halten Sie Formel-1-Rennen?*
Prost: Die Formel 1 ist gefährlich, aber weniger gefährlich als vor zwei Jahren. Und vor zwei Jahren waren die Grand-Prix-Rennen weniger gefährlich als vor zehn oder fünfzehn Jahren. Deshalb sind wir auf dem richtigen Weg, das Sicherheitsbewusstsein ist existent. Die Formel 1 und der Motorsport allgemein werden aber immer mit Risiken verbunden sein. Es müssen aber nicht gerade unnötige Gefahren sein.

Haug: *Was bemängeln Sie an der aktuellen Formel 1?*
Prost: Wenn der Fahrer weiter hinten im Auto sitzen und die Pedalerie hinter den Vorderrädern angebracht würde, wäre ein Grand-Prix-Wagen wesentlich sicherer. Allerdings muss ich zugeben, dass die Autos mit ihrem jetzigen Standard schon ausgesprochen sicher sind, die Karbon-Fiber-Monocoques sind außerordentlich stabil. Zu den Rennstrecken ist einiges zu sagen. Ein Kurs wie Zolder beispielsweise ist für die Formel 1 absolut ungeeignet. Es gibt keine Sturzräume, nicht nur die Fahrer, auch die Zuschauer sind deshalb enorm gefährdet.

Haug: *Ist der Start der gefährlichste Abschnitt eines Formel-1-Rennens?*
Prost: Meistens ja. Deshalb startet man am besten aus der Poleposition und lässt das Feld und alle drohenden Unfälle gleich hinter sich. Die größte Gefahr droht einem Formel-1-Fahrer aber zweifellos bei einem Materialbruch. Bei einem Fahrfehler, selbst bei 200 km/h, passiert dagegen nur ganz selten etwas; das Auto rollt sich in einen Fangzaun ein, der Fahrer steigt meist sogar unverletzt aus.

Haug: *Ihre Frau kommt niemals mit zu den Rennen und sie scheint sich auch nicht sonderlich für die Formel 1 zu interessieren. Stört Sie das?*
Prost: Nein, im Gegenteil. Bei uns zu Hause wird nie über die Rennerei gesprochen, das empfinde ich als sehr angenehm und erholsam. Meine Frau fragt schon mal, hast du gewonnen? Und wenn ich wieder mal mit Nein antworte, stellt sie keine weiteren Fragen. Sie kümmert sich nicht darum, ob ich Punkte gemacht habe, sie schaut sich nicht einmal einen Grand Prix im Fernsehen an. Ein paar Runden vielleicht – ja, aber dann findet sie das Ganze langweilig und geht Dingen nach, die für sie wichtiger sind.

Haug: *Würden Sie sagen, dass Sie in Ihrer Formel-1-Karriere irgendeinen großen Fehler gemacht haben?*
Prost: Ich habe mir schon oft Gedanken in diese Richtung gemacht, und ich war anschließend eigentlich ganz zufrieden. Nein, ich glaube nicht, dass ich Entscheidendes falsch gemacht habe. Okay, in Zandvoort im letzten Jahr versuchte ich mit einem Gewaltakt, Piquet auszubremsen, und habe ihn und anschließend mich selbst von der Strecke befördert, es gab keine WM-Punkte für beide. Ich habe Fehler gemacht, über die ich mich eine halbe Stunde später aufregte, aber das waren alles kleine, vergleichsweise unbedeutende Fehler, die nicht im Gedächtnis haften bleiben. Wäre die Aktion in Zandvoort, als ich durch meine Schuld mit Piquet in der Tarzan-Kurve zusammenkrachte, gut gegangen, hätten alle gesagt der Prost ist wahrhaftig der Allergrößte. Es ging nicht gut, aber ich musste es versuchen, das ist mein Job und mein Berufsrisiko.

Haug: *Wagen Sie eine Prognose für 1984, wer wird Formel-1-Weltmeister?*
Prost: Niki Lauda oder ich. *(Quelle: www.prostfan.com)*

Der Rest ist Geschichte. 48 Stunden nach dem Gespräch zwischen Haug und Prost über Prost und Lauda ging am 3. Juni 1984 der Große Preis von Monaco über die Bühne. Ein in vielerlei Hinsicht bemerkenswertes

Rennen. „Jung gegen Alt". Racing pur. Zwischen den Generationen vermittelt, als Beifahrer des Schicksals, Professor Prost. Bei der Frage, wer die Geschichte dieses Rennens schrieb, scheiden sich die Geister. Eine grandiose Vorstellung gab der junge Ayrton Senna und eine undurchsichtige Darbietung gab der Wettergott. Es regnete. Stark. Zu stark.

Die Revolution frisst ihre Kinder

Die Briten erinnern sich an diesen Nachmittag im Casino an die „Geburtsstunde" ihres Löwen Nigel Mansell. In der neunten Runde überholte der Mann aus Upton-on-Severn, Worcestershire im Südwesten Englands, Alain Prost und führte im Lotus 95T zum ersten Mal in seiner damals jungen Karriere ein Grand-Prix-Feld an. Mansell, der sich nach seinem Rückzug aus der Formel 1 1995 seinen markanten Schnurrbart abrasierte und während großer Preise in Österreich gerne in Obdach, der Heimat von Renate Götschl, zum Zahnarzt ging, wurde 1992 Weltmeister. 31 Siege bei Großen Preisen stehen beim Ferrari-Teamkollegen von Gerhard Berger (1989) zu Buche. Nur drei Fahrer haben mehr errungen.
Apropos 31. Nach dieser Rundenzahl hatte damals in Monaco Mister X seinen großen Auftritt. Jacques Ickx, der in seinem Formel-1-Leben über 3000 Kilometer in Führung gelegen hatte, brach das Rennen in seiner Funktion als Leiter ab. Ohne sich zuvor mit den FIA-Stewards besprochen zu haben, was im Nachhinein für böses Blut sorgte. Zusätzliche Brisanz bekam der Fall durch den Umstand, dass „Jacky" zu dieser Zeit Sportwagenrennen für Porsche bestritt. Die Fernsehkameras haben unzweifelhaft festgehalten, dass ein anderer Porsche-Fahrer (Alain Prost) drei Runden zuvor der Rennleitung (Ickx) gewinkt hatte. Wahrscheinlich nicht nur, um freundlich zu sein.
Just zum Zeitpunkt, als die rote Abbruch-Fahne über Millionen Fernseher in die Küchen und Kabinette Österreichs und Straßen und Strände Brasiliens flimmerte, dachten alle, Ayrton Senna da Silva hätte seinen ersten Grand Prix gewonnen. Der 24-jährige Toleman-Pilot aus São Paulo schrie und sang vor Freude unter seinem gelben Helm. Knapp zehn Jahre hatte der spätere dreifache Formel 1-Weltmeister an

Oben: 1984, Brands Hatch, das zehnte Saisonrennen. Die Formel-1-Welt blickte gebannt auf das Duell der McLaren-Stallkollegen Niki Lauda und Alain Prost. In der Startaufstellung zum Grand Prix von Großbritannien stand Lauda noch hinter dem Franzosen, das Rennen gewann der Österreicher.

Nächste Seite: Entscheidung im letzten Rennen des Jahres beim Grand Prix von Portugal in Estoril 1984: Prost wurde Erster, Lauda Zweiter, Senna Dritter – Lauda war mit einem halben Punkt Vorsprung auf seinen Teamkollegen zum dritten Mal Weltmeister geworden. Am Ende badeten drei große Champions gemeinsam im Champagner.

Übernächste Seite: 14. Jänner 2002, Niki Lauda gibt als Jaguar-Teamchef ein bemerkenswertes Kurz-Comeback in einem Formel-1-Cockpit.

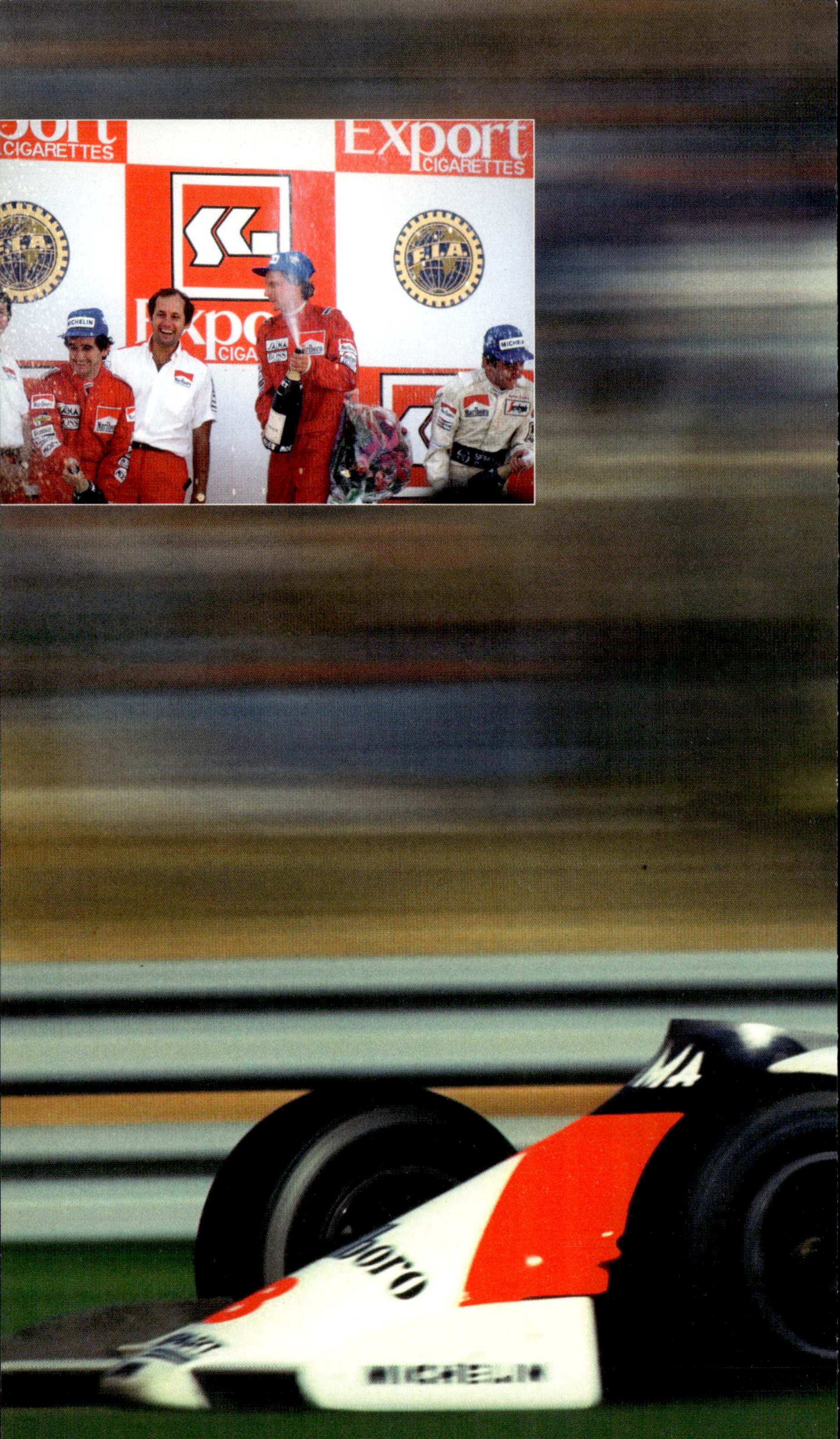
Export
CIGARETTES
F.I.A.
MICHELIN

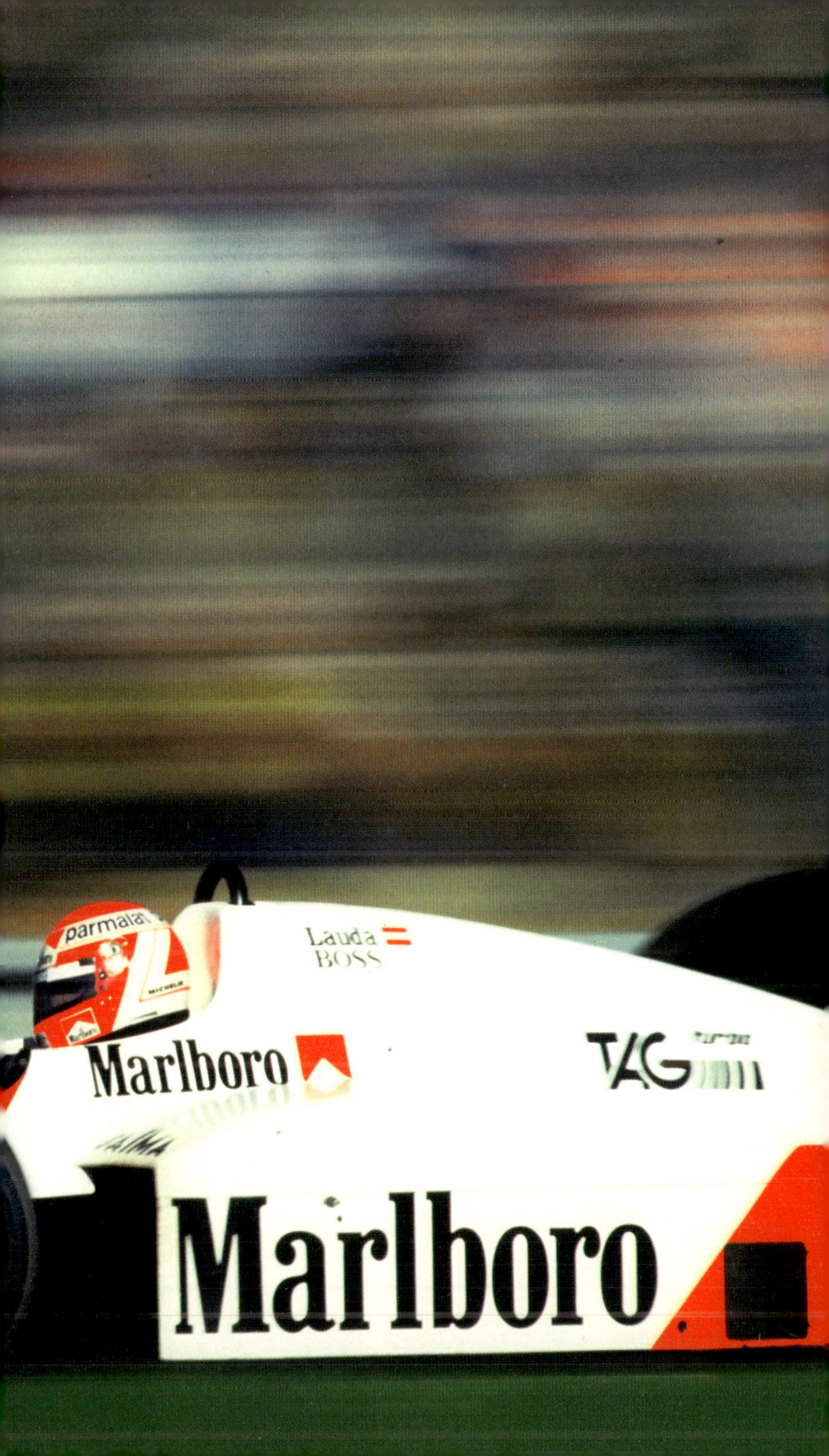
parmalat
Lauda
BOSS
Marlboro
TAG
Marlboro

BECK'S
EDS
MICHELIN
s.Oliver
s.Oliver
jaguar-racing.com
007
AT&T
REG.
TM.
BECK'S
BECK'S
BECK'S
LAUDA

diesem 3. Juni 1984 noch zu leben. Es wurden wundervoll harte und einzigartig erfolgreiche Jahre für McLaren und seinen Anfang 2009 zurückgetretenen Chef Ron Dennis, für Honda, für Williams und Ferrari, für Joe Ramirez, für nahezu alle, die sich auf den Stern Senna einließen, mit dem König des Regens zusammenarbeiteten oder mit ihm innerlich verwandt waren, wie Gerhard Berger, Alain Prost oder Niki Lauda.

Die Verbundenheit von Ayrton Senna mit Österreich grenzt an Mystik. Wenige Stunden, nachdem der Sieger von 41 großen Preisen am 1. Mai 1994 in der siebenten Runde des Grand Prix von San Marino in Imola in der Tamburello-Kurve, jener, in der Gerhard Berger fünf Jahre zuvor im Feuer des Ferrari saß, in einem Williams-Renault mit der Startnummer 2, als direkter Erbe des Cockpits von Alain Prost, von der Bordkamera des späteren siebenfachen Formel 1-Weltmeisters Michael Schumacher im Benetton gefilmt und in Führung liegend, sein Leben verloren hatte, fanden FIA-Offizielle im Wrack seines Williams eine zusammengerollte rot-weiß-rote Fahne.

Das Hoheitszeichen Österreichs hatte der damals 34-Jährige in der Auslaufrunde nach dem Rennen zu Ehren des Roland Ratzenberger flattern lassen wollen. Der Salzburger, drei Monate jünger als Senna und Europäischer Formel-Ford-Meister 1985 (11 Siege in einer Saison!), hatte tags zuvor im Qualifikationstraining zu seinem dritten Grand Prix, wie alle anderen Fahrer auch, mit 300 Stundenkilometern in jenen Linksknick eingelenkt, in welchem Gilles Villeneuve 1982 verunglückt war, als der linke obere Teil des Frontflügels seines Simtek S941 und den Bruchteil einer Sekunde später sein Genick brachen. Der Präsident des Dachverbandes aller Autofahrer, kurz FIA, Max Mosley, kam zu Ratzenbergers Beerdigung in Salzburg und „fehlte" daher beim Spektakel der Senna-Verabschiedung in Brasilien. „Roland had been forgotten. So I went to his funeral because everyone went to Sennas. I thought it was important that I went to his", sagte der erste F1-Teamchef von Niki Lauda 1971 bei March und seit 1993 FIA-Präsident nach der Trauerfeier im Mai 1994 in Maxglan, Landeshauptstadt Salzburg, nahe dem Obersalzberg.

Zurück zum verregneten Nachmittag in Monaco, 3. Juni 1984. So um die 18., 19. oder 20. Runde, Start-Ziel-„Gerade": Senna überholt Lauda, den kommenden Weltmeister. Scheinbar mühelos. Das Rennen gewinnt Alain Prost, sein erster von vier Siegen im Fürstentum. Zwar hatte Senna zum Zeitpunkt des Abbruchs in Runde 32 Prost vor Start und Ziel überholt, laut Reglement war bei Rennabbruch jedoch das Ergebnis der vorherigen Runde zu werten. Da lag Prost im McLaren-TAG-Porsche noch 7,446 Sekunden vor Senna im Toleman-Hart. Schnellster Mann auf der Strecke war zu diesem Zeitpunkt der Deutsche Stefan Bellof im Tyrell auf der Jagd nach Senna und Prost.

Ein Jahr später ließ der charismatische Bellof sein Leben in der haarsträubenden Senke von Eau-Rouge in Spa-Franchorchamps, Belgien. Im 1000-Kilometer Rennen versuchte er in einem Porsche 956 in dieser Kurve des Teufels ausgerechnet Monaco-Zünglein Jacky Ickx im 962C außen zu überholen. Später kursierten Legenden, wonach Ickx den hochtalentierten und respektlosen Deutschen zur Seite gedrängt hätte, sie konnten aber nie bewiesen werden. Bellof krachte mit 270 Stundenkilometern gegen einen Betonpfeiler …

Motorsporthistorisch betrachtet wird der weitere Verlauf der Saison 1984 – von Montreal, Detroit und Dallas abgesehen – zu einem ruhmreichen Alleingang des McLaren-Porsche-TAG-Turbo. Vor dem letzten Rennen des Jahres, am 21. Oktober 1984, hat Lauda in der WM-Wertung dreieinhalb Punkte Vorsprung auf Alain Prost. Der Jubilar und Held dieses Buches geht vom elften Startplatz aus ins Rennen, Titelkonkurrent Prost vom zweiten. Poleposition hat Nelson Piquet im Brabham-BMW. Nach einer sehenswerten Aufholjagd und einer eindrucksvollen Demonstration seines Rennfahrer-Genies „erbt" Lauda den begehrten zweiten Platz nach einem Dreher von Nigel Mansell im Rennen und die WM-Krone seines Freundes und späteren dreifachen Weltmeisters Nelson Piquet. Erst zum zweiten Mal nach Denis Clive Hulme im Jahr 1967 war es einem Fahrer gelungen, den WM-Titel ohne eine einzige Poleposition zu holen. Alain Prost gewann das Rennen. Als Dritter am Podium: Ayrton Senna. Gleichsam 10 Weltmeistertitel auf 2 Quadratmetern. Portugal 1984, die knappste Entscheidung einer Formel-1-Weltmeisterschaft aller Zeiten: Ein halber Punkt hat den Ausschlag gegeben …

Ayrton Senna, 1984 Dritter in Brands Hatch, hält die Hand des Siegers Niki Lauda hoch.

fahsicheren Wagen. Er fährt auf Bahnen, die so gebaut und abgesichert sind, wie er es mit Nachdruck empfiehlt.

Laudas Vorrangstellung und sein Sicherheitsfeldzug gefährden allerdings auch den größten Anreiz der Formel-I-Rennen: „Der präsumptive Blutzoll", so das Fachblatt „Auto, Motor und Sport", lockte bislang die Hälfte der Zuschauer an. Das Spektakel stürzender Wagen, brennender Fahrer und mit Si-

seinem ersten WM-Titel 1975

Kein Gott, aber gottäh

SPIEGEL-Mitarbeiter Hans Halter über Weltr

„No problems", sagt Niki und streckt den geschundenen Leib auf einem Eisenregal im Ferrari-Werkstattwagen aus, „ich war der absolut Schnellste." Vorsichtig schiebt er eine Metallkiste unter seinen Kopf. Seit gestern

PLAYBOY INTERVIEW: NIKI LAU

Ein offenes Gespräch mit einem Mann, der nur mit Vollgas rich

Niki Lauda ist der erste, mit dem je ein zweites PLAYBOY-Interview geführt wurde. Der Junge, der 1974 Rede und Antwort stand, war 25, lebte in einer Zweizimmerwohnung und hatte einen atemberaubenden finanziellen Seiltanz glücklich hinter sich gebracht. Er sprach von seinen ersten zwei DM-Millionen, die er in Hongkong (nicht) versteuern würde, was sich heute im Rückblick als sündteurer Irrtum darstellt. Er war bereits bei Ferrari und galt als draufgängerischer, risikofreudiger Fahrer — der künftige Weltmeister

Lauda mit dem Gewaltakt eines persönlichen Kredits (samt Ablebensversicherung), dessen Rückzahlung ihn im Falle eines Mißerfolgs ein Jahrzehnt lang beschäftigt hätte. Der Spielraum zwischen Aufbrauchen des Kredits und dem Durchbruch samt damit verbundenen Gagen war jedenfalls so eng, daß die Klischeeformulierung „Er fuhr um sein Leben" auch für seriöse Journalisten akzeptabel wurde. Die Konsequenz und die unverschämte Frechheit, mit der Lauda das Himmelfahrtskommando seiner frühen Jahre durchzog, gaben die stärksten Pas-

Lauda zwei Weltnd 1977), kam im

Laudas Mondflug

Mit seinem großartigen Rennen in Monza hat Niki Lauda auch die letzten Zweifler überzeugt. Wie, kaum dem Feuer entronnen, zündelt er schon wieder? Das kann nicht gut ausgehen!

Doch, es ist gut ausgegangen.

Lauda ist kein Hasardeur. Er weiß, was er tut, und er balanciert klug zwischen Sicherheit und Risiko. Ein Gleichgewichtskünstler des Lebens.

Die Frage liegt nahe: Wozu brauchen wir solchen Nervenkitzel? Wir brauchen ihn nicht. Aber vielleicht brauchen wir Männer wie Lauda.

Männer, die sich den letzten Grenzen nähern. Männer, die durch Mauern schreiten, mit nichts als mit ihrem Willen.

Hätten wir Amerika entdeckt ohne ihresgleichen? Hätten wir die Luft erobert ohne sie? Wären wir zum Mond geflogen? Und was noch wichtiger ist: Wären diese Männer wieder zurückgekehrt?

Lauda hat es geschafft: gestartet und heil angekommen. Mondflug auf Erden. M. M.

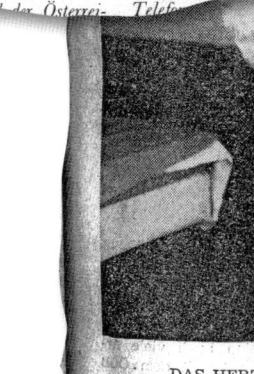

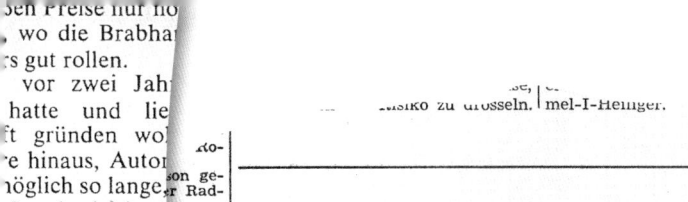

ITALIENISCHER VOLKSHELD MADE IN AUSTRIA

Ein neuer Nuvolari: Niki Lauda

Eigenbericht der „Presse" von JOSEF METZGER

MONZA. — „Lauda batte Hunt!" („Lauda schlägt Hunt!") „Lauda meglio di Hunt." („Lauda besser als Hunt.") „Lauda — [...] lari." („Lauda [...] lari.") Italiens [...] überschlugen si[...] ten. Vor dem [...] verdrängte de[...] wieder lebt, sel[...] Mao Tse-tung. toten Chinesen[...]

barg, bekam etwas Übermenschliches. [...]

Kein Computer

Was ist die natürliche Reaktion eines Autorennfahrers nach einem schweren Unfall? Er führt Selbstgespräche wie „Es lohnt nicht. Ich kann verkrüppelt werden." Und er hört auf.

Nicht Niki Lauda. Er fährt weiter.

Kaum, daß er vor Wochen am Krankenbett ein wenig Luft bekam, verbrauchte er seinen ersten Atem für die Frage: „Werde ich wieder starten können?"

Lauda hat vom Rennsport nie anders als von seinem Job gesprochen. Viel Geld verdienen, schnell viel Geld verdienen. Mehr ist nicht drin.

Und, jetzt steigt er, kaum entronnen, schon wieder ins Feuer? Kann das allein das Geld sein, das ihn treibt?

Der Verdacht liegt nahe: Niki ist Rennfahrer aus Leidenschaft, und er versteckt sie hinter der kühlen Maske des Businessman.

Also doch kein Computer. — Und damit hätte Lauda, nicht nur aus der Sicht des Chirurgen, ein neues Gesicht bekommen. Ein liebenswertes.   M. M.

Photo: „Die Presse"/Hofmeister

NOCH IMMER FÜR DIE FORMEL 1: COMEBACK VON LAUDA
[...] gab der Salzburger Arzt des Automobilweltmeisters, Karl Inama (links [...] kehr zum Rennsport. Laudas Gesicht ist vom Unfall noch schwer gezeich[...] psychisch fühlt er sich stärker als je zuvor. (Bericht Seite 6.)

Schluss-Laudatio

Seinen 25. Grand Prix-Sieg feiert Andreas Nikolaus Lauda am 25. August 1985 im holländischen Zandvoort. Der 36-Jährige gewinnt 0,232 Sekunden vor seinem McLaren-Teamkollegen Alain Prost, der 1985 seinen ersten von vier Weltmeistertiteln erringen wird. Es ist der letzte und einzige Sieg von Lauda in diesem Jahr. Schon im April 1985 hatte in Estoril Ayrton Senna auf Lotus – 1970 Triumph und Tragik des Jochen Rindt – sein erstes und im Rücktrittsjahr Laudas auch einziges Saisonrennen gewonnen. Im Regen. Nicht so stark wie damals in Fuji am 14. Oktober 1976. Jenem Tag als Niki Lauda Mut zur Angst, vor allem aber seine große innere Freiheit und Unabhängigkeit zeigte.

S.A.I.M.A.
BOSS
Marlboro
McLAREN INTERNATIONAL
HARIBO
CHAMPION

Epilog

Am 16. November 1990, einem Freitag, knattert am Nachmittag das Faxgerät von Heinz Prüller. Tags zuvor startete die NASA Mission STS-38. Die 37. Space-Shuttle-Mission der USA, die siebente der Raumfähre Atlantis. Ayrton Senna sendet:
Es freut mich, an dieser Stelle wieder zu schreiben. Ich nehme die Gelegenheit wahr, meinem Freund Heinz Prüller zur 20. Ausgabe seiner Grand-Prix-Story zu gratulieren, ein Buch, das ich für eines der vollständigsten in der Formel 1 halte ... Ich fühle mich glücklich zu den Österreichern zu sprechen ...
Der erste Österreicher, den ich in der Formel 1 persönlich kennen gelernt habe, war Niki Lauda. In meiner ersten Saison in der Formel 1, 1984, hatte ich die Ehre mit Niki am Podium zu stehen, ausgerechnet im letzen Rennen des Jahres in Estoril, als er seinen dritten WM-Titel mit einem zweiten Platz im Rennen errungen hatte. Lauda ist eine Lehrstunde des Lebens für uns alle. Nach seinem schrecklichen Unfall am Nürburgring verzauberte Lauda die Welt mit seiner prächtigen Rückkehr auf die Rennstrecken. Ich möchte den Ratschlag geben, alle Bücher über Niki Lauda zu lesen. Es ist faszinierend, jedes kleine Detail seiner Karriere zu kennen.

```
The first Austrian I have known in F1 was Niki
Lauda. On my first season, in 1984, I had the
honour to go to the podium with him, exactly on
the last race of the year, in Portugal, when he
acquired his third world title with a second
place. Lauda is a lesson of life for all of us.
After his terrible accident at Nürburgring,
during the German GP, the brave Austrian driver
enchanted the world with his glorious return to
the tracks. I would like to counsel, inclusively,
to those who doesn't know his history, to read
the books about it. It is fascinating to know
the minimum details about his career.

Ayrton Senna da Silva
(Aus dem Vorwort zu Heinz Prüllers Grand-Prix-Story 1990)
```

Anhang

Die Rennen von Niki Lauda

Siege und Titel

1968 Bergrennen (Mini Cooper 1300), 3 Klassensiege
Bergrennen (Porsche 911), 3 Klassensiege
Rundkurse, 1 Sieg (alle Kategorien)

1969 Formel Vau, 2 Siege

1970 Sports Cars Serie (Porsche 908), 2 Siege

1971 2 Liter Sports Cars (Chevron-Hart), 1 Sieg

1972 Formel 2 (March 722), 1 Sieg

1973 Tourenwagen (BWM-Alpina), 3 Siege
Tourenwagen (Gruppe 1, BMW 2002), 1 Sieg
Tourenwagen (Ford Capri RS), 1 Sieg

1975 Formel-1-Weltmeister

1977 Formel-1-Weltmeister

1984 Formel-1-Weltmeister

171 Formel-1-Rennen
3 Formel-1-Weltmeisterschaftstitel
25 Siege
24 Polepositions
26 Mal schnellste Rennrunde
WM-Punkte gesamt: 420,5
Führungsrunden: 1590 Runden über 7055,6 km

Alle gefahrenen Grand Prixs

1971
March 711-Ford   Goodyear

GRAND PRIX	Rennstrecke	Qualifying	Resultat	Rundenzeit
Österreich	17. 8. Österreichring	21. (1:43.68)	Ausfall (Straßenhaftung)	20. (1:45.86)

Position in Weltmeisterschaft: Keine Punkte

1972
March 721-Ford   in Argentinien und Südafrika
March 721X-Ford   von Spanien bis Belgien
March 721G-Ford   von Frankreich bis USA   Goodyear

GRAND PRIX	Rennstrecke	Qualifying	Resultat	Rundenzeit
Argentinien	23. 1. Buenos Aires	22. (1:15:92)	11. mit 2 Runden	
Südafrika	4. 3. Kyalami	21. (1:18.90)	7. mit 1 Runde	
Spanien	1. 5. Jarama	25. (1:13.76)	Ausfall (block. Pedal)	25. (1:29.84)
Monaco	14. 5. Monaco	22. (1:25.60)	16. mit 6 Runden	
Belgien	4. 6. Nivelles-Baulers	25. (1:16.50)	12. mit 3 Runden	
Frankreich	2. 7. Charade	21. (3:03.10)	Ausfall (Radantrieb)	24. (3:23.00)
Großbritannien	15. 7. Brands Hatch	19. (1:25.10)	9. mit 3 Runden	18. (1:26.50)
Deutschland	30. 7. Nürburgring	23. (7:32.20)	Ausfall (Ölbehälter)	
Österreich	13. 8. Österreichring	21. (1:39.04)	10. mit 1 Runde	
Italien	10. 9. Monza	20. (1:38.52)	13. mit 5 Runden	
Kanada	24. 9. Mosport	19. (1:16.80)	Disqu. (fremde Hilfe)	
USA	8. 10. Watkins Glen	25. (1:45.29)	19. mit 10 Runden	

Position in Weltmeisterschaft: Keine Punkte

1973

BRM P 160   in Argentinien und Brasilien
BRM P 160D   in Südafrika
BRM P 160E   von Spanien bis USA   **Firestone**

GRAND PRIX	Rennstrecke	Qualifying	Resultat	Rundenzeit
Argentinien	28. 1. Buenos Aires	13. (1:12.39)	Ausfall (Öldruck)	11. (1:13.07)
Brasilien	11. 2. Interlagos	13. (2:35.10)	8. mit 2 Runden	
Südafrika	3. 3. Kyalami	10. (1:17.14)	Ausfall (Motor)	
Spanien	29. 4. Barcelona	13. (1:24.40)	Ausfall (block. Radmutter)	14. (1:26.40)
Belgien	14. 5. Zolder	14. (1:24.51)	5. mit 1 Runde	5. (1:25.69)
Monaco	3. 6. Monaco	6. (1:28.50)	Ausfall (Getriebe)	10. (1:30.40)
Schweden	17. 6. Anderstorp	15. (1:26.211)	13. mit 5 Runden	15. (1:28.708)
Frankreich	1. 7. Paul Ricard	17. (1:51.78)	9. mit 1:45.76	10. (1:53.18)
Großbritannien	14. 7. Silverstone	9. (1:17.40)	13. mit 5 Runden	9. (1:19.60)
Holland	29. 7. Zandvoort	11. (1:21.43)	Ausfall (Benzinpumpe)	
Deutschland	5. 8. Nürburgring	5. (7:9.90)	Ausfall (Unfall)	
Österreich	19. 8. Österreichring	Startverzicht (verletzt)		
Italien	9. 9. Monza	15. (1:37.26)	Ausfall (Unfall, Reifen)	
Kanada	23. 9. Mosport	8. (1:14.400)	Ausfall (letzte Runde)	
USA	7. 10. Watkins Glen	21. (1:43.543)	Ausfall (Öldruck)	

Position in Weltmeisterschaft: Platz 17/2 Punkte

Punktedurchschnitt pro Rennen 0.13

1974
Ferrari 312 B3/B4   **Goodyear**

GRAND PRIX		Rennstrecke	Qualifying	Resultat	Rundenzeit	
Argentinien	13. 1.	Buenos Aires	8. (1:51.81)	2. mit 9.27	2.	(1:52.44)
Brasilien	27. 1.	Interlagos	3. (2:33.77)	Ausfall (Motor)		
Südafrika	30. 3.	Kyalami	**1. (1:16.58)**	Ausfall (Zündung)	**1.**	**(1:18.24)**
Spanien	28. 4.	Jarama	**1. (1:18.44)**	**1. (2:00:29.56)**	**1.**	**(1:20.83)**
Belgien	12. 5.	Nivelles-Baulers	3. (1:11.04)	2. mit 0.35	3.	(1:11.56)
Monaco	26. 5.	Monaco	**1. (1:26.30)**	Ausfall (Lichtmaschine)	3.	(1:28:80)
Schweden	9 6.	Anderstorp	3. (1:25.161)	Ausfall (Getriebe)	9.	(1:28.437)
Holland	23. 6.	Zandvoort	**1. (1:18.31)**	**1. (1:43:0.35)**	5.	(1:21.69)
Frankreich	7. 7.	Dijon-Prenois	**1. (58.79)**	2. mit 20.36	3.	(1:00.50)
Großbritannien	20. 7.	Brands Hatch	**1. (1:19.70)***	5. mit 1 Runde	**1.**	**(1:21.10)**
Deutschland	4. 8.	Nürburgring	**1. (7:00.80)**	Ausfall (Unfall)		
Österreich	18. 8.	Österreichring	**1. (1:35.40)**	Ausfall (Motor)	11.	(1:28.08)
Italien	8. 9.	Monza	**1. (1:33.16)**	Ausfall (Motor)	4.	(1:34.60)
Kanada	22. 9.	Mosport	2. (1:13.230)	Ausfall (Unfall/Federung)	**1.**	**(1:13.659)**
USA	6. 10.	Watkins Glen	5. (1:39.327)	Ausfall (Unfall/Federung)		

*Ronnie Peterson (Lotus) fuhr nach Lauda dieselbe Zeit

Position in Weltmeisterschaft: Platz 4/38 Punkte
2 Siege, 9 Polepositions, 4 Mal schnellste Rennrunde
Punktedurchschnitt pro Rennen 2.53

1975

Ferrari 312 B3/B4 in Argentinien und Brasilien
Ferrari 312T   von Südafrika bis USA   **Goodyear**

GRAND PRIX		Rennstrecke	Qualifying	Resultat	Rundenzeit
Argentinien	12. 1.	Buenos Aires	4. (1:49.96)	6. mit 1:19.65	8. (1:52.26)
Brasilien	26. 1.	Interlagos	4. (2:31.12)	5. mit 1:01.88	3. (2:35.22)
Südafrika	1.3.	Kyalami	4. (1:16.83)	5. mit 28.64	7. (1:18.95)
Spanien	27. 4.	Barcelona	**1. (1:23.40)**	Ausfall (Unfall mit Andretti)	
Monaco	11. 5.	Monaco	**1. (1:26.40)**	**1. (2:01:21.3)**	5. (1:29.41)
Belgien	25. 5.	Zolder	**1. (1:25.43)**	**1. (1:43:53.98)**	2. (1:27.33)
Schweden	8. 6.	Anderstorp	6. (1:25.475)	**1. (1:59:18.31)**	**1. (1:28.267)**
Holland	22. 6.	Zandvoort	**1. (1:20.29)**	2. mit 2,0	**1. (1:21.540)**
Frankreich	6. 7.	Paul Ricard	**1. (1:47.82)**	**1. (1:40:18.84)**	2. (1:50.62)
Großbritannien	19. 7.	Silverstone	3. (1:19.54)	8. mit 2 Runden	4. (1:21.50)
Deutschland	3. 8.	Nürburgring	**1. (6:58.60)**	3. mit 2:23.30	3. (7:08.00)
Österreich	17. 8.	Österreichring	**1. (1:34.85)**	6. mit 1:27.28	
Italien	7. 9.	Monza	**1. (1:32.24)**	3. mit 23.20	3. (1:33.80)
USA	5. 10.	Watkins Glen	**1. (1:42.003)**	**1. (1:42:58.175)**	2. (1:43.386)

Position in Weltmeisterschaft: **Weltmeister** / 64.5 Punkte
5 Siege, 9 Polepositions, 2 Mal schnellste Rennrunde
Punktedurchschnitt pro Rennen 4.6

1976

Ferrari 312T von Brasilien bis USA-West
Ferrari 312T2 von Spanien bis Japan   **Goodyear**

GRAND PRIX	Rennstrecke	Qualifying	Resultat	Rundenzeit
Brasilien	25. 1. Interlagos	2. (2:32.52)	**1. (1:45:16.78)**	3. (2:35.84)
Südafrika	6. 3. Kyalami	2. (1:16.20)	**1. (1:42:18.40)**	**1.(1:17.97)**
USA West	28. 3. Long Beach	4. (1:16.20)	2. mit 42.384	2. (1:23.652)
Spanien	2. 5. Jarama	2. (1:18.84)	2. mit 30.97	4. (1:21.26)
Belgien	16. 5. Zolder	**1. (1:26.55)**	**1. (1:42:53.23)**	**1.(1:25.98)**
Monaco	30. 5. Monaco	**1. (1:29.65)**	**1. (1:59:51.47)**	2. (1:30.36)
Schweden	13. 6. Anderstorp	5. (1:26.441)	3. mit 33.866	
Frankreich	4. 7. Paul Ricard	2. (1:48.17)	Ausfall (Motor)	**1.(1:51.00)**
Großbritannien	18. 7. Brands Hatch	**1. (1:19.35)**	**1. (1:44:19.66)**	**1.(1:19.91)**
Deutschland	1. 8. Nürburgring	2. (7:07.40)	Ausfall (Unfall)	
Österreich	15. 8. Österreichring	Startverzicht (verletzt)		
Holland	29. 8. Zandvoort	Startverzicht (verletzt)		
Italien	12. 9. Monza	5. (1:42.09)	4. mit 19.40	4. (1:42.10)
Kanada	3. 10. Mosport	6. (1:13.060)	8. mit 1:12.957	8. (1:14.648)
USA Ost	10. 10. Watkins Glen	5. (1:44.257)	3. mit 1:02.324	6. (1:43.776)
Japan	24. 10. Mont Fuji	3. (1:13.08)	Startverzicht	

Position in Weltmeisterschaft: Platz 2/68 Punkte

5 Siege, 3 Polepositions, 4 Mal schnellste Rennrunde

Punktedurchschnitt pro Rennen 4.6

1977
Ferrari 312T2   **Goodyear**

GRAND PRIX		Rennstrecke	Qualifying	Resultat	Rundenzeit
Argentinien	9. 1.	Buenos Aires	4. (1:49.73)	Ausfall (Öldruck)	8. (1:52.02)
Brasilien	23. 1.	Interlagos	15. (2:32.37)	3. mit 1:47.51	14. (2:37.40)
Südafrika	5. 3.	Kyalami	3. (1:16.29)	**1. (1:42:21.60)**	2. (1:17.68)
USA West	3. 4.	Long Beach	**1. (1:21.650)**	2. mit 0.733	**1.(1:22.753)**
Spanien	8. 5.	Jarama	3. (1:19.48)	Aufgabe (Rippenschmerzen)	
Monaco	22. 5.	Monaco	6. (1:30.76)	2. mit 0.89	2. (1:31.58)
Belgien	5. 6.	Zolder	13. (1:27.11)	2. mit 14.19	7. (1:28.57)
Schweden	19. 6.	Anderstorp	15. (1:26.826)	Ausfall (Straßenhaftung)	14. (1:28.935)
Frankreich	3. 7.	Dijon-Prenois	11. (1:13.52)	5. mit 1:14.45	5. (1:14.87)
Großbritannien	16. 7.	Silverstone	3. (1:18.84)	2. mit 18.31	6. (1:20.26)
Deutschland	31. 7.	Hockenheim	3. (1:53.53)	**1. (1:31:48.26)**	**1. (1:55.99)**
Österreich	14. 8.	Österreichring	**1. (1:39.32)**	2. mit 20.13	**1. (1:41.81)**
Holland	28. 8.	Zandvoort	4. (1:19.54)	**1. (1:41:45.93)**	**1. (1:19.99)**
Italien	11. 9.	Monza	5. (1:38.54)	2. mit 16.96	2. (1:39.60)
USA Ost	2. 10.	Watkins Glen	9. (1:42.089)	4. mit 1:40.615	10. (1:58.924)
Kanada	9. 10.	Mosport	Startverzicht (krank)		
Japan	23. 10.	Mont Fuji	Startverzicht		

Position in Weltmeisterschaft: **Weltmeister**/72 Punkte

3 Siege, 2 Polepositions, 4 Mal schnellste Rennrunde

Punktedurchschnitt pro Rennen 4.5

Anhang | Die Rennen von Niki Lauda

1978

Brabham BT45C-Alfa Romeo in Argentinien und Brasilien
Brabham BT46-Alfa Romeo   ab Südafrika bis Kanada
Brabham BT46B-Alfa Romeo in Schweden   **Goodyear**

GRAND PRIX	Rennstrecke	Qualifying	Resultat	Rundenzeit
Argentinien	15. 1. Buenos Aires	5. (1:48.70)	2. mit 13.21	3. (1:50.94)
Brasilien	29. 1. Rio-Jacarepaguá	10. (1:42.08)	3. mit 57.02	3. (1:43.57)
Südafrika	4. 3. Kyalami	**1. (1:14.65)**	Ausfall (Motor)	6. (1:17.43)
USA West	2. 4. Long Beach	3. (1:20.937)	Ausfall (Zündung)	7. (1:22.727)
Monaco	7. 5. Monaco	3. (1:28.84)	2. mit 22.45	**1. (1:28.65)**
Spanien	4. 6. Jarama	6. (1:17.94)	Ausfall (Motor)	6. (1:20.85)
Schweden	17. 6. Anderstorp	3. (1:22.783)	**1. (1:41:00.606)**	**1. (1:24.836)**
Belgien	21. 6. Zolder	3. (1:21.70)	Ausfall (Unfall mit Scheckter)	
Frankreich	2. 7. Paul Ricard	3. (1:44.71)	Ausfall (Motor)	8. (1:49.78)
Großbritannien	16. 7. Brands Hatch	4. (1:17.48)	2. mit 1.41	**1. (1:18.60)**
Deutschland	30. 7. Hockenheim	3. (1:52.29)	Ausfall (Motor)	12. (1:57.12)
Österreich	13. 8. Österreichring	12. (1:39.49)	Ausfall (Unfall)	
Holland	27. 8. Zandvoort	3. (1:17.33)	3. mit 12.21	**1. (1:19.57)**
Italien	10. 9. Monza	4. (1:38.215)	**1. (1:07:04.54)**	4. (1:39.06)
USA Ost	1. 10. Watkins Glen	5. (1:39.892)	Ausfall (Motor)	13. (1:42.460)
Kanada	8. 10. Montréal	7. (1:39.020)	Ausfall (Bremsen)	19. (1:42.483)

Position in Weltmeisterschaft: Platz 4/44 Punkte

2 Siege, 1 Poleposition, 4 Mal schnellste Rennrunde

Punktedurchschnitt pro Rennen 2,75

1979
Brabham BT 48-Alfa Romeo   von Südafrika bis Italien   **Goodyear**

GRAND PRIX	Rennstrecke	Qualifying	Resultat	Rundenzeit
Argentinien	21. 1. Buenos Aires	22. (1:50.29)	Ausfall (Benzindruck)	17. (1:52.65)
Brasilien	4. 2. Interlagos	12. (2:27.57)	Ausfall (Getriebe)	
Südafrika	3. 3. Kyalami	4. (1:12.12)	6. mit 1 Runde	9. (1:15.95)
USA West	8. 4. Long Beach	11. (1:20.041)	Ausfall (Unfall mit Tambay)	
Spanien	29. 4. Jarama	6. (1:15.45)	Ausfall (Ölleck)	5. (1:18.76)
Belgien	13. 5. Zolder	13. (1:22.87)	Ausfall (Antrieb)	13. (1:24.83)
Monaco	27. 5. Monaco	4. (1:27.21)	Ausfall (Unfall mit Pironi)	13. (1:30.26)
Frankreich	1. 7. Dijon-Prenois	6. (1:08.20)	Ausfall (Dreher)	15. (1:12.58)
Großbritannien	14. 7. Silverstone	6. (1:13.44)	Ausfall (Bremsen)	18. (1:17.62)
Deutschland	29. 7. Hockenheim	7. (1:50.37)	Ausfall (Bremsen)	8. (1:53.12)
Österreich	12. 8. Österreichring	4. (1:35.51)	Ausfall (Ölleck)	11. (1:38.68)
Holland	26. 8. Zandvoort	9. (1:17.495)	Ausfall (Handschmerz)	19. (1:23.293)
Italien	9. 9. Monza	7. (1:35.443)	4. mit 54.40	5. (1:37.14)
Kanada	30. 9. Montréal	Startverzicht (Rücktritt)		
USA Ost	7. 10. Watkins Glen	Startverzicht (Rücktritt)		

Position in Weltmeisterschaft: Platz 14/4 Punkte

Punktedurchschnitt pro Rennen 0.226

1982

McLaren MP4B-Ford Cosworth **Michelin**

GRAND PRIX	Rennstrecke	Qualifying	Resultat	Rundenzeit
Südafrika	23. 1. Kyalami	13. (1:10.681)	4. mit 32.113	7. (1:10577)
Brasilien	21. 3. Rio-Jacarepaguá	5. (1:30.152)	Ausfall (Unf. m. Reutemann)	5. (1:37.364)
USA West	4. 4. Long Beach	2. (1:27.436)	**1. (1:58:25.318)**	**1. (1:30.831)**
San Marino	25. 4. Imola		Startverzicht des Teams	
Belgien	9. 5. Zolder	4. (1:16.049)	Disqualifiziert*	6. (1:20.885)
Monaco	23. 5. Monaco	12. (1:25.838)	Ausfall (Motor)	7. (1:27.415)
USA Ost	6. 6. Detroit	10. (1:51.026)	Ausfall (Unfall)	3. (1:51.888)
Kanada	13. 6. Montréal	11. (1:29.544)	Ausfall (Kupplung)	18. (1:33.465)
Holland	3. 7. Zandvoort	5. (1:15.832)	4. mit 1:23.720	18. (1:21.220)
Großbritannien	18. 7. Brands Hatch	5. (1:10.638)	**1. (1:35:33.812)**	4. (1:13.639)
Frankreich	25. 7. Paul Ricard	9. (1:37.778)	8. mit 1 Runde	7. (1:43.866)
Deutschland	8. 8. Hockenheim		Verletzt im Qualifying	
Österreich	15. 8. Österreichring	10. (1:32.131)	5. mit 1 Runde	12. (1:37.252)
Schweiz	29. 8. Dijon-Prenois	4. (1:02.984)	3. mit 1:00.343	19. (1:08.453)
Italien	12. 9. Monza	10. (1:32.782)	Ausfall (Bremsen)	13. (1:36.540)
Las Vegas	25.9. Las Vegas	13. (1:18.333)	Ausfall (Motor)	5. (1:20.462)

*Belgien: Disqualifiziert wegen Untergewichts des Autos

Position in Weltmeisterschaft: Platz 5/30 Punkte

2 Siege, 1 schnellste Rennrunde

Punktedurchschnitt pro Rennen 1.875

1983

McLaren MP4C-Ford Cosworth von Brasilien bis Österreich
McLaren MP4E-TAG Porsche von Holland bis Südafrika **Michelin**

GRAND PRIX	Rennstrecke		Qualifying	Resultat	Rundenzeit	
Brasilien	13. 3.	Rio-Jacarepaguá	9. (1:36.054)	3. mit 51.883	4.	(1:41.163)
USA West	27. 3.	Long Beach	23. (1:30.188)	2. mit 27.993	**1.**	**(1:28.330)**
Frankreich	17. 4.	Paul Ricard	11. (1:41.065)	Ausfall (Radlager)	10.	(1:45.974)
San Marino	1. 5.	Imola	17. (1:36.099)	Ausfall (Unfall)	13.	(1:38.641)
Monaco	15. 5.	Monaco	Nicht qualifiziert (1:29.898)			
Belgien	22. 5.	Spa-Francorchamps	15. (2:09.475)	Ausfall (Motor)	13.	(2:10.899)
USA Ost	5. 6.	Detroit	18. (1:48.992)	Ausfall (Dämpfer)	17.	(1:51.318)
Kanada	12. 6.	Montréal	19. (1:33.671)	Ausfall (Unfall)	22.	(1:36.071)
Großbritannien	16. 7.	Silverstone	15. (1:14.267)	6. mit 1 Runde	11.	(1:15.923)
Deutschland	7. 8.	Hockenheim	18. (1:56.730)	Disqualifiziert*	11.	(1:57.297)
Österreich	14. 8.	Österreichring	14. (1:34.518)	6. mit 2 Runden	11.	(1:37.552)
Holland	28. 8.	Zandvoort	19. (1:20.131)	Ausfall (Bremsen)	15.	(1:22.462)
Italien	11. 9.	Monza	13. (1:33.133)	Ausfall (Elektrik)	15.	(1:37.132)
Europa	25. 9.	Brands Hatch	13. (1:13.972)	Ausfall (Motor)	16.	(1:15.957)
Südafrika	15. 10.	Kyalami	12. (1:07.974)	Ausfall (Elektrik)	2.	(1:10.634)

*Deutschland: Disqualifiziert nach Rückwärtsfahren in der Boxenstraße

Position in Weltmeisterschaft: Platz 10/12 Punkte

1 schnellste Rennrunde

Punktedurchschnitt pro Rennen 0.666

1984
McLaren MP4/2-TAG Porsche — Michelin

GRAND PRIX	Rennstrecke		Qualifying	Resultat	Rundenzeit
Brasilien	25. 3.	Rio-Jacarepaguá	6. (1:29.854)	Ausfall (Eletrik)	5. (1:38.389)
Südafrika	7. 4.	Kyalami	8. (1:06.043)	**1. (1:29.23.430)**	4. (1:09.666)
Belgien	29. 4.	Zolder	13. (1:18.071)	Ausfall (Wasserpumpe)	10. (1:21.853)
San Marino	6. 5.	Imola	5. (1:30.325)	Ausfall (Motor)	13. (1:34.686)
Frankreich	20. 5.	Dijon-Prenois	9. (1:04.419)	**1. (1:31:11.951)**	2. (1:06.100)
Monaco	3. 6.	Monaco	7. (1:23.886)	Ausfall (Dreher)	11. (1:56.993)
Kanada	17. 6.	Montréal	7. (1:27.392)	2. mit 2.612	2. (1:29.083)
USA Ost	24. 6.	Detroit	9. (1:43.484)	Ausfall (Elektrik)	8. (1:47.192)
Dallas	8. 7.	Dallas	5. (1:37.987)	Ausfall (Unfall)	**1.(1:45.353)**
Großbritannien	22. 7.	Brands Hatch	3. (1:11.344)	**1. (1:29:28.532)**	**1.(1:13.191)**
Deutschland	5. 8.	Hockenheim	7. (1:48.912)	2. mit 3.149	2. (1:53.778)
Österreich	19. 8.	Österreichring	4. (1:26.715)	**1. (1:21:12.851)**	**1.(1:32.882)**
Holland	26. 8.	Zandvoort	6. (1:14.866)	2. mit 10.283	3. (1:20.470)
Italien	9. 9.	Monza	4. (1:28.533)	**1. (1:20:29.065)**	**1.(1:31.912)**
Europa	7. 10.	Nürburgring	15. (1:22.643)	4. mit 43.086	3. (1:23.729)
Portugal	21. 10.	Estoril	11. (1:23.183)	2. mit 13.425	**1.(1:22.996)**

Position in Weltmeisterschaft: **Weltmeister**/72 Punkte

5 Siege, 5 Mal schnellste Rennrunde

Punktedurchschnitt pro Rennen 4.5

1985
McLaren MP4/2B-TAG Porsche   **Michelin**

GRAND PRIX	Rennstrecke	Qualifying	Resultat	Rundenzeit
Brasilien	7. 4. Rio-Jacarepaguá	9. (1:29.984)	Ausfall (Benzinzufuhr)	3. (1:38.098)
Portugal	21. 4. Estoril	7. (1:23.288)	Ausfall (Motor)	9. (1:46.633)
San Marino	5. 5. Imola	7. (1:28.399)	4. mit 1 Runde	7. (1:32.198)
Monaco	19. 5. Monaco	14. (1:21.907)	Ausfall (Dreher)	11. (1:25.842)
Kanada	16. 6. Montréal	17. (1:28.126)	Ausfall (Motor)	12. (1:30.433)
USA Ost	23. 6. Detroit	12. (1:46.266)	Ausfall (Bremsen)	15. (1:49.489)
Frankreich	7. 7. Paul Ricard	6. (1:33.860)	Ausfall (Getriebe)	8. (1:42.037)
Großbritannien	21. 7. Silverstone	10. (1:07.743)	Ausfall (Elektrik)	3. (1:10.905)
Deutschland	4. 7. Hockenheim	12. (1:19.652)	5. mit 1:13.972	**1.(1:22.806)**
Österreich	18. 8. Österreichring	3. (1:26.250)	Ausfall (Turbo)	2. (1:30.052)
Holland	25. 8. Zandvoort	10. (1:13.059)	**1. (1:32:29.263)**	2. (1:17.054)
Italien	8. 9. Monza	16. (1:26.715)	Ausfall (Übersetzung)	4. (1:29.998)
Belgien	15. 9. Spa-Francorchamps	Startverzicht (verletzt)		
Europa	6. 10. Brands Hatch	Startverzicht (verletzt)		
Südafrika	19. 10. Kyalami	8. (1:04.283)	Ausfall (Turbo)	5. (1:09.500)
Australien	3. 10. Adelaide	16. (1:23.941)	Ausfall (Unfall/Bremsen)	4. (1:24.498)

Position in Weltmeisterschaft: Platz 10/14 Punkte

1 Sieg, 1 Mal schnellste Runde

Punktedurchschnitt pro Rennen 0.875

Quellenverzeichnis

Lauda, Niki mit Völker, Herbert: Das dritte Leben. Bad Sauerbrunn 1996
Lauda, Niki mit Völker, Herbert: Meine Story. Wien 1985
Lauda, Niki mit Völker, Herbert: Protokoll. Meine Jahre mit Ferrari. Wien 1977
Lauda, Niki bearbeitet von Lanz, Peter. Exklusiv. Ich, Niki Lauda, erzähle mein Leben. In: Quick Nr. 37, 1977
Berger, Gerhard mit Stappert, Dieter: Gerhard Berger. Grenzbereich. Wien 1989
Effenberger, Günther: Niki Lauda. München und Salzburg 1975
Haas, Wolf: Ausgebremst. Der Roman zur Formel 1. Reinbek bei Hamburg 1998
Hofbauer, Ernst: Ich pfeif' auf Österreich. Wien 2001
Kühschelm, Oliver: Austrian Airlines und Lauda Air. Das nationale Projekt und die One-Man-Show. In: Memoria Austriae III. Unternehmen, Firmen, Produkte. Herausgegeben von Brix, Emil, Bruckmüller, Ernst und Stekl, Hannes. Wien 2005, S. 220–260
Lauda, Ernst: Lehrbuch der inneren Medizin. Bände 1–3
Lanz, Peter: Niki Lauda. Biografie. München 1983
Leibovici-Mühlberger, Martina und Bischofberger, Conny: Große Väter. Wien 2006
Ménard, Pierre: Niki Lauda. St. Sulpice, 2004
Prüller, Heinz: Grand Prix Story 75. Lauda – und ein Jahr wie kein anderes. Wien 1975
Prüller, Heinz: Grand Prix Story 85. Danke, Niki. Wien 1985
Prüller, Heinz: Grand Prix Story 90. Die Sturzflieger. Wien 1990
Skocek, Johann: Sportgrößen der Nation. Der Aufstieg des Österreichers vom Helden zum ewigen Verlierer. Bad Sauerbrunn 1994
Wieselberg, Lukas: Niki Lauda. Überleben war das Wichtigste. In: Marschik/Spitaler (Hrsg.),Helden und Idole. Sportstars in Österreich, Innsbruck und Wien 2006, S. 319–325
Rottensteiner, Alois und Neuberger, Claus: Die Niki Lauda Story. Wien 1984
Zwickl, Helmut und Burghart, Otto: Grand Prix 76. Niki Lauda: Man stirbt nur einmal. Wien 1976
Zwickl, Helmut: Niki Lauda. Reportage einer Karriere. Wien 1975

APA-Archiv

Prominenten-Studie der InterConnection Consulting Group. März 2008 österreichweit durchgeführt (Bevölkerung ab 16 Jahren, Stichprobe n=726, Umfang: 460 Powerpoint Charts, Excel Tabellenband)
www.interconnectionconsulting.com)

Bildnachweis

Mark Thompson/Getty Images: Umschlagbild
Getty Images: 166 (kleines Bild), 166/167, 168, 187, 190, 199, 204, 206, 225, 230/231, 238 (kleines Bild), 238/239, 240
Bride Lane Library/Popperfoto/Getty Images: 202 (oben)
Martin Kreil/SBM/picturedesk.com: 6, 108
Hans Klaus TECHT/APA/picturedesk. Com: 12, 159
Martin Kucera/SBM/picturedesk.com: 29
Sutton Motorsport/picturedesk.com: 33, 179
INTERFOTO/picturedesk.com: 36
Kainerstorfer/FLO/picturedesk.com: 69, 70, 71, 72, 80, 105, 106,122, 125/126, 128 (oben), 137, 145, 146/147, 148 (oben), 152, 197
Stefanie Starz/SBM/picturedesk.com: 98
TAP JUERGEN/Gamma/eyedea/picturedesk.com: 107 (oben)
Sven Simon/ullstein bild/picturedesk.com: 107 (unten)
CONTRAST/Tuma Alexander/picturedesk.com: 110
Matichon/picturedesk.com: 128 (unten)
ddp/ullstein bild/picturedesk.com: 148 (unten)
Keystone/Keystone/eyedea/picturedesk.com: 154
COLORVISION/ullstein bild/picturedesk.com: 165
© Bernard Cahier/Rapho/eyedea/picturedesk.com: 210
© Paul/Rapho/eyedea/picturedesk.com: 237, 243
Bakalian/picturedesk.com: 247
DIE PRESSE/RTL: 9, DIE PRESSE/Mösslinger: 113, DIE PRESSE: 125,
DIE PRESSE/Wolfgang SOS: 131, DIE PRESSE/Sven Simon: 189,
DIE PRESSE/Ali Schafler/ORF: 219
Foto Votava: 175
Österreichisches Staatsarchiv: 11
www.research-racing.com: 34/35, 202 (unten)
Jean Paul Charon (Sport Auto): 200
Werner Eisele: 35
Hertha Hurnaus: 58
Daniel Winkler: 85
Stern: 203
www.tanjabauer.com: 116
Privat: 17, 18, 21
Sammlung Sachslehner: 209
Seite 244/245: SPIEGEL, 26. September 1977; PLAYBOY, 8. August 1982; KURIER, 9. bzw. 13. September 1976; DIE PRESSE, 9. September 1976

Autoren und Verlag bedanken sich für die freundlichen Abdruckgenehmigungen. Die Rechtslage bezüglich der einzelnen Bildvorlagen wurde sorgfältig geprüft. Eventuell berechtigte Ansprüche werden bei Nachweis vom Verlag in angemessener Weise abgegolten.

Danksagung

In Zusammenhang mit diesem Buch hat Niki Lauda es abgelehnt, mit den Autoren zu sprechen. Wir respektieren dieses Nein und bedanken uns bei jenen, die uns in persönlichen Gesprächen Einblicke in die Facetten des Charakters des Helden dieser Biografie und in sein Umfeld erlaubt haben: Bruder Florian Lauda, Cousin Mag. Max Lauda, Franz Klammer, Gerhard Berger, Heinz Kinigadner, Hubert Neuper, Herwig Straka, Tanja Bauer, Isabella Großschopf, Thomas Marecek, Oliver Lemmerer und Gert Steinbäcker – den Menschen in der Neusiedler Papierfabrik und Laudas Piloten.

Für die Laudationes und Anikidoten bedanken wir uns bei Dieter Chmelar

Impressum

ISBN 978-3-222-13259-9

© 2009 by Styria Verlag
in der Verlagsgruppe Styria GmbH & Co KG
Wien · Graz · Klagenfurt
Alle Rechte vorbehalten
www.styriaverlag.at

Umschlag- und Buchgestaltung: Bruno Wegscheider

Reproduktion: Pixelstorm, Wien
Druck und Bindung: Druckerei Theiss GmbH,